南京农业大学应用经济学（金融学）系列丛
资产减值会计经济后果研究（教育部人文社科研究基

资产减值
会计经济后果研究

A Research on the Economic Consequences of
Asset Impairment Accounting

吴虹雁 等◎著

经济管理出版社
ECONOMY & MANAGEMENT PUBLISHING HOUSE

图书在版编目（CIP）数据

资产减值会计经济后果研究/吴虹雁等著.—北京：经济管理出版社，2021.3
ISBN 978-7-5096-7831-2

Ⅰ.①资… Ⅱ.①吴… Ⅲ.①企业—会计制度—研究—中国 Ⅳ.①F279.23

中国版本图书馆 CIP 数据核字（2021）第 042229 号

组稿编辑：曹　靖
责任编辑：曹　靖　郭　飞
责任印制：黄章平
责任校对：陈晓霞

出版发行：经济管理出版社
　　　　　（北京市海淀区北蜂窝 8 号中雅大厦 A 座 11 层　100038）
网　　址：www.E-mp.com.cn
电　　话：（010）51915602
印　　刷：唐山昊达印刷有限公司
经　　销：新华书店
开　　本：720mm×1000mm/16
印　　张：14.5
字　　数：245 千字
版　　次：2021 年 4 月第 1 版　　2021 年 4 月第 1 次印刷
书　　号：ISBN 978-7-5096-7831-2
定　　价：88.00 元

本书参著人员

刘　强　博士　江阴市融媒体中心（传媒集团）财务资产部

占智琰　硕士　长沙市天心区财政局

沈春燕　硕士　江苏天衡会计师事务所

李　蓉　硕士　内蒙古证监局

顾　慧　硕士　国泰君安证券股份有限公司

薛雯君　硕士　立信会计师事务所（上海总所）

前　言

　　资产减值政策源于会计信息稳健性的要求，其目的是剔除资产中的"水分"，使企业资产价值更真实公允。2001 年，我国《企业会计制度》要求上市公司计提八项资产减值准备，贯彻与资产要素未来经济利益流入特征相配合的会计稳健性原则。2006 年 2 月 16 日，财政部颁布《资产减值》会计准则，新准则禁止企业转回长期资产减值准备，这构成了中国会计准则与国际财务报告准则 IAS36 的实质性差异。在我国会计准则与国际会计准则持续趋同的背景下，这一实质性差异的意义何在？资产减值政策实施十多年来，企业选择减值政策的影响因素究竟是什么？资产减值信息是否具有增量的价值相关性？在减值政策发生变更的背景下，不同准则阶段、不同类型资产减值信息价值相关性如何？现阶段基于企业合并视角的商誉减值政策实施效果如何？商誉后续计量从摊销法改为定期减值测试能否提升财务报告信息质量？企业披露资产减值损失是否向投资者传递了有效信息进而降低资本市场信息不对称？减值信息披露方式从分项披露到目前的汇总披露是否影响投资者的心理及行为？对上述问题提供答案，有助于我们科学、全面地讨论资产减值会计的经济后果，客观评价新准则实施的制度效应，对准则制定和会计监管有着重要的理论与政策含义。

　　本书总体研究框架包括资产减值会计的理论基础、上市公司资产减值会计行为分析、上市公司资产减值经济动机研究、资产减值会计信息价值相关性研究、资产减值会计信息的可靠性研究和资产减值披露与信息不对称的关系六部分。各部分主要内容如下：

　　（1）资产减值会计的理论基础。此部分根据我国资产减值会计的发展历史，全面阐述了我国新旧会计准则在不同阶段的资产减值政策及其变化情况，并从资产减值迹象判断标准、资产减值损失转回和资产减值信息披露等方面，系统比较了不同国家或地区的资产减值会计规范。

（2）上市公司资产减值会计行为分析。主要针对沪、深上市公司2001～2012年资产减值行为进行分析（该期间涵盖新旧会计准则阶段，便于比较研究），重点关注计提资产减值上市公司的市场特征以及企业针对短期资产和长期资产计提减值准备的时机，为下文识别上市公司选择资产减值政策的实质性影响要素奠定基础。本部分研究时间窗口涵盖新旧会计准则不同阶段，便于分析比较不同制度背景下企业针对不同类型资产确认减值准备的计提行为和计提动机。

（3）上市公司资产减值经济动机研究。2007年开始实施的新会计准则对不同类型资产减值转回进行了区分处理，即说明不同类型的资产减值政策存在不同的制度效应。新资产减值准则是否已实现其政策预期？上市公司针对不同类型资产进行减值计提与转回动机何在？决定其选择资产减值政策的实质性影响因素究竟是什么？本部分区分新旧会计准则不同阶段对上市公司不同制度背景下不同类型资产减值的计提与转回动机进行比较研究，着重从经济因素、盈余管理和稳健性因素三方面，探究企业资产减值政策选择的实质性影响要素。

（4）资产减值会计信息价值相关性研究。本部分首先关注企业的资产减值信息是否具有增量的价值相关性。财政部2006年2月16日颁布的《资产减值》准则引入了资产组的概念，规定长期资产减值准备一经计提不得转回，取消商誉定期摊销法改为每年年末减值测试，增加了使用寿命不确定的无形资产的减值规范。在减值政策发生变更的背景下，上市公司不同准则阶段、不同类型的资产减值信息价值相关性如何？商誉后续计量从定期摊销改为减值测试能否提升财务信息的价值相关性？本部分针对企业资产减值信息的价值相关性展开研究，着重比较分析不同准则阶段、不同类型的资产减值信息的价值相关性，并关注上市公司商誉减值政策变更的经济后果。

（5）资产减值会计信息的可靠性研究。资产减值会计源于"决策有用观"，资产减值准备承载着公司资产价值毁损的信息，提高了会计信息的价值相关性。但资产减值会计引入了公允价值计量，减值金额的确定大多依赖于会计人员职业判断，若市场环境复杂抑或会计专业素养不高，减值信息的可靠性难免受到影响。而新准则关于长期资产减值不得转回的"一刀切"规定，尽管减少了上市公司利用长期资产操控盈余的机会，但同时也增加了管理层对短期资产减值操纵的风险。且当长期资产价值恢复时，禁止转回长期资产减值准备也会导致资产价值被低估，从而对减值信息的可靠性产生负面影响。本部分针对资产减值信息的可靠性进行研究，并进一步观察新旧准则不同阶段企业存货、应收款项、固定资产、无形资产等减值信息的可靠性是否发生变化，以全面考察资产减值会计信息的可靠性。

商誉的本质是并购方支付的对价超过被并购方资产公允价值份额的溢价部分。收购方愿意支付溢价的主要原因是其预期在并购后的持续经营期间内可以通过企业之间的协同效应得到弥补，而一旦商誉出现减值迹象，则暗示着原本预期的协同效应可能难以显现。短期内投资者对上市公司商誉减值信息披露有何反应？他们关心商誉减值会计信息吗？本部分进一步对上市公司商誉减值信息的市场反应进行研究，从市场反应视角检验商誉减值政策的制度效应。

（6）资产减值披露与信息不对称的关系。资产减值信息是投资者判断上市公司资产质量的重要依据。资本市场通常会对上市公司所披露的资产减值事件产生反应。若短期内资产减值披露时点引起公司股价显著的负面反应，预示减值的计提传递出了公司资产价值的坏消息；若从长期来看，资产减值披露后的半年内市场仍对减值公司抱负面回应，说明减值信息透露了该公司预期收益下降的信号。因此，从逻辑上分析，上市公司资产减值信息的披露一定程度上缓解了投资者的信息劣势。那么，披露资产减值损失是否降低了资本市场的信息不对称？与旧准则阶段相比，2007年新准则执行后，上市公司资产减值披露是否更有效地降低了信息不对称水平？本部分引入信息不对称变量，对资产减值准备披露与信息不对称的关系进行研究。通过观察企业信息不对称水平的变化来考察资产减值披露是否向投资者传达了有效信息，并从投资者视角考察资产减值政策的制度效应。

本书充分吸收已有研究成果，紧密联系我国资本市场特点，厘清在不同制度背景下上市公司计提资产减值的动机与行为差异，以全面考察资产减值会计的经济后果。目前，有关资产减值的相关研究文献、实证结果大多为混合式结论——资产减值既是盈余管理的工具，又是资产质量或经济因素的反映，学者并未针对公司不同制度背景下计提资产减值的动机与行为进行更深入地比较分析，也未明确回答企业选择资产减值政策的本质动机究竟是什么这一根本问题。本书的研究时间窗口足够长，涵盖新旧会计准则不同期间计提资产减值的沪、深A股上市公司。在方法层面上，本书主导研究方法是实证研究，即采用实证检验的方法考察资产减值会计的经济后果。一方面，通过识别企业选择资产减值政策的实质性影响因素，从公司行为上考察资产减值会计经济后果；另一方面，分析企业不同准则阶段、不同类型的资产减值信息的价值相关性与可靠性，并深入研究上市公司资产减值披露与信息不对称的关系，从市场反应视角检验资产减值政策的制度效应。本书特别针对沪、深上市公司 2001～2012 年的资产减值行为进行研究，研究时间窗口涵盖新旧会计准则不同阶段，有利于考察不同制度背景下上市公司选择资产减值政策的本质动机，在更广泛的期间内从公司行为及市场反应两方面检验资产减值会计的经济后果。

本书的主要创新之处表现为：

（1）国内已有关于资产减值的研究文献大多针对存在活跃市场的存货、应收账款、固定资产和长期投资等，对于公允价值不易获取的商誉减值测试经济后果的分析大多停留在理论探讨层面，很少有文献采用实证研究方法检验商誉减值政策的实施效果。本书关注了不存在活跃交易市场的商誉资产减值问题，通过分析商誉减值信息的市场反应并实证检验商誉后续计量政策变更的经济后果，较为全面地考察了现有商誉减值政策的制度效应。

（2）引入信息不对称变量，考察企业资产减值披露与信息不对称的关系，并将我国上市公司不同准则阶段的经验数据进行对比研究，全面检验我国《资产减值》准则的制度效应。本书重点关注在减值政策发生变更的背景下，不同准则阶段、不同类型的资产减值披露是否向投资者传递了有效信息进而降低资本市场的信息不对称？目前，国内有关资产减值披露与信息不对称关系的实证研究很少，更少有文献结合上市公司不同会计期间的经验数据进行实证检验与对比分析。本书比较了不同制度背景下减值信息披露对投资者心理及行为的影响，通过检验资产减值披露与信息不对称的关系以及观察企业信息不对称水平的变化来考察资产减值披露是否向投资者传达了有效信息，研究成果是对现有相关文献的有益补充。

（3）关于资产减值信息的价值相关性与可靠性问题，已有文献大多仅以资产减值总额为研究分析对象，考察整体资产减值信息的价值相关性与可靠性。部分文献即使对资产减值信息进行分类研究，也只是将资产划分为长期资产和短期资产，鲜有学者关注单一类型资产减值信息的价值相关性与可靠性问题。本书在已有研究的基础上，创新性地对单一分项资产的减值信息价值相关性与可靠性进行了实证检验，进一步细化了研究内容并拓展了研究深度。针对不同准则阶段分项资产减值信息价值的相关性与可靠性进行研究，一定程度上弥补了现有相关研究的空白。

本书主体内容为教育部人文社科项目研究成果报告（教育部人文社科研究规划基金，项目编号：13YJA630103），由南京农业大学金融学院吴虹雁教授主持完成。南京农业大学经济管理学院博士研究生刘强以及金融学院硕士研究生占智琰、严心怡、沈春燕、李蓉、顾慧和薛雯君参著。全书内容由吴虹雁教授总纂，刘强协助整理并对初稿进行了排版、校稿。

本书可作为高等学校会计学、财务管理和管理学科类研究生的课外阅读书籍，也可作为会计行业内工作者和经济爱好者的参阅书籍。

笔者

2020 - 08 - 30

目　录

第1章 引　言

从 20 世纪 90 年代开始，世界经济进入信息技术知识经济时代，市场竞争越来越激烈，企业经营面临越来越高的风险和不确定性，导致其资产的盈利能力起伏不定，减值风险也随之增加。为反映资产的真实价值，挤压出上市公司财务报告中的资产"泡沫"，财政部颁布了一系列资产减值会计政策，资产减值会计应运而生并且越来越受到重视，成为近年来会计理论界与实证界的热点课题。2000年 12 月 29 日，财政部颁布了《企业会计制度》，从 2001 年 1 月 1 日起开始执行。该会计制度在原四项资产减值准备计提范围的基础上增加了对无形资产、固定资产、委托贷款以及在建工程减值准备的计提，由四项资产减值发展为八项。在现实中，一些上市公司利用减值准备的计提及转回的时点和金额来操纵利润，出现诸如银广夏、蓝田股份、科龙电器、杭萧钢构、南方证券等利用资产减值操纵会计盈余的案件。我国学者经过研究已初步证实了我国上市公司存在脱帽、平滑利润、扭亏、防亏、配股等动机，有利用选择资产减值准备行为的时点和金额来盈余操纵的行为，给资本市场的发展和投资者收益造成了巨大的影响。

因此，监管机构修改资产减值会计准则，并于 2006 年 2 月 15 日发布了包括《企业会计准则第 8 号——资产减值》具体准则在内的新企业会计准则体系。新准则[①]于 2007 年 1 月 1 日率先在上市公司中执行，然后逐渐推广至所有公司。其宗旨在于压缩水分，试图促使上市公司真实反映资产的质量，杜绝利用资产减值政策调节会计利润的现象。其中，关于资产减值的规定与原会计准则相比发生了许多变化：一方面，新准则引入了国际会计准则中"资产组总部资产""销售协

[①]　本书将 2006 年 2 月 15 日财政部发布的会计准则系列称为"新准则"或"新会计准则"，将 2006年以前的会计准则称为"旧准则"或"旧会计准则"。

议价"等概念，首次提出了"资产组组合"的全新概念；在认定单项资产、商誉、资产组减值迹象，确定资产减值损失的方法、程序，计量减值额等方面作出了更加具体的规定。另一方面，该项准则系统、全面地对企业各项资产减值的相关问题做出了新的规范：对于长期股权投资、固定资产、无形资产、以成本模式后续计量的投资性房地产、商誉等长期资产，减值损失一经确认，在以后会计期间不得转回。即针对某些上市公司利用资产减值准备来达到操纵盈余的现象而制定的防范措施。

Taylor 和 Truly（1986）的研究认为，会计准则本身具有经济后果，具体可以分为两类：一类是管理者对会计政策偏好的研究，包括会计政策选择、经济动机等；另一类是分析市场对特定会计政策的反应，例如会计信息含量研究、会计信息价值相关性研究等。因此，本书认为考察资产减值准备会计准则的合理与否，必须从公司行为和市场反应两个角度进行分析和检验，两者相结合才能得到客观的研究结论。

我国会计准则的制定者和证券监管部门都非常重视资产减值的会计信息，而关于资产减值会计的经济后果，理论界历来争议也很多。一方面，财政部作为会计准则制定者，认为上市公司对其资产计提资产减值准备能够挤干资产中的"水分"，进一步提高会计信息的质量。另一方面，也有研究认为资产减值准备为公司管理层提供了利润操纵的空间，尤其是长期资产，如无形资产、固定资产和在建工程的减值准备，其减值计提及相关损益的确认、转回、注销等，均需要管理层大量的主观判断，资产减值政策可能并不如预期那样提高会计信息质量。因此，资产减值会计是否提高了会计信息质量需要更进一步商榷。

对于会计信息质量特征要求不同的国家或地区，会计核算规范存在不同的要求和政策体系，但"相关性"和"可靠性"是各国对会计信息质量特征的一致要求。在美国财务会计准则委员会（FASB）的第 2 号概念公告《会计信息的质量特征》中，会计信息质量特征问题首次作为一个专门的研究课题被提出，该公告中指出"决策有用性"是整个准则质量特征体系的核心，而"相关性"和"可靠性"是两个最重要的会计信息质量特征。我国 2007 年开始实施的新会计准则也删除了会计核算的一般原则，提出了八项会计信息的质量要求，其中，又以"相关性"和"可靠性"为其核心。"相关性"和"可靠性"是会计信息使用者对会计信息的基本要求，也最能体现财务会计目标的内在要求，是评价会计准则有效性的重要因素。

资产减值政策源于会计信息稳健性的要求，其目的是剔除资产中的"水分"，使企业资产价值更真实公允。2001 年，我国《企业会计制度》要求上市公司计提八项资产减值准备，贯彻与资产要素未来经济利益流入特征相配合的会计稳健性原则。2006 年 2 月 16 日，财政部又颁布了新的资产减值准则，新准则引入了资产组的概念，规定长期资产减值准备一经计提不得转回，取消商誉直线摊销法改为每年年末减值测试，增加了使用寿命不确定的无形资产减值规范。新减值准则禁止企业转回长期资产减值准备，这构成了中国会计准则与国际财务报告准则 IAS36 的实质性差异，在我国会计准则与国际会计准则持续趋同的背景下，这一实质性差异的意义何在？此外，2007 年 1 月 1 日起开始实施的新会计准则中对于资产减值会计的规定进行了一定程度上的修改，引入了更多的职业判断到资产减值的确认和计量，这一举措使资产减值会计的价值预测功能得到了更好的发挥，提高了会计信息的相关性，但也带来会计信息可靠性可能会因此降低的后果。长期资产减值一经计提不得转回，这一规定旨在控制企业利用资产减值操纵盈余的行为，增强会计信息的可靠性。但同时，当长期资产的价值恢复时，禁止转回资产减值准备又会导致资产的价值被低估，从而对信息的可靠性和相关性产生负面影响。会计信息的可靠性和相关性是一对矛盾统一体，尽管某些时候相互对立、相互冲突，但两者之间的协调性也是客观存在的。我国新资产减值准则是否能很好地协调两者之间的关系，在保证会计信息可靠性的同时，提高会计信息的相关性，从而较旧准则阶段进一步提高资产减值信息的决策有用性？决定企业资产减值会计政策选择的实质性影响因素究竟是什么？现阶段基于企业合并视角的商誉减值政策实施效果如何？资产减值信息是否具有增量的价值相关性？披露减值损失是否向投资者传递了有效信息进而降低企业与利益相关者的信息不对称？在减值会计政策发生变更的背景下，上市公司不同准则阶段、不同类型的资产减值信息价值相关性如何？商誉的后续计量从摊销法改为定期减值测试能否提升财务报表的价值相关性？执行资产减值政策以来，减值信息披露方式从资产负债表的主表到 2001 年的附表再到 2007 年的报表附注，从分项披露到目前的汇总披露，这些政策变化的依据是什么？取消各类减值项目明细披露是否改变了财务报告的信息含量进而影响其信息质量？明确回答上述问题，有助于科学、全面地讨论资产减值会计的经济后果，客观评价新准则实施的制度效应。希望本书的研究能够对盈余管理研究提供一个全新的视角，为相关机构完善资产减值会计政策提供实证依据。

另外，现有文献对企业资产减值影响因素研究并未形成一致的结论，且很少有文献对上市公司不同类型、不同准则阶段的资产减值信息的价值相关性进行比较研究，更少关注资产减值披露与信息不对称的关系以及减值披露方式变更对会计信息质量的影响。本书紧密联系我国资本市场，厘清在不同制度背景下公司计提资产减值的动机与行为差异，明确识别企业选择资产减值政策的实质性影响因素。同时，本书进一步从市场反应视角研究资产减值信息的价值相关性，特别关注商誉减值政策的经济后果。通过引入我国资本市场上市公司不同阶段的经验数据进行对比分析，可以检验我国资产减值政策在会计准则不同阶段实施的效果是否存在差异。本书特别关注上市公司在不同制度背景下、针对不同类型的资产减值会计政策选择是否不同，分析其盈余管理动机在不同制度时期针对不同类型资产的资产减值政策是否发生变化？进一步来看，上市公司新旧会计准则不同阶段资产减值信息的价值相关性如何？资产减值信息披露是否能够降低资本市场的信息不对称？商业银行计提贷款减值准备的实质性影响因素有哪些？对上述问题提供答案，有助于科学讨论资产减值会计的经济后果，客观评价新准则实施的制度效应，对准则制定和会计监管有着重要的政策含义。

本书的研究窗口涵盖了新旧会计准则的不同阶段，有利于在更广泛的期间内区分不同时间段考察企业选择资产减值政策的本质动机，从公司行为上检验资产减值会计的经济后果。同时，深入研究不同制度背景下企业资产减值信息的价值相关性，除了能检验财务报告的信息质量、从市场层面评价资产减值政策的制度效应外，还能为减值准则的变化提供理论与现实依据。

第2章　资产减值会计的理论基础

随着经济的迅速发展、市场竞争的日益激烈，企业的资产价值处于不断波动状态，在这种情况下，确认资产减值，挤出资产价值中的"水分"，对于提高会计信息的决策有用性尤为重要。回顾我国资产减值会计的发展历史，从1992年开始计提坏账准备，资产减值的概念第一次被引入我国的会计准则。之后我国的资产减值会计经历了从四项减值向八项减值的转变。1998年，我国颁布的《股份有限公司会计制度》中要求上市公司必须计提四项减值准备，之后在2000年颁布的《企业会计制度》中又将四项减值增加到八项减值准备。然而，随着我国市场经济的不断发展，原有的资产减值政策在执行过程中出现了一些弊端。为了更好地规范上市公司资产减值行为，财政部于2006年颁布了《企业会计准则第8号——资产减值》，新准则针对原有资产减值政策执行过程中出现的问题进行了一系列改进，与原制度规定的八项减值准备存在很多不同之处。

2.1　中国资产减值会计的历史沿革

2.1.1　资产减值会计四个发展阶段

在竞争激烈的信息技术和知识经济时代，企业的经营环境面临的风险和不确定性愈演愈烈，要想反映资产的真实状况，仅以单一的历史成本作为计量属性显然是行不通的。因此，会计需要进行变革来适应新的社会经济需求，由此便产生了资产减值会计。所谓资产减值会计就是对资产减值情况进行确认、计量、记录以及披露的过程。我国资产减值会计产生于 1992 年初，至今已发展了二十多年，其发展过程大致可以分为以下四个阶段：

第一阶段：萌芽阶段（1992～1997 年）。1992 年 1 月 1 日开始实施的《股份制试点企业会计制度》首次提出了计提坏账准备的会计要求，但是并没有强制执行。企业按照规定以应收账款余额的规定比例提取坏账准备，其提取的坏账准备，计入当期损益。

1992 年 7 月 1 日开始实施的《中华人民共和国外商投资企业会计制度》规定企业需要计提坏账准备，可以在会计期末根据应收账款、应收票据等应收款项，按照不超过 3% 的比例计提坏账准备。同时，在会计期末企业的商品或产成品，如有因冷背、陈旧和残次等原因而造成其可变现净值低于账面成本的情况，经有关部门批准，可将损失计入当年的销售成本，作为存货跌价损失来单独核算。

1993 年 7 月 1 日起开始实施"两则"和"两制"，并出台了 13 个会计制度，允许各行业对应收账款采用余额百分比法提取坏账准备，但是各行业的计提比例各不相同。

第二阶段：初步发展阶段（1998～2000 年）。1998 年 1 月 27 日，财政部颁布了《股份有限公司会计制度——会计科目和会计报表》取代《股份制试点企业会计制度》。要求境外上市公司、香港上市公司、境内发行外资股的公司，中期期末或年度终了时需要计提坏账准备、存货跌价准备、短期投资跌价准备和长期投资减值准备这四项资产减值准备；要求仅发行 A 股的上市公司除了可以采用备抵法对应收账款计提坏账准备外，对存货、短期投资以及长期投资三项资产是否提取资产减值准备没有做出强制规定；对于非上市公司仅要求其计提应收账款的坏账准备。

1999 年 10 月 26 日，财政部发布《股份有限公司会计制度有关会计处理问题补充规定》，内容包括：所有股份有限公司均适用各项资产减值准备政策；计提坏账准备的范围增加了其他应收款会计科目；明确规定四种不能全额提取坏账准备的特殊情况；规定计提公司的坏账损失只能采用备抵法来核算；增加披露资产减值损失的要求。

第三阶段：全面发展阶段（2001～2006 年）。2001 年 1 月 1 日在股份有限公司范围内率先实施的《企业会计制度》标志着我国会计制度的大跃进。明确提出"资产减值"的概念，并在原有的四项减值准备资产范围的基础上增加了对无形资产、固定资产、委托贷款和在建工程的计提，增加到八项减值准备；并把资产减值明细表作为资产负债表的附表纳入到财务报表体系中。

第四阶段：新准则体系阶段（2007 年至今）。2007 年 1 月 1 日起开始在上市公司实施的《企业会计准则第 8 号——资产减值》准则，首次将资产减值单独作为一项准则列出来，对资产减值的确认、计量和相关信息的披露有了较为具体的规定。新准则规定资产减值损失一经确认，在以后会计期间不得转回。

2.1.2　新旧准则阶段减值会计对比

从资产减值准则的演变过程可以发现，我国资产减值会计政策是随着我国市场经济的发展而不断发展的。新会计准则有关资产减值政策的变化主要体现在以下几个方面：

（1）新准则扩大了资产减值的计提范围。

旧会计准则规定企业的计提范围包括坏账准备、存货跌价准备、短期投资跌价准备、长期投资减值准备、委托收款减值准备、在建工程减值准备、固定资产减值准备和无形资产减值准备八项资产减值准备。新会计准则新增了一些资产项目，如对子公司、合营公司和联营公司的投资，还规定了一些资产项目，如递延所得税资产、存货、金融资产、投资性房地产、消耗性生物资产等，其减值分别从其具体会计准则中有关资产减值规定。从计提范围的角度来看，新资产减值准则更加宽泛，也更加合理。

（2）新准则明确了减值迹象的判断条件。

旧会计准则规定"企业定期或至少每年年度终了时，应合理地预计资产可能发生的损失，对其计提资产减值准备"。而新会计准则规定"企业应当在资产负债表日判断资产是否存在减值迹象"，并明确提出了判断资产减值迹象的条件。新准则明确规定了减值测试的前提条件，资产只有存在了减值迹象，才能够估计其可收回金额。

（3）明确了减值计提时间和减值测试前提。

旧会计准则规定"企业应定期或至少在每年年末对各项资产进行检查，合理预计各项资产可能发生的损失，并据此计提资产减值准备"。然而，"定期"这一概念在实务中具有一定的可选择性，原企业会计制度对此并没有作明确规定。

这导致企业可能存在利用减值时点操纵盈余，也使得企业之间会计信息缺乏可比性。新准则明确规定"企业在会计期末对各项资产情况进行核查，判断资产是否有减值迹象"。与旧准则不同的是，新准则对减值测试的前提进行了限定，只有资产存在减值迹象时，企业才需要进行减值测试。而对于特殊资产项目，如商誉和使用寿命不确定的无形资产，准则要求必须在每个会计期末进行减值测试。

（4）新准则提出了"资产组"等全新概念。

在旧会计准则中，企业资产都是以单项资产为基础来计提减值损失的，但实际上部分资产并不能独立产生现金流量。新会计准则引入了一些新的概念，如"总部资产""资产组"以及"资产组合"在估计可收回金额进行减值测试时更加具有可操作性。

新《资产减值》准则规定"资产组是企业可以认定的最小资产组合，必要时应该选择按照相关资产组确定资产减值"，"总部资产是针对企业集团的概念，其产生的现金流量也很难与其他资产或资产组产生的现金流量相区分，并且其账面价值不能全部属于其中的某一资产组"。新准则对资产组的原则、方法和程序做出了具体的规定，资产减值会计更具有操作性、合理性。

（5）新准则增强了可收回金额的可操作性。

旧企业会计准则规定的可收回金额，是由资产的可销售价格减去处置费用与预期该资产的现金流量的现值两者之中的较高者确定的。由于新准则引入了"公允价值"这一计量属性，因而与旧准则产生了较大的差异。新会计准则对公允价值、处置费用、未来现金流量的现值的估计程序和方法作出了明确的规定。

（6）新准则规定长期资产减值准备不得转回。

旧会计准则规定"已经计提资产减值损失的资产，当资产的实际价值恢复时，资产减值损失是可以转回的"。新会计准则规定"四项长期资产，减值损失一经确认，就不得转回"。新企业会计准则是将资产减值区分为暂时性和永久性减损。新准则在一定程度上缓解了我国上市公司利用资产减值进行盈余操纵的情况，也体现了会计的谨慎性原则。

（7）新准则对商誉采用公允价值计量法。

旧企业会计准则将商誉和其他无形资产视为同类，认为商誉的价值会因时间而发生损耗，商誉资产应在预计的使用年限中平均分摊。新会计准则规定"企业合并形成的商誉，每年至少要进行一次减值测试"。企业一旦使用了公允价值，就不能使用历史成本法的账务处理。新会计准则更具有科学性，更真实地反映商誉价值的损毁。

（8）新准则增加了对减值信息披露的要求。

旧准则规定"企业应在报表附注中披露当期资产减值具体情况"。新会计准则还要求披露各项资产减值准备的累计计提金额、资产组组合的情况等。新准则披露方式的重大改变，可以缩小企业高级管理层粉饰报告的空间。

新旧准则不同阶段有关减值会计的主要变化如表 2 - 1 所示。

表 2 - 1　我国资产减值会计新旧准则阶段比较

内容	新准则阶段	旧准则阶段
准则适用范围	只规范用权益法核算的长期股权投资、固定资产、在建工程、无形资产以及除特别规定以外的其他资产减值的会计处理	要求计提八项资产减值准备，包括应收账款、存货、短期投资、长期投资、委托贷款、固定资产、在建工程和无形资产
减值迹象判断	企业应当在资产负债表日判断资产是否存在可能发生减值的迹象，如不存在减值的迹象，不应估计资产的可收回金额	企业应当定期或至少于年度终了，对各项资产进行全面检查，根据谨慎性原则的要求，合理预计各项资产可能发生的损失，对可能发生的资产损失计提资产减值准备
可收回金额的计量	资产可收回金额应根据资产公允价值减去处置费用后的净额与资产预计未来现金流量现值两者间较高者确定。为资产的公允价值减去处置费用后的净额及资产预计未来现金流量的现值的计量提供了较为详细的应用指南	资产可收回金额是指资产的销售净价与预期从该项资产的持续使用和处置中形成的预计未来现金流量的现值两者中的较高者。计量基础包括公允价值、可收回金额、未来现金流量的现值、销售净价、市价等多个标准
减值损失转回	长期资产减值损失一经计提，在以后会计期间不得转回	已经计提减值损失的资产，如果资产价值恢复，则资产减值损失可以转回
资产组认定及减值	如果某项资产产生的主要现金流入难以独立于其他资产或者资产组，应当以其所属的资产组为基础进行减值测试，确认减值损失。应计算总部资产所属资产组或资产组组合可收回金额，与资产账面价值比较进行减值确认	资产减值准备统一要求以单项资产为基础计提，不涉及资产组的概念

内容	新准则阶段	旧准则阶段
商誉减值会计	对于企业合并所形成的商誉,须将其分摊到相关资产或资产组组合,且每年至少进行一次减值测试。在对商誉进行减值测试时,须结合相关资产组和资产组组合进行	对企业合并形成的商誉,只要求按一定的期限进行摊销,不涉及商誉减值问题

2.2 不同国家或地区资产减值政策比较

2.2.1 资产减值迹象判断

按照美国财务会计准则委员会(FASB)第五号公告 *Statement of Financial Accounting Concepts No. 5—Recognition and Measurement in Financial Statements of Businesses Enterprises* 的解释,"确认是将某一特定的项目正式纳入资产、负债、收入、费用等科目并在财务报表中列报的过程。确认既包括项目的初始确认,也包括项目的后续确认,确认的方式除了数字还应包括详细的文字说明"。FASB 认为特定项目只有同时符合了可定义性、可计量性、相关性和可靠性标准才能被确认为会计要素。

确认资产减值的本质是要对资产真实价值进行再次评估。有别于资产的初始入账环节,资产减值会计主要用于规范资产价值的后续计量过程。它摒弃了传统会计依赖于实际发生的交易进行确认的规则,只要某项资产的价值发生了毁损并且毁损金额可以可靠公允地计量,且具备决策相关性,就应当确认资产减值。资产减值会计不再局限于历史成本,而更多地关注现在与未来的经济状况。因此,确认资产减值的基础不再是过去的交易事项,即使交易事项尚未发生,只要资产价值减损的客观事实已经存在,并且价值减损的金额可以相对可靠地计量,就应当确认相应的资产减值。

资产减值的成因众多,有各类资产自身内在因素的影响,也有各类外部市场环境因素的影响。资产减值的成因及产生的迹象可以帮助会计人员有效判断某项资产减值与否，为资产减值测试的实施打下良好的基础，节省资产测试实施的成本，常见的影响资产减值的因素如表 2 - 2 所示。

表 2 - 2　常见资产减值的影响因素及其成因

影响因素		资产减值成因
国际经济状况		国际供需状况、世界经济状况、外汇汇率水平
国内经济状况	宏观经济政策	宏观经济环境、通货膨胀率、失业率、利率
	地区、行业风险	地区经济状况、行业前景和风险
	证券市场	投资风险、证券价格
	物价水平	供需状况、通货膨胀率、季节性因素
技术进步		社会必要劳动时间、替代品、产品生命周期
企业经营状况		生产成本、运营效率

资料来源：笔者根据国内外相关资产减值会计准则归纳、整理，下同。

当资产的可收回金额低于账面价值时，资产减值损失就发生了。理论上，企业应当在每个资产负债表日比较各项资产的账面价值和可收回金额，判断是否应当计提相应的资产减值损失。对于存在活跃交易市场的短期资产而言，这种比较是容易的。但是，对于长期资产或者不存在活跃交易市场的资产而言，进行可收回金额的评估难度非常大。因此，各国相应的财务会计准则都要求在实施资产减值测试的步骤中采用"两步法"：

第一步，判断是否存在导致资产减值的内外部因素。

第二步，如果存在资产减值的因素，进一步进行资产减值损失的核算。

从表 2 - 3 可以看出，市场价值大幅下跌，企业外部市场、经济或者政治环境发生重大不利变化，资产已经过时或者毁损和资产使用方式即将发生重大变化会对企业继续经营产生重大负面影响在各国均被列入资产减值迹象。IAS、AUS 和 HK 的判断标准十分类似，相对于 USA 和 UK，相关的规定可能更为具体。USA 和 JAP 没有包括"市场利率或者投资报酬率上升，影响企业的折现率"这一因素是因为资产减值标准的选择不同，美国和日本的会计准则选择可能性标准，即未来的现金流量并不需要通过贴现计算，在进行资产减值测试时一般使用公允价值与销售净价孰高的原则，所以，相应的资产减值迹象中都没包括折现率相关的指标。与其他国家相比，英国将重大重组或并购与核心员工的流失也纳入资产减值迹象中来。

表2-3 各国不同会计准则中关于资产减值判断标准的比较

	资产减值迹象判断标准	IAS	USA	UK	AUS	JAP	HK
外部因素	市场价值大幅下跌	√	√	√	√	√	√
	企业外部市场、经济或者政治环境发生重大不利变化	√	√	√	√	√	√
	市场利率或者投资报酬率上升，影响企业的折现率	√	×	√	√	×	√
	企业净资产的账面价值已经大于市场价值	√	×	√	√	×	√
内部因素	资产已经过时或者毁损	√	√	√	√	√	√
	资产使用方式即将发生重大变化，对企业继续经营产生重大负面影响	√	√	√	√	√	√
	为获取资产而耗用的现金流量或者为维护该资产正常经营而发生的现金需求，远远高于原始预算	√	√	×	√	≈	√
	资产的实际现金净流量或经营损益与预算相比已经明确	√	√	×	√	√	√
	资产的预算现金净流量或经营利润大幅下跌，或者预算损失大幅增加	√	√	×	√	√	√
	经营所得为负或者现金净流量为负	√	√	×	√	≈	√
	资产预期有较大可能在估计使用寿命结束前进行重大处置或出售	×	√	×	×	√	×
	核心员工流失	×	×	√	×	×	×
	管理层决定进行重大重组或并购业务	×	×	√	×	×	×

注：IAS代表国际会计准则；USA代表美国；UK代表英国；AUS代表澳大利亚；JAP代表日本；HK代表中国香港。√代表某因素应当被认定为资产减值迹象；×代表某因素不应当被认定为资产减值迹象；≈代表相应国家的财务会计准则中有类似的表述，但并不完全一样。

我国《资产减值》准则规定企业应当在会计期末判断是否存在资产减值的迹象。存在下列迹象的，表明资产可能发生了减值：①资产的市价当期大幅度下跌，其跌幅明显高于因时间的推移或者正常使用而预计的下跌。②企业经营所处的经济、技术或者法律等环境以及资产所处的市场在当期或者将在近期发生重大变化，从而对企业产生不利影响。③市场利率或者其他市场投资报酬率在当期已经提高，从而影响企业计算资产预计未来现金流量现值的折现率，导致资产可收回金额大幅度降低。④有证据表明资产已经陈旧过时或者其实体已经损坏。⑤资产已经或者将被闲置、终止使用或者计划提前处置。⑥企业内部报告的证据表明资产的经济绩效已经低于或者将低于预期，如资产所创造的净现金流量或者实现的营业利润（或者亏损）远远低于（或者高于）预计金额等。⑦其他表明资产可能已经发生减值的迹象。可见我国财务会计准则关于资产是否发生减值迹象的判断基本沿用了 IAS 的相关规定。

2.2.2　资产减值损失转回

资产减值损失的转回，是指企业在以前年度已经确认的资产减值损失不再存续或者有所降低，企业重新评估资产的可收回金额后在允许的范围内将其账面金额调增至可收回金额。对于是否应当允许转回资产减值损失，学术界主要存在两种观点：一种观点主张应当允许资产减值损失的转回。因为在有客观证据表明资产的可收回金额高于其账面价值的情况下，为了正确反映资产的真实经济价值，确保公允会计信息的表达，应当允许对可收回金额进行重述。另一种观点则主张禁止资产减值损失的转回。因为允许资产减值损失的转回与历史成本框架相冲突，该禁止转回资产减值损失的做法与或有利得的处理方法一致。由于资产减值的初始确认是基于确认时的事项和环境进行的，如果允许转回已经确认的资产减值损失，那么会使人们对初始确认金额的准确性产生怀疑。

如果允许资产减值损失的转回，那么相应的问题是，是否应当将调增后的资产账面价值限定在基于历史成本确定的账面折余价值内？支持设定转回限额的学者认为，资产的账面价值在任何情况下都不应该大于其初始入账时历史成本框架下的折余价值；反对设定转回限额的学者则认为，既然允许转回资产减值损失最根本的原因是要公允反映企业财务状况、经营成果等会计信息，那么即使调整后的价值超过历史成本框架下的折余价值，也应当客观真实地反映相关信息，不应人为设定上限。

针对上述问题，国际上的处理方法也不尽相同。FASB 认为减值损失使已减值资产形成新的成本计量基础，这种新的成本计量基础使已减值资产与其他没有减值的资产处于相同的计量基础上。FASB 认为，会计主体随后不应调整新的成本计量基础，除非是在现行会计处理模式下，折旧估计和方法预期发生变更、资产进一步发生减值损失，因此，FASB 禁止转回以前确认的减值损失。国际会计准则委员会（IASC）则认为，减值损失的转回不是一项重新估计。只要减值损失转回后的账面金额没有超过资产的初始成本减去其摊销或折旧后的余额，那么减值损失的转回与历史成本会计系统就是一致的。资产减值的转回给使用者提供了资产或资产组组合未来潜在利益更为有用的信息，因此，国际会计准则允许减值损失的转回。在旧准则阶段，我国很多企业会通过计提资产减值准备建立"秘密储备"，从而调节会计利润。在盈利较多的年度，多计提减值准备，而在利润下滑的年度转回相应的减值准备，达到平滑利润的目的。因此，2007 年开始实施的新《资产减值》准则第十七条明确规定，长期资产减值损失一经确认，在以后会计期间均不得转回。限于新准则的刚性约束，我国资本市场很多被 ST 的煤炭、钢铁类上市公司和房地产企业选择在 2006 年转回大量的资产减值损失，对当年净利润产生了显著影响。

由于会计准则具有经济后果，一个好的会计准则不应仅考虑理论的完整性，还要结合资本市场的实际情况。中国会计准则针对长期资产减值一经计提不得转回的规定是否合理，是否符合中国特殊的会计环境，仍有待进一步研究。

2.2.3　资产减值信息披露

我国资产减值会计产生于 20 世纪 90 年代，从披露形式上看，1992 年坏账准备等信息就直接反映在资产负债表的主表中，列示在对应的资产的下方。2001 年的企业会计制度规定资产负债表中只保留固定资产减值准备，其他资产全部按照扣除减值准备后的净额列示，同时要求将编制资产减值准备明细表作为资产负债表的附表。2006 年公布的新企业会计准则重新规范了财务报告的体系，即四表一附注，同时取消了固定资产减值准备在主表中的列示，并取消了资产减值准备明细表的披露。企业应当在附注中披露的主要内容有：各项资产减值损失金额、减值准备累计金额以及分部报告的相关具体信息；重大资产减值损失的成因，当期确认的金额以及可收回金额的确定方法；分摊到某资产组的商誉和使用寿命不确定的无形资产的账面价值以及该资产组可收回金额的确定方法；分摊到每个资产组的商誉的账面价值总额，若比较重大的还需披露采用的关键假设及其依据，且该依据是否与企业历史经验或者外部信息来源相一致。我国关于资产减值信息披露的相关规定与 IAS 的内容基本相同。但是世界各国针对资产减值信息披露的具体要求略微存在差异，具体如表 2 - 4 所示。

表 2 - 4　各国不同会计准则中关于资产减值信息披露要求

项目	IAS	USA	UK	AUS	HK
按资产类别披露当期在损益表中确认的资产减值损失	√	√	√	√	√
按资产类别披露当期将包括在损益表中的减值损失金额	√	√	×	√	√
按资产类别披露当期确认的减值损失转回金额	√	×	√	√	√
按资产类别披露当期将包括在损益表中的减值损失转回金额	√	×	×	√	√
按资产类别披露当期直接在权益中确认的资产减值损失金额	√	×	×	√	√
按资产类别披露当期直接在权益中确认的资产减值损失转回金额	√	×	×	√	√
针对每个报告分部：包括当期在收益中确认的以及直接在权益中确认的资产减值损失金额；当期在损益表中确认的以及直接在权益中确认的资产减值损失转回金额	√	√	×	√	√
单项重大减值损失：导致确认或转回资产减值损失的事件环境	√	√	√	√	√
单项重大减值损失：已确认或转回的资产减值损失金额	√	√	√	√	√
单项重大减值损失：资产的性质和资产所属的报告分部	√	√	√	√	√
现金产出单元的重大减值损失：有关现金产出单元的描述	√	×	×	×	√
现金产出单元的重大减值损失：按资产类别或报告分部已确认或转回的减值损失金额	√	×	×	×	√
资产（现金产出单元）可收回金额是其销售净价还是使用价值	√	×	×	√	√
如果可收回金额是销售净价，采用以计量销售净价基础	√	×	×	√	√
如果可收回金额是使用价值，采用当前以及以前所使用的折现率	√	×	×	√	√
如果可收回金额是使用价值，采用所假定的增长率	√	×	×	√	√
如果当期已确认（转回）的资产减值损失总额对于理解报告企业的财务报表整体是重要的，企业应当披露资产减值损失（减值损失转回）影响的主要资产类别和导致确认（转回）资产减值损失的主要事件和环境	√	×	×	√	√
计算减值损失时使用的假设及其后续调整披露	×	√	×	×	×
用于确定可收回金额的关键假设披露	√	×	×	√	√

注：表 2 - 4 中，IAS 代表国际会计准则；USA 代表美国；UK 代表英国；AUS 代表澳大利亚；HK 代表中国香港。√代表某国财务会计准则要求披露相应信息；×代表某国财务会计准则并未强制要求披露相应信息。

资料来源：根据王建新《中国会计准则国际趋同研究》一书归纳、整理。

　　政府出于发展资本市场的目标要求，可能会采取强制性会计信息披露的政策，以维护资本市场的信息供给。强制披露的负面影响是信息提供者会丧失主动披露信息的积极性，甚至会通过提供虚假信息谋取私利以弥补因披露而造成的损失。会计信息在企业财务报表中披露的位置或形式不同，都会对投资者的决策产生影响。会计信息在报表体系的主表反映的影响比在附表或附注中披露对投资者的影响更大。

2.3 资产减值会计的理论分析

2.3.1 资产减值与会计信息质量

资产减值会计是财务会计的一部分，那么资产减值会计的目标也应当服从于财务会计的总体目标。而关于财务会计的目标，学术界在 20 世纪七八十年代形成了"受托责任观"和"决策有用观"两大流派。对当前文献进行归纳梳理后，我们发现"决策有用观"派别的观点主要是：会计的目标是向信息使用者提供有助于经济决策的信息；强调会计信息使用者与会计从业人员的关系；制定和研究准则是为了提供更有效的会计信息。决策有用观要求企业会计人员在提供相关信息时，应使资产的计量和会计信息使用者的经营决策挂钩。另外，受托责任观则要求资产的计量从信息提供者出发，在受托责任观下资产的计量属性倾向于采用历史成本计价。在资本市场上，企业外部的投资者和其他信息使用者由于信息不对称，从其他渠道获得上市公司的经营状况和财务状况信息较为困难。因此，美国财务会计委员会（FASB）认为会计信息应具备两项主要质量特征——"价值相关性"和"可靠性"。

（1）价值相关性概念。"价值相关性"最初是由韦伯将其作为社会研究的一项原则提出的。在国际会计准则委员会所下的定义中，"相关性"是指当信息能够帮助使用者对过去、现在和将来的事件进行预测，或能够证实、更正使用者之前的预想，从而对投资者的决策产生显著影响时，信息就具备"相关性"。换句话说，"相关性"是指与决策有关，具有改变决策的能力，其本质特征在于导致投资者决策的差别。

"相关性"由三个特征构成：预测价值、反馈价值和及时性。预测价值是指信息使用者能够利用该会计信息评价过去、现在和未来事项并做出预测，且据此进行决策；反馈价值是指信息使用者通过比较反馈的历史信息和期望值，来修改或做出将来的决策；及时性是指会计信息能在失去其有用性之前被及时披露，辅助使用者做出决策。及时性本身并不能使会计信息达到相关性的要求，但如果相关的信息不能被及时提供，就会对决策毫无用处，相关的信息也就变得不相关了。

我国《企业会计准则》把"相关性"定义为"会计信息能够满足各方面的需要，包括符合宏观经济管理的需要，满足有关各方面了解企业财务状况和经营成果的需要，满足企业加强内部经营管理的需要"。因此，"价值相关性"是指当某项信息或会计数据披露之后，会对信息使用者的决策产生影响，资本市场对其产生明显反应，此时，就认为向市场传达了有用的信息，称其具备价值相关性。在证券市场中，"价值相关性"指的是会计信息与股票价格或股票收益率之间的关系，通常采用两者之间相关系数的大小或模型线性回归得到的系数和修正可决系数来衡量。近年来，随着我国证券市场的不断发展和完善，投资者的决策趋于理性化，会计信息在其决策过程中发挥的作用日益增强。在这种情况下，会计信息的相关性、决策有用性已成为学术界研究的热点，展开价值相关性研究对会计准则的完善，会计监管的加强以及投资者利益的保护都具有重要意义。

（2）可靠性概念。根据受托责任理论，"可靠性"是对会计信息质量最基本的要求，只有真实的信息才能使委托人了解到企业经营状况及受托人的责任履行情况。在"决策有用观"中，"可靠性"依然被认为是最主要的会计信息质量要求之一。

"可靠性"是指会计信息在经由会计人员的主观判断、综合分析和加工汇总后，能够反映交易或事项的实质。单个会计数据的可靠性取决于原始凭证和记账凭证的真实、完整、合法性和合理性。财务报表上项目的可靠性决定于有关会计凭证的真实可靠和会计人员的会计行为。

国际会计准则委员会（IASC）对可靠性的定义是"当信息没有重要错误或偏差并且能够忠实反映其所拟反映或理当反映的情况以供使用者作依据时，信息就具备了可靠性"。我国新企业会计准则中规定"根据可靠性的要求，企业进行会计确认、计量和报告时需以现实发生的交易或事项为依据，如实反映符合确认和计量要求的各项会计要素及其他相关信息，保证会计信息真实可靠、内容完整"。可靠性的构成要素包括：如实反映、中立性、可验证性。

由以上所述我们可以看到，"如实反映"是"可靠性"之核心所在。而"如实反映"强调的是会计信息的真实性，即会计信息没有歪曲经济事实，在记录企业的交易和事项时既不虚构也不遗漏，据实反映企业的财务情况和经营业绩。当会计信息中没有重要的错误或偏向存在，并能如实反映，使用者可以据此做出决策，此时会计信息就是可靠的。但是，"可靠性"并不是一个绝对的概念，而是部分定性部分定量的。一方面，由于会计信息质量中对及时性的要求以及会计中存在的大量估计和假设，决定了会计信息的完全可靠是很难达到的，所以会计信息的可靠性是相对的，这即是可靠性概念中的定性部分。另一方面，在财务报表中，会计信息可靠与否是指报表数据的真实性，其可靠性要由编制报表中得出的数字来保证，从这个角度来讲，可靠性是定量的。

（3）相关性和可靠性的关系。相关性和可靠性是会计信息质量特征的两个核心要求，它们之间既有区别，又有联系，两者之间是对立统一的。

两者的矛盾性。相关性和可靠性有时会发生矛盾，在一定情况下，有的会计信息相关性很好，但可靠性较差，有的则可靠性较好，但相关性较差，两者并非总在同一方向上影响有用性。一方面，对相关性的过分强调，可能削弱信息的可靠性。相关性要求信息提供非常及时，企业要在短时间内做出会计处理，可能无时间去搜集大量的客观可验证的数据，而需要依赖一定的估计，其信息的可靠性自然要有所损失。另外，为了加强相关性而改变会计方法时，可靠性也会有所下降。另一方面，过分追求可靠性，可能会使会计信息缺乏相关性。可靠性要求会计处理以客观真实的数据为基础，而大量信息求真需要耗费很多的时间，这会对信息提供的及时性造成影响，从而降低会计信息决策的相关性。

两者的一致性。一方面，可靠性和相关性统一于会计信息的决策有用性，两者相互依赖，相辅相成，共同决定了会计信息对于信息使用者的决策是否有用。信息的相关性是以可靠性为基础的，失去了可靠性保证，会计信息对于投资者决策的相关性也会因此而降低或丧失。同样，信息虽然真实可靠，但与使用者的需求相去甚远，也会因不具备相关性而失去可靠性的意义。两者共同作用于会计信息的有用性，片面强调其中任何一方，都会损害信息的有用性。另一方面，可靠性与相关性都是从信息使用者的角度提出的，相关性回答了信息使用者需要什么样的信息，而可靠性使信息使用者能对会计信息充分信任而放心使用。可见，相关性和可靠性是紧密联系在一起的，既不能离开可靠性去谈论相关性，也不能离开相关性去谈论可靠性，两者共同影响或决定着会计信息的决策有用性。

2.3.2　资产减值与盈余管理

虽然我国会计学界对于盈余管理方面的研究已经有二十几年的时间，但因为研究的重点和角度不同，至今还没有达成共识，没有形成权威的盈余管理定义。本书总结前人的观点，倾向于采用狭义的定义，即上市公司高级管理人员在会计准则允许的范围内，通过对会计政策的选择等职业判断或构造规划交易事项等经营手段向企业外部一切会计信息使用者传递非真实的会计信息，从而实现自身效用和企业价值的最大化目标的行为。

我国会计制度在资产减值准备计提和转回的处理方面存在较大的灵活性，为上市公司的盈余管理提供了方便，因此资产减值政策的运用成为了企业管理盈余的主要手段之一。由于我国上市资源的稀缺性，受我国证券监管法规的影响，上市公司资产减值盈余管理的动机表现出较强的中国特色，主要归纳为以下几个方面：

（1）IPO 动机。与发行债券等融资方式相比，股权融资的成本低，而且不用支付利息，因而成为很多公司融资方式中的首选。我国的《公司法》对首次发行股票的公司进行了严格的规定，必须满足三年内连续盈利等条件。在我国特有的制度下，仅有少部分企业可以获得发行股票的资格，而且企业以前年度的业绩是非常重要的指标。因此，我国企业特别是业绩不好的企业，为了获得上市的资格，有进行盈余管理的动机。

（2）防亏动机。1998 年，我国在沪深证券交易所实施的《股票上市规则》中规定，如果上市公司连续两年亏损，其股票将被 ST 特别处理，股票日涨跌幅限制为 5%，中期财务报告须经审计；如果上市公司连续三年亏损，将由证券监管部门决定将其股票暂停上市。2001 年，证监会发布的《亏损上市公司暂停上市和终止上市的实施办法》规定，如果公司在暂停上市的第一个半年内仍未能扭亏，证券交易所可以直接终止其股票上市。由于上述规定的存在，处于盈亏边界上的公司有强烈的动机避免出现亏损，其常用的调节利润的手段是通过少提或不提资产减值准备来增加账面盈余，这也是资本市场上微利公司显著多于微亏公司的主要原因。

（3）扭亏动机。亏损企业对资产进行巨额冲销的目的是为了在以后年度通过减值准备的转回来扭转连续亏损的局面，进而摆脱被 ST 甚至停牌的命运以保住稀缺的壳资源。对于前期计提过大额资产减值准备的公司而言，通常业务不景气，在短期内很难依靠主营业务实现盈利，往往倾向于通过转回前期已计提的资产减值准备来提高当期会计盈余以摆脱连续亏损的境地。

（4）利润平滑动机。一般而言，上市公司期望向投资者呈报稳定增长的经营业绩，以增强投资者对公司的信心，进而降低公司在资本市场上的融资成本。根据财务管理中的信号理论，公司稳定增长的经营业绩是向投资者传递的一种信号，它有利于企业树立良好的社会形象，进而有利于降低企业在资本市场上的融资成本。受这一动机的影响，当上市公司当年的盈利远超预期时，管理层一般不会据实向投资者报告企业真实的盈利状况，而是通过在当年计提较多的减值准备并在以后年度逐步转回将会计盈余递延到未来年度，以实现公司稳定增长的目标。

（5）配股动机。由于通过配股获得的权益资本的使用成本较低，大多数上市公司在资本市场上发行股票后往往会利用配股资格来进行再融资。但我国证监会对配股条件做了严格的规定，2006 年 5 月，中国证监会发布了《上市公司证券发行管理办法》，其中，规定上市公司现行配股条件为：上市公司最近三个会计年度的加权平均净资产收益率不得低于 6%（以扣除非经常性损益后的净利润与扣除前的净利润相比孰低来计算）。由于能否获得配股资格将直接影响到上市公司后续的融资能力和发展潜力，为了达到配股资格线，当上市公司预计连续三年的净资产收益率总计达不到 18% 时，往往会通过减少计提资产减值准备来调高会计利润以满足配股条件。

（6）管理层变更动机。当一个上市公司的高级管理人员发生变动时，新加入的高级管理人员可能会在变动当年多计提资产减值准备，从而降低当期利润，目的是把不良的业绩归咎于前任，为后期储存利润，以显示新上任管理层的管理能力与业绩。同时，新上任管理层有时会一次性对通过减值测试的资产计提减值准备，表明其对资产价值实行了更加严格的管理，以向投资者传递公司未来经营状况得到改善的信号。

2.4　本章小结

　　资产是企业过去的交易或事项形成的、由企业拥有或控制的、预期会给企业带来未来经济利益的资源。资产减值是资产的现时经济利益预期低于原记账时对未来经济利益的评估值，在会计上体现为资产的可收回金额低于历史成本。本章较为全面地梳理了我国资产减值会计发展的历史过程、新旧《资产减值》准则之间的主要变化，比较分析了不同国家和地区针对资产减值迹象的判断标准、有关资产减值损失的转回和资产减值信息披露的具体规定和实质性差异，并系统阐述了资产减值与盈余管理和会计信息质量之间存在的内在关系，这将为后续资产减值会计经济后果的深入研究奠定良好的理论基础。

　　本书以上市公司为研究对象，采用实证分析的方法检验企业执行资产减值政策的制度效应。一方面，通过识别企业选择资产减值政策的实质性影响因素，从公司行为上考察资产减值政策经济后果；另一方面，考察企业不同准则阶段、不同类型的资产减值信息的价值相关性，分析上市公司资产减值披露与信息不对称关系，从市场反应视角检验资产减值政策制度效应。希望本书能够对盈余管理研究文献提供一个全新的视角，通过客观评价资产减值会计的经济后果，为准则制定机构检验新准则的制度效应、进一步完善资产减值政策提供参考。

第3章 上市公司资产减值会计行为分析

3.1 分析目的

本书之所以从企业行为和市场反应的视角探讨资产减值会计的经济后果，主要基于以下考虑：①企业行为对资本市场良性发展意义重大。上市公司如果利用资产减值操纵会计盈余，投资者的利益就会受到侵犯，资本市场的运行效率也会受到严重影响。因此，需要从制度层面考察上市公司计提或转回资产减值的时点及动机，从公司行为上检验资产减值会计的经济后果。②市场反应取决于财务报告的价值相关性与信息透明度。资产减值会计的主要目的是反映资产的真正价值，增加财务报表的透明度及价值相关性，提高财务信息的决策有用性。如果包含资产减值信息的财务报告价值相关性差，投资者的决策就会失误；如果会计信息透明度降低，资本资产定价效果和资源配置效率就难以实现。因此，从市场反应角度检验资产减值会计的经济后果，对于提升投资人信心、促进资本市场良性发展意义重大。

上市公司于2001年开始计提八项资产减值准备，我国资产减值会计已走过了十几年的历程，在这段发展历程中，上市公司资产减值的计提和转回会计行为具有怎样的特征？基于母公司个体和企业集团的角度，本章收集整理了A股上市公司资产减值计提与转回的相关数据，拟通过研究自2001年以来我国A股上市公司资产减值的总体情况，并关注上市公司单项资产减值准备计提的具体情况，深入分析上市公司计提和转回资产减值准备行为在长期资产、短期资产之间存在的差异性，特别是 2007 年开始实施的新《资产减值》会计准则对不同类型资产减值的转回政策进行了区分处理，亦即说明不同类型的资产减值存在不同的差异性。由此，本章拟着重关注新会计准则实施前后上市公司在长期资产减值准备计提方面是否存在明显差异。

本章主要分析 2001～2012 年我国上市公司的资产减值行为及其变化规律，为下一步研究企业选择资产减值政策的实质性影响因素奠定基础。首先描述统计上市公司计提的资产减值金额占资产总额的比例，资产减值总额占企业减值前、后净利润的比值，不同行业公司计提资产减值总额及比例等，重点关注计提资产减值的公司特征及其计提长期资产、短期资产减值的规模和比例，特别关注新旧会计准则的不同阶段计提减值准备的公司特征以及不同制度背景下上市公司计提资产减值的变化规律、资产减值与公司非流动资产处置的关系等。重点分析以下内容：

第一，2001～2012 年，上市公司计提资产减值额占资产总额的比例，资产减值总额占企业减值前、后净利润的比值，不同行业公司计提资产减值总额及比例等。

第二，旧准则阶段（2001～2006 年），盈利公司（YL）、扭亏公司（NK）、ST 公司（ST）以及减值后亏损公司（LOSS）计提和转回长期、短期资产减值的规模及比例。

第三，新准则阶段（2007～2012 年），盈利公司（YL）、扭亏公司（NK）、ST 公司（ST）和减值后亏损公司（LOSS）计提和转回短期资产减值规模和比例以及长期资产减值的净计提规模和比例。

第四，2007～2012 年上市公司"非流动资产处置损益"发生额年均占公司全部非经常性损益发生额的比重，考察上市公司资产减值行为与其非流动资产处置的关系。

3.2　选样标准

本章首先对上市公司 2001～2012 年的资产减值行为进行描述性统计分析。

研究样本数据主要来源于巨灵金融服务平台（www. chinaef. com），部分数据手工收集于《中国统计年鉴》《上海证券交易所统计年鉴》《深圳证券交易所统计年鉴》以及巨潮资讯网等相关网站统计。为保证研究结论的严谨性，将对 2001 ～ 2012 年沪、深上市公司的资产减值数据进行详细校对，校对方法为色诺芬（CCER）数据库、国泰安（CSMAR）数据库、锐思数据库（SSET）三个数据库中的数据相互对比，如果三者数据库数据相同，则认为没有差异，如果存在不一致，则追溯至上市公司年报。采用的统计软件是 SPSS16.0、Stata10.0 等。

具体选样标准如下：

第一，选取的样本是 2001 年以前上市，并且到 2012 年底仍未退市的沪市和深市 A 股上市公司；剔除了期间暂停上市的上市公司。

第二，考虑到金融保险业的特殊性，由于其经营范围及行业特征与其他行业差别较大，剔除金融保险行业上市公司。

第三，剔除资产减值相关数据缺失及信息明显异常的上市公司。

3.3　上市公司资产减值总体分析

本章主要对沪、深上市公司 2001 ～ 2012 年的资产减值行为进行分析，研究时间窗口涵盖新旧会计准则不同阶段，需要针对企业不同背景下、不同类型资产减值的计提行为进行比较分析，重点关注计提减值准备的公司特征及其流动资产和长期资产减值、商誉和使用寿命不确定的无形资产减值的确认金额和确认时机。

3.3.1　上市公司八项资产减值概况

根据前文所述分析目的，本章首先统计了我国 A 股上市公司 2001 ～ 2012 年计提八项资产减值的相关信息①，如表 3 - 1 所示。

---

① 笔者对部分数据进行了调整，具体为：若上市公司计提资产减值准备为负值，将其重分类至当年资产减值准备的转回；若上市公司当年转回的资产减值准备为负值，将其重分类至计提的资产减值准备。

表 3 - 1　2001 ~ 2012 年上市公司发生资产减值行为的比例①　单位：家,%

年度	A 股公司数	有资产减值行为公司数量	比例	计提资产减值公司数量	比例	转回资产减值公司数量	比例
2001	1055	721	68.34	718	68.06	39	3.70
2002	1122	1027	91.53	1018	90.73	66	5.88
2003	1187	1110	93.51	1106	93.18	50	4.21
2004	1286	1216	94.56	1210	94.09	39	3.03
2005	1300	1240	95.38	1226	94.31	67	5.15
2006	1364	1246	91.35	1225	89.81	164	12.02
2007	1479	1323	89.45	1254	84.79	667	45.10
2008	1556	1497	96.21	1442	92.67	798	51.29
2009	1653	1636	98.97	1544	93.41	916	55.41
2010	1997	1977	99.00	1862	93.24	995	49.82
2011	2335	2318	99.27	2262	96.87	955	40.90
2012	2464	2460	99.84	2408	97.73	982	39.85

注：表中各比例 = 有该项行为的公司数量/A 股公司数。

资料来源：国泰安数据库，经笔者整理后得出。

从表 3 - 1 可以看出，除 2001 年上市公司发生资产减值行为的比例为 68.34% 外，2002 ~ 2012 年上市公司计提资产减值的比例基本都在 90% 以上，说明大部分上市公司都有资产减值行为。其中，有计提资产减值行为的上市公司数量基本保持在 80% 以上，而有转回资产减值行为的上市公司从旧准则阶段较低的比例提升至新准则执行期后的 50% 左右。

从表 3 - 2 可以看出，新会计准则实施后发生长期资产减值的公司数量大幅度下降了，而发生短期资产减值的公司数量出现一定程度的上升（如 2010 年发生短期资产减值的比例为 98.80%，而长期资产减值的比例仅为 25.79%），这似乎表明上市公司在新会计准则不允许长期资产减值转回的前提条件下，转而选择计提大量的短期资产减值准备，若上市公司存在盈余管理动机，则可能利用短期资产减值操纵盈余。

---

①　考虑到新旧会计准则变更，为保障后续研究分析的统一性，我们将短期资产定义为：应收款项、存货、短期投资的合计数（新准则实施后短期投资划分为交易性金融资产，按公允价值计量）；将长期资产减值定义为：固定资产、无形资产、长期投资、在建工程、委托贷款（含自营证券、贷款）的合计数。

表 3 - 2　2001～2012 年上市公司不同类型资产减值的比例　单位：家,%

年度	A 股公司数	有资产减值行为公司数量	比例	短期资产减值公司数量	比例	长期资产减值公司数量	比例
2001	1055	721	68.34	707	67.01	419	39.72
2002	1122	1027	91.53	1019	90.82	542	48.31
2003	1187	1110	93.51	1105	93.09	531	44.73
2004	1286	1216	94.56	1209	94.01	542	42.15
2005	1300	1240	95.38	1236	95.08	525	40.38
2006	1364	1246	91.35	1237	90.69	476	34.90
2007	1479	1323	89.45	1317	89.05	460	31.10
2008	1556	1497	96.21	1493	95.95	496	31.88
2009	1653	1636	98.97	1636	98.97	529	32.00
2010	1997	1977	99.00	1973	98.80	515	25.79
2011	2335	2318	99.27	2190	93.79	552	23.64
2012	2464	2460	99.84	2409	97.77	630	25.57

注：表中各比例 = 有该项行为的公司数量/A 股公司数。

资料来源：国泰安数据库，经笔者整理后得出。

本章对 2001～2012 年度上市公司资产减值规模也进行了相应的统计，并进一步统计了上市公司短期资产减值、长期资产减值的计提与转回规模，如表 3 - 3 所示。

表 3 - 3　2001～2012 年上市公司资产减值规模统计①　单位：亿元

年度	资产减值规模		短期资产计提规模		短期资产转回规模		长期资产计提规模		长期资产转回规模	
	总值	均值	总值	均值	总值	均值	总值	均值	总值	均值
2001	164.11	0.23	130.84	0.19	1.46	0.00	35.09	0.08	0.37	0.00
2002	236.65	0.23	205.13	0.20	2.90	0.00	35.84	0.07	1.41	0.00
2003	265.26	0.24	211.46	0.19	2.72	0.00	57.02	0.11	0.50	0.00

　　① 新资产减值准则限定了以前年度计提的长期资产减值准备不得转回，但仍发现部分上市公司在 2007 年以后转回长期资产减值准备，可能属资产处置形成的资产减值准备转出数。为便于比较分析，剔除这部分减值转回数。

续表

年度	资产减值规模		短期资产计提规模		短期资产转回规模		长期资产计提规模		长期资产转回规模	
	总值	均值	总值	均值	总值	均值	总值	均值	总值	均值
2004	457.09	0.38	350.55	0.29	0.97	0.00	107.53	0.20	0.01	0.00
2005	424.47	0.34	313.18	0.25	2.87	0.00	114.74	0.22	0.59	0.00
2006	385.92	0.31	300.13	0.24	25.47	0.02	114.68	0.24	3.42	0.01
2007	398.59	0.30	358.70	0.27	63.95	0.05	103.84	0.23	0.00	0.00
2008	1293.66	0.86	950.73	0.64	70.73	0.05	413.66	0.83	0.00	0.00
2009	520.04	0.32	392.84	0.24	133.15	0.08	260.34	0.49	0.00	0.00
2010	653.58	0.33	524.99	0.27	138.35	0.07	266.94	0.52	0.00	0.00
2011	1139.01	0.49	980.02	0.42	221.03	0.10	380.02	0.69	0.00	0.00
2012	1299.67	0.53	1135.76	0.46	102.94	0.04	266.85	0.42	0.00	0.00

资料来源：国泰安数据库，经笔者整理后得出。

从表3-3中可以看出，资产减值规模的总值和均值几乎每年都在上升。2005~2007年出现小幅下降，而2008年出现剧增，可能是由于国际金融危机在全球范围内的蔓延，上市公司实体经济受到影响，其资产的可收回金额大幅度的下降，造成了2008年上市公司计提的资产减值准备剧增。同时，从短期资产和长期资产减值计提规模来看，在新会计准则执行后，短期资产减值计提规模基本呈现上升趋势，而长期资产减值规模总体呈上升趋势，并没有发生预期中的大幅度下降，表明上市公司在新会计准则不允许长期资产减值转回的前提条件下，长期资产减值计提金额的大小并没有受到会计准则的影响。

另外，资产减值转回的规模呈现了递增的规律，尤其在2006年，长期资产减值转回的规模达到最高值3.42亿元。究其原因，可能与新会计准则禁止长期资产减值转回有关，2006年是上市公司可以转回长期资产减值的最后一年，企业如果再不转回就将是永久性减值，无法再进行转回。但从资产减值转回的类型上来看，资产减值转回主要来源却是短期资产的减值转回，2006年资产减值转回比2005年增加了734.97%，其中大多源于短期资产减值转回。实施新会计准则后，特别是2007年和2008年，短期资产减值的计提和转回规模均显著上升。

影响资产减值计提的因素众多，包括资产质量、资产规模、资产项目和性质等。由于企业的长期资产、短期资产的性质不同，计提减值准备的金额和比例会存在一定的差异性，而长期资产、短期资产减值本身又包含其各分项资产的减值。由于企业每项资产的特性不同以及会计人员对资产项目操控能力和资产质量的评估不同，上市公司各类型资产项目之间计提的减值金额会呈现差异。因此，本章进一步分类对资产减值计提、转回进行了描述性统计，结果如表 3 - 4 和表 3 - 5 所示。

表 3 - 4　2001 ~ 2012 年上市公司资产减值计提额分类统计　　单位：亿元

年度	短期资产				长期资产①					
	坏账准备	短期投资跌价准备	存货跌价准备	合计	长期投资减值准备	固定资产减值准备	无形资产减值准备	在建工程减值准备	委托贷款减值准备	合计
2001	89.95	4.57	36.33	130.84	12.62	15.34	4.46	2.44	0.22	35.09
2002	159.37	8.48	37.28	205.13	12.82	18.35	2.09	2.45	0.12	35.84
2003	166.21	2.97	42.28	211.46	16.89	35.36	1.78	2.94	0.05	57.02
2004	269.89	16.09	64.57	350.55	33.70	67.11	3.19	3.05	0.48	107.53
2005	226.26	11.21	75.72	313.18	51.21	51.24	6.67	5.61	0.01	114.74
2006	226.23	3.38	70.52	300.13	20.78	74.18	7.86	11.85	0.00	114.68
2007	226.71	0.00	132.00	358.70	15.80	79.15	3.47	5.42	0.00	103.84
2008	274.82	0.00	675.91	950.73	22.32	369.67	9.88	11.63	0.00	413.51
2009	239.62	0.00	153.22	392.84	31.56	198.58	12.69	16.79	0.67	260.28
2010	322.88	0.00	202.11	524.99	23.87	210.83	11.06	20.94	0.00	266.71
2011	734.52	0.00	245.50	980.02	51.30	310.00	7.40	11.32	0.00	380.02
2012	743.12	0.00	392.64	1135.76	65.01	166.01	4.43	31.40	0.00	266.85
均值	306.63	3.89	177.34	487.86	29.82	132.99	6.25	10.49	0.13	179.68

资料来源：国泰安数据库，经笔者整理后得出。

表 3 - 4 和表 3 - 5 列示了 2001 ~ 2012 年度上市公司资产减值信息的分类统计数据。可以看出：样本公司坏账准备金额最高，12 年间平均计提了 306.63 亿元坏账准备，转回了 46.09 亿元坏账准备；存货跌价准备同样保持了较高金额，样本公司 12 年间平均计提了 177.34 亿元存货跌价准备，转回了 17.72 亿元存货

---

① 上市公司较少涉及自营证券跌价准备和贷款呆账准备，且我们选取的样本公司中只有少数几个公司计提了相应的减值准备，就选择的样本水平而言，这两个项目的影响作用很小，所以将其排除在外。

跌价准备；固定资产减值规模维持在中等水平，上市公司 12 年间平均计提了 132.99 亿元固定资产减值准备（2007 年后固定资产减值不允许转回）；除此以外，样本公司短期投资、长期投资、无形资产、在建工程和委托贷款的减值规模相对较小。2001~2012 年，样本公司坏账准备和存货跌价准备在短期资产减值中占比极高（达99%以上），而 12 年间上市公司计提的长期资产减值主要是固定资产和长期投资。

表 3-5　2001~2012 年上市公司资产减值转回额分类统计　　　单位：亿元

| 年度 | 短期资产 | | | | 长期资产 | | | | | |
	坏账准备	短期投资跌价	存货跌价准备	合计	长期投资减值	固定资产减值	无形资产减值	在建工程减值	委托贷款减值	合计
2001	0.6381	0.0041	0.8163	1.4585	0.0006	0.1523	0.0000	0.2160	0.0000	0.3689
2002	2.2632	0.0194	0.6195	2.9020	0.2913	0.1505	0.1171	0.8559	0.0000	1.4149
2003	2.0866	0.3105	0.3235	2.7205	0.0567	0.2633	0.0009	0.1800	0.0000	0.5009
2004	0.7436	0.1806	0.0485	0.9728	0.0021	0.0072	0.0000	0.0000	0.0000	0.0093
2005	1.4675	0.0215	1.3776	2.8665	0.5702	0.0114	0.0000	0.0045	0.0000	0.5861
2006	23.5859	0.2963	1.5896	25.4718	0.9656	1.7258	0.1186	0.6107	0.0000	3.4207
2007	54.1522	0.0013	9.8003	63.9537	0.0000	0.0000	0.0000	0.0000	0.0000	0.0000
2008	54.8799	0.0000	15.8466	70.7265	0.0000	0.0000	0.0000	0.0000	0.0000	0.0000
2009	70.6095	0.0000	62.5370	133.1465	0.0000	0.0000	0.0000	0.0000	0.0000	0.0000
2010	94.7507	0.0000	43.5986	138.3493	0.0000	0.0000	0.0000	0.0000	0.0000	0.0000
2011	188.79	0.00	32.24	221.03	0.00	0.00	0.00	0.00	0.00	0.00
2012	59.13	0.00	43.81	102.94	0.00	0.00	0.00	0.00	0.00	0.00
均值	46.09	0.07	17.72	63.88	0.16	0.19	0.02	0.16	0.00	0.53

资料来源：国泰安数据库，经笔者整理后得出。

资产减值的计提规模和比例与公司所处行业关系密切相关，如制造业等固定资产比重较大的上市公司，其资产减值的金额和比例可能会显著高于商业类企业，因此，我们对资产减值信息分行业进行了描述性统计，以整体上把握上市公司资产减值的行业特征，如表 3-6 所示。

表 3 - 6   2001 ~ 2012 年发生资产减值上市公司行业分析①

行业	短期减值计提比例	短期减值转回比例	长期减值计提比例	长期减值转回比例	净计提比例
农、林、牧、渔业	1.07	0.07	0.28	0.00	1.28
采掘业	0.25	0.02	0.33	0.00	0.56
制造业	0.77	0.08	0.22	0.00	0.91
电力、煤气及水的生产和供应业	0.13	0.03	0.20	0.00	0.30
建筑业	0.27	0.07	0.02	0.00	0.22
交通运输、仓储业	0.15	0.02	0.14	0.00	0.27
信息技术业	1.18	0.04	0.12	0.00	1.26
批发和零售贸易	0.69	0.06	0.09	0.00	0.72
房地产业	0.58	0.11	0.17	0.00	0.64
社会服务业	0.52	0.10	0.21	0.00	0.63
传播与文化产业	1.02	0.13	0.35	0.00	1.24
综合业	0.98	0.33	0.24	0.00	0.89

资料来源：国泰安数据库，经笔者整理后得出。

从表 3 - 6 中可以看出，2001 ~ 2012 年，资产减值占期初资产总额比例最高的行业是农、林、牧、渔业上市公司，该行业生物资产极易受到自然灾害、动物疫病以及农产品市场需求的影响；其次是信息技术业，这与该行业技术更新快、专利技术等资产极易贬值有关；资产减值占期初资产比例最低的行业是建筑业和交通运输、仓储业，这些行业固定资产价值比较稳定，发生资产减值的风险较低。由于各行业之间的经济景气程度的不一致以及行业之间的资产更新换代速度不一致，导致各行业之间资产减值体现出了一定的差异性。总体而言，行业经济不景气、行业资产技术更新速率越高，上市公司计提的资产减值金额越大。

3.3.2   不同准则阶段资产减值行为

企业计提资产减值金额大小对相应的资产净额有很大影响，进而对资产负债表的资产类科目产生影响。下文进一步分析了上市公司不同准则阶段的资产减值行为，对上市公司资产减值占资产总额的比例进行了描述性统计，如表 3 - 7、

① 资产减值与总资产的比值采用当年计提的资产减值金额/年初资产总额。

表 3-8 和表 3-9 所示。

表 3-7　2001~2012 年全样本公司资产减值净计提比例描述性统计　单位:%

2001~2012 年	总资产减值净计提	短期资产减值净计提	长期资产减值净计提	应收款项减值净计提	存货减值净计提	固定资产减值净计提	无形资产减值净计提
总计	-7.03	-20.30	-1.90	-45.90	-34.50	-14.80	-18.60
总计平均值	-0.0010	-0.0029	-0.0003	-0.0065	-0.0049	-0.0021	-0.0026
总计最大值	1.4400	2.0100	3.8900	3.2500	3.8900	0.8030	5.6600
总计最小值	-3.3500	-4.7200	-4.3300	-14.1000	-6.4200	-2.7300	-9.1300
总计标准偏差	0.0852	0.1330	0.1080	0.3770	0.1650	0.0655	0.1950

资料来源:国泰安数据库,经笔者整理后得出。

表 3-8　旧准则阶段(2001~2006 年)样本公司资产减值描述性统计　单位:%

2001~2006 年	总资产减值净计提	短期资产减值净计提	长期资产减值净计提	应收款项减值净计提	存货减值净计提	固定资产减值净计提	无形资产减值净计提
总计	8.92	8.56	5.92	36.90	-7.75	-8.28	-0.97
总计平均值	0.0025	0.0024	0.0017	0.0104	-0.0022	-0.0023	-0.0003
总计最大值	0.5560	0.9880	3.8900	3.2500	3.8900	0.8030	5.6600
总计最小值	-1.0300	-1.9700	-0.9930	-10.8000	-3.0000	-2.7300	-7.7200
总计标准偏差	0.0512	0.0906	0.0801	0.2880	0.1500	0.0630	0.1950

资料来源:国泰安数据库,经笔者整理后得出。

表 3-9　新准则阶段(2007~2012 年)样本公司资产减值描述性统计　单位:%

2007~2012 年	总资产减值净计提	短期资产减值净计提	长期资产减值净计提	应收款项减值净计提	存货减值净计提	固定资产减值净计提	无形资产减值净计提
总计	-15.90	-28.90	-7.83	-82.80	-26.80	-6.52	-17.60
总计平均值	-0.0045	-0.0082	-0.0022	-0.0234	-0.0076	-0.0019	-0.0050
总计最大值	1.4400	2.0100	1.4000	3.1100	1.3300	0.7010	2.1300
总计最小值	-3.3500	-4.7200	-4.3300	-14.1000	-6.4200	-1.9500	-9.1300
总计标准偏差	0.1090	0.1650	0.1290	0.4470	0.1790	0.0678	0.1950

资料来源:国泰安数据库,经笔者整理后得出。

以准则变更年份为划分时点，将样本公司资产减值净计提比例分成两个时段（2001～2006 年时段、2007～2012 年时段）分别进行统计，结果显示：2001～2006 年时段及 2007～2012 年时段总资产减值净计提比例的平均值分别为 0.0025、－0.0045，后时段数据较前时段变动了－0.0070，变动率达－278.88%，准则变更后样本上市公司资产减值净计提比例平均值明显下降。其中，短期资产减值净计提比例的平均值变动了－0.0106，后时段数据较前时段变动率为－437.79%；长期资产减值净计提比例平均值也变动了－0.0039，后时段数据较前时段的变动率为－232.11%。短期资产减值净计提比例的平均值的变动大于长期资产减值净计提比例的平均值的变动。

统计发现，样本公司应收款项资产减值净计提比例平均值变动额为－0.0339，变动率为－324.37%；存货资产减值净计提比例平均值变动额为－0.0054，变动率为245.79%；坏账准备净计提比例平均值变动方向与短期资产减值净计提比例平均值变动方向相同，存货减值净计提比例平均值变动方向与短期资产减值净计提比例平均值变动方向相反。固定资产减值净计提比例平均值的变动额为0.0005，变动率为－21.23%；无形资产减值净计提比例平均值的变动额为－0.0047，变动率为1714.77%；固定资产减值净计提比例平均值变动方向与长期资产减值净计提比例平均值变动方向相同，无形资产减值净计提比例平均值变动方向与长期资产减值净计提比例平均值变动方向相反。

我们进一步观察了 2001～2012 年度样本公司资产减值净计提规模和净计提比例的变动情况，相关统计数据如表 3－10、表 3－11 所示。

表 3－10　2001～2012 年全样本公司资产减值净计提变动情况统计

变动额	总资产减值净计提	短期资产减值净计提	长期资产减值净计提	应收款项减值净计提	存货减值净计提	固定资产减值净计提	无形资产减值净计提
总计	－24.90	－37.50	－13.80	－120.00	－19.00	1.76	－16.60
总计平均值	－0.0070	－0.0106	－0.0039	－0.0339	－0.0054	0.0005	－0.0047
总计最大值	0.8860	1.0200	－2.4900	－0.1450	－2.5500	－0.1020	－3.5400
总计最小值	－2.3200	－2.7500	－3.3300	－3.2900	－3.4200	0.7780	－1.4100
总计标准偏差	0.0578	0.0745	0.0492	0.1590	0.0294	0.0048	0.0002

续表

变动率	总资产减值净计提	短期资产减值净计提	长期资产减值净计提	应收款项减值净计提	存货减值净计提	固定资产减值净计提	无形资产减值净计提
总计	−278.88%	−437.79%	−232.11%	−324.37%	245.79%	−21.23%	1714.77%
总计平均值	−278.88%	−437.79%	−232.11%	−324.37%	245.79%	−21.23%	1714.77%
总计最大值	159.41%	103.29%	−64.02%	−4.46%	−65.68%	−12.66%	−62.44%
总计最小值	226.60%	139.38%	335.92%	30.35%	113.95%	−28.50%	18.31%
总计标准偏差	112.90%	82.29%	61.41%	55.32%	19.67%	7.62%	0.08%

资料来源：国泰安数据库，经笔者整理后得出。

表 3-11　2001~2012 年资产减值净计提比例平均值分年度统计

年度	总资产减值净计提	短期资产减值净计提	长期资产减值净计提	应收款项减值净计提	存货减值净计提	固定资产减值净计提	无形资产减值净计提
2001	0.0045	0.0070	0.0013	0.0165	0.0052	−0.0003	0.0080
2002	0.0012	−0.0003	0.0058	0.0088	−0.0083	−0.0032	−0.0019
2003	0.0003	0.0024	−0.0035	0.0203	0.0029	−0.0084	0.0054
2004	0.0058	0.0062	0.0017	0.0092	−0.0028	−0.0016	0.0069
2005	0.0069	0.0076	0.0061	0.0229	−0.0037	−0.0003	−0.0010
2006	−0.0035	−0.0083	−0.0013	−0.0151	−0.0065	0.0003	−0.0190
2007	−0.0050	−0.0027	−0.0049	−0.0022	−0.0149	−0.0011	−0.0110
2008	−0.0018	−0.0026	−0.0009	−0.0211	0.0163	−0.0002	0.0021
2009	−0.0092	−0.0183	−0.0042	−0.0405	−0.0229	0.0015	−0.0093
2010	−0.0056	−0.0182	0.0000	−0.0533	−0.0123	−0.0026	−0.0069
2011	−0.0007	−0.0022	−0.0003	−0.0132	−0.0076	0.0011	−0.0023
2012	−0.0048	−0.0051	−0.0029	−0.0102	−0.0041	−0.0098	−0.0025
总计均值	−0.0010	−0.0029	−0.0003	−0.0065	−0.0049	−0.0021	−0.0026
年度环比	总资产减值净计提	短期资产减值净计提	长期资产减值净计提	应收款项减值净计提	存货减值净计提	固定资产减值净计提	无形资产减值净计提
2002	−74.28%	−104.30%	350.14%	−46.42%	−257.89%	909.89%	−124.12%
2003	−72.89%	−888.25%	−159.88%	130.26%	−134.78%	162.70%	−379.83%
2004	1744.34%	162.25%	−148.85%	−54.59%	−198.29%	−81.13%	27.11%
2005	19.35%	21.47%	255.24%	147.73%	31.37%	−79.30%	−114.50%
2006	−150.99%	−209.84%	−121.76%	−166.01%	74.95%	−11.28%	1808.08%

续表

年度环比	总资产减值净计提	短期资产减值净计提	长期资产减值净计提	应收款项减值净计提	存货减值净计提	固定资产减值净计提	无形资产减值净计提
2007	40.81%	−67.62%	274.47%	−85.29%	129.39%	271.19%	−42.04%
2008	−63.25%	−3.34%	−81.86%	850.46%	−209.97%	−82.70%	−118.82%
2009	405.31%	606.73%	371.38%	91.82%	−240.42%	−918.68%	−550.80%
2010	−39.34%	−0.84%	−99.03%	31.76%	−46.34%	−270.54%	−26.18%
2011	−86.85%	−87.95%	678.31%	−75.28%	−38.33%	−140.85%	−67.02%
2012	550.63%	132.02%	812.69%	−22.80%	−45.80%	−1022.79%	7.91%

资料来源：国泰安数据库，经笔者整理后得出。

在本书研究期间，样本公司资产减值净计提比例的平均值在2001~2005年均为正值，自2006年开始变为负值。其中，短期资产减值净计提比例的平均值在准则变更前的2006年显著下降，变动环比达−209.84%，此后该比例波动较准则变更前进一步增大；长期资产减值净计提比例平均值在准则变更前的2006年同样出现下降，变动环比达−121.76%，此后波动较准则变更前减小，上述波动的变化可能与准则变更后长期资产减值准备禁止转回有关。

统计发现，应收款项资产减值净计提比例平均值及存货资产减值净计提比例平均值在准则变更后都出现显著变动：应收款项资产减值净计提比例平均值在2007~2010年逐年下降，2011年、2012年有所回升，且在2006~2012年其平均值均处于负值状态；存货资产减值净计提比例平均值普遍为负值，2008年出现异常。而固定资产减值净计提比例平均值在2004~2008年相对处于较稳定状态，在2001~2003年和2009~2012年波动较大；无形资产减值净计提比例平均值的变动幅度较大，在2006年显著下降至本书研究时段的最低点。

结合表3-7至表3-11的统计分析，可以看出：在总体层面，上市公司资产减值净计提比例的平均值有所下降，而短期资产净计提比例平均值的变动大于长期资产净计提比例平均值的变动；以上表现进一步说明了"长期资产减值准备在准则变更后不能转回"的相关规定影响了上市公司长、短期资产减值的计提与转回行为。

3.3.3 资产减值对净利润的影响

资产减值除了影响财务报表的资产总额外，对其相应的利润表科目的影响也非常大，进而对利润总额产生一定的影响，而与利润表项目有关的财务指标对于上市公司财务评价又至关重要，例如影响管理层考评、上市公司再融资资格、公司股价市场表现等。因此，迫于市场需求或监管约束，资产减值已成为上市公司盈余管理的重要手段之一。本书进一步分析了上市公司计提的资产减值准备占其净利润的比例等信息，结果如表 3 – 12 所示。

表 3 – 12　2001 ~ 2012 年资产减值净计提额占减值前后净利润比例

项目	NPIA	NPBI	NP	NPIA/NPBI	NPIA/NP
2001 ~ 2012 年平均值	934.00	15200.00	14500.00	− 0.28	− 0.29
2001 ~ 2012 年标准偏差	10700.00	54800.00	54200.00	41.77	5.12
2001 ~ 2006 年平均值	872.00	7430.00	6770.00	− 0.79	− 0.42
2001 ~ 2006 年标准偏差	7080.00	28200.00	28600.00	58.75	6.13
2007 ~ 2012 年平均值	996.00	23100.00	22300.00	0.22	− 0.17
2007 ~ 2012 年标准偏差	13300.00	71400.00	70200.00	6.12	3.85
平均值变动额	125.00	15600.00	15500.00	1.01	0.25
平均值变动率（%）	14.31	210.64	229.59	− 128.04	− 59.66

资料来源：国泰安数据库，经笔者整理后得出。

准则变更后，样本公司减值前后的净利润 NPBI、NP 平均值呈现明显增长，变动值分别为 15600.00 万元、15500.00 万元，变动率分别达 210.64%、229.59%；与同时期资产减值前后净利润平均值波动相比，资产减值净计提额平均值的变动额及变动率较小。结合表中资产减值净计提额占减值前后净利润比值（NPIA/NPBI、NPIA/NP），可以看出以上比值的绝对值缩小了，即由于减值前后净利润的变动大于同期资产减值净计提额的变动，导致上市公司资产减值净计提额对净利润的影响下降了，也可以认为资产减值净计提额规模相对于净利润的规模来说减小了。

上文从资产减值净计提额分时统计、资产减值净计提比例分时统计及资产减值净计提额占减值前后净利润比值分时统计等方面，对上市公司资产减值行为及变化规律进行了全面分析。统计显示，准则变更前后企业资产减值规模在总体变化上并未发现明显异常，但细分至各个资产项目的减值规模及净计提比例，其变化却十分明显；由于资产减值净计提额在绝对规模上并无较大变化，而同期企业净利润却显著增加，使得资产减值净计提额对净利润的影响减小。

3.3.4 资产减值与盈余管理动机

以盈余管理动机为分录字段，对比分析扭亏 NK、"大清洗" LOSS、利润平滑 SMOOTH 及管理层变更 MGT 动机下上市公司资产减值净计提比例 WD。并加入时间变量，对比准则变更前后各盈余管理动机下上市公司资产减值行为的变化，观察资产减值与盈余管理的关系。

在此根据变量设定，将样本拆分为四个子样本——扭亏 NK、"大清洗" LOSS、利润平滑 SMOOTH 及其他 QT 样本。四个子样本具体划分方法如下：变量 NK 等于 1，即存在扭亏动机的公司集合；变量 LOSS 不等于 0，即存在"大清洗"动机的公司集合；变量 SMOOTH 不等于 0，即存在利润平滑动机的公司集合；剔除以上三部分的其他样本（QT）。其中 LOSS、SMOOTH、QT 中又可根据是否存在管理层变更动机进行细分。根据以上样本分类，对资产减值净计提比例平均值分年度进行统计如表 3-13 所示。

表 3-13　不同盈余管理动机下资产减值净计提比例平均值分年度统计 单位:%

项目 年度	资产减值净计提比例平均值			
	NK	LOSS	SMOOTH	QT
2001	-0.0334	0.0657	0.0055	0.0023
2002	-0.0316	0.0300	0.0052	0.0038
2003	-0.0511	0.0450	0.0125	0.0046
2004	-0.0203	0.0684	0.0096	0.0043
2005	-0.0603	0.0541	0.0037	0.0043
2006	-0.0738	-0.0357	0.0034	-0.0193
2007	-0.0378	-0.0503	0.0024	-0.0206
2008	-0.0387	-0.6040	0.0040	-0.0262
2009	-0.0325	-0.0840	0.0054	0.0010
2010	-0.3010	-0.0680	-0.0041	0.2490

续表

项目 年度	资产减值净计提比例平均值			
	NK	LOSS	SMOOTH	QT
2011	− 0.0430	0.0053	0.1990	− 0.0011
2012	− 0.0600	− 0.0736	− 0.0288	− 0.0033
总计平均值	− 0.0759	− 0.0725	0.0219	0.0168
其中 MGT = 1	—	− 0.0713	− 0.0040	0.0008
其中 MGT = 0	—	− 0.0736	0.0316	0.0204

资料来源：国泰安数据库，经笔者整理后得出。

表 3 - 13 中数据显示，代表上市公司盈余管理动机的四个子样本在 2001 ~ 2012 年资产减值净计提比例呈现出不完全相同的变动趋势，并在准则变更后发生了较大的变化：

第一，NK 子样本：资产减值净计提比例的平均值在 2001 ~ 2012 年一直处于负值状态，在 2010 年其绝对值显著提高；通过子样本的表现可以合理推断扭亏动机对资产减值会计产生了一定程度的影响：由于存在扭亏动机，上市公司普遍通过减少计提、增加转回等方式减少资产减值准备净计提比例，进而达到扭亏的目的。

第二，LOSS 子样本：以 2006 年为分界线，前时段资产减值净计提比例的平均值为正，后时段（含 2006 年）普遍为负，2008 年绝对值显著提高；LOSS 子样本中资产减值净计提比例平均值的变化较为复杂，以此并不能进行其他结论的推断。

第三，SMOOTH 子样本：资产减值净计提比例的平均值普遍为正，在 2011 年其绝对值显著提高；以上表现印证了公司通过增加减值准备的计提达到利润平滑的目的这一情况。

第四，QT 子样本：在 2010 年绝对值显著提高，需对相关数据进行进一步的统计分析。

第五，根据细分统计数据，在 SMOOTH 子样本、QT 子样本中，MGT 变量显著影响了资产减值净计提比例平均值的取值，即管理层变更将对资产减值会计产生影响，但影响的方向在此尚无法论证；而在 LOSS 子样本中，管理层变更带来的差异并不明显。

本书进一步将资产减值净计提比例平均值细分为短期资产减值净计提比例平均值与长期资产减值净计提比例平均值分别进行统计分析，探索准则的不同阶段上市公司盈余管理动机对短期资产减值和长期资产减值会计的影响，如表3-14所示。

表3-14 不同盈余管理动机下长、短期资产减值净计提比例均值统计 单位:%

项目 / 年度	短期资产减值净计提比例平均值			
	NK	LOSS	SMOOTH	QT
2001	- 0.0478	0.0730	0.0073	0.0046
2002	- 0.0604	0.0214	0.0101	0.0076
2003	- 0.0729	0.0630	0.0127	0.0084
2004	- 0.0335	0.0965	0.0065	0.0068
2005	- 0.0915	0.0665	0.0055	0.0009
2006	- 0.4440	- 0.1190	0.0033	- 0.0461
2007	- 0.0239	- 0.0421	0.0004	0.0014
2008	- 0.0567	- 4.3200	0.0249	- 0.0112
2009	- 0.0494	- 0.2240	0.0109	- 0.0002
2010	- 2.6500	- 0.1600	- 0.0218	0.3450
2011	- 0.2930	- 0.1340	0.2070	- 0.0005
2012	- 0.0860	- 0.1070	- 0.4650	- 0.0060
总计平均值	- 0.4270	- 0.5620	- 0.0099	0.0260
其中 MGT = 1	——	- 0.6370	- 0.0019	0.0019
其中 MGT = 0	——	- 0.4900	- 0.0129	0.0314
项目 / 年度	长期资产减值净计提比例平均值			
	NK	LOSS	SMOOTH	QT
2001	- 0.0163	0.0425	0.0026	- 0.0005
2002	- 0.0073	0.0649	- 0.0004	- 0.0003
2003	- 0.0375	0.0102	0.0176	- 0.0023
2004	- 0.0100	0.0336	- 0.0003	0.0011
2005	- 0.0284	0.0372	0.0050	0.0040
2006	- 0.0084	0.0276	0.0032	- 0.0033
2007	0.2850	- 0.0414	0.0140	- 0.0485
2008	- 0.0218	- 0.0536	0.0080	- 2.1700

续表

项目＼年度	长期资产减值净计提比例平均值			
	NK	LOSS	SMOOTH	QT
2009	− 0.0179	− 0.0638	0.0041	− 0.0036
2010	− 0.0007	− 0.0105	0.0049	0.1040
2011	− 0.0188	0.0176	− 0.0241	− 0.0093
2012	− 0.0340	− 0.0469	− 0.0148	− 0.0969
总计平均值	0.0126	0.0031	0.0018	− 0.1900
其中 MGT = 1	—	0.0145	− 0.0028	− 0.0028
其中 MGT = 0	—	− 0.0078	0.0034	− 0.2320

资料来源：国泰安数据库，经笔者整理后得出。

第一，NK 子样本：短期资产减值净计提比例平均值与长期资产减值净计提比例平均值在 2001～2012 年普遍为负值状态，但样本公司短期资产减值净计提比例平均值的绝对值普遍大于长期资产减值净计提比例平均值的绝对值。上市公司在 2010 年出现了大规模的短期资产减值准备减少的情况，值得关注。此外，在准则变更前后的 2006 年与 2007 年，短期资产减值净计提比例出现规模性变化，长期资产减值净计提比例随后也发生明显变化，两者变动方向相反。

第二，LOSS 子样本：统计发现，短期资产减值净计提比例平均值与长期资产减值净计提比例平均值在此子样本中的变化情况相当，但短期资产减值净计提比例平均值在 2008 年的绝对值显著提高且为负值，与预期并不相符。

第三，SMOOTH 子样本：统计数据显示，短期资产减值净计提比例平均值普遍为正，可以推断样本公司通过计提短期减值准备达到利润平滑的目的；在 2011 年与 2012 年，短期资产减值净计提比例平均值发生了显著变化：2011 年显著为正值，而 2012 年显著为负值，该变化属异常状况。而长期资产减值净计提比例平均值在 2001～2012 年时而正时而负，符合一般规律，并没有显著变化的情形；结合短期资产减值净计提比例平均值进行分析，可以合理推断公司可能通过短期资产减值会计达到利润平滑的目的。

第四，QT 子样本：2010 年资产减值计提比例平均值的绝对值显著提高，主要由短期资产及长期资产减值计提比例平均值均有所上升所致；细分数据显示还可发现，2008 年长期资产减值净计提比例平均值显著为负。

第五，MGT 变量显著影响了 SMOOTH 子样本、QT 子样本中的短期资产减值净计提比例平均值与长期资产减值净计提比例平均值及 LOSS 子样本中的长期资产减值净计提比例平均值。虽然在总体上，管理层变更对 LOSS 子样本中资产减值计提比例平均值的影响并不显著，但区分长期及短期资产减值后发现，管理层变更对扭亏动机下的长期资产减值会计产生了影响。

以盈余管理动机为分录字段得出的四个子样本的资产减值计提比例平均值，趋势变动差异较明显：即盈余管理动机显著影响了资产减值净计提比例，特别是在准则变更后，其影响及作用更为显著。结合对资产减值计提比例平均值在表 3 - 9 中的分析，2008 年资产减值计提比例平均值的下降主要是由 LOSS 子样本中的个案导致的，而 2010 年迅速反弹则是由 QT 子样本的个案造成的。

本部分从不同制度背景下上市公司资产减值行为及不同盈余管理动机下资产减值净计提比例描述性统计两方面，对样本公司资产减值规模及变化规律进行了全面分析。通过对资产减值净计提额 NPIA、资产减值净计提比例 WD 及资产减值净计提额占企业减值前、后净利润的比值 NPIA/NPBI、NPIA/NP 变量分时间、分动机的描述统计，可以发现：各个资产项目的资产减值规模在准则变更前后变化普遍较大，但由于存在相互抵消的情况，企业资产减值总体规模变动符合一般性规律；同时，资产减值净计提比例在准则变更前后变化显著并存在扩张的趋势，该观测变量在以盈余管理动机为分录字段的各个子样本上存在一定差异，且准则变更后差异变大；准则变更后，由于企业净利润的绝对规模扩大，资产减值净计提额对净利润的影响减小。

3.3.5 资产减值与非流动资产处置

已有研究发现，上市公司有较大可能性通过非流动资产处置管理盈余。2007 年 1 月 1 日实施的新会计准则要求企业单独披露"非流动资产处置损益"项目。统计显示，2007～2012 年，上市公司"非流动资产处置损益"发生额年均占公司全部非经常性损益总额的比重达 7%，上市公司非流动资产处置损益发生频率之高、金额之大，究竟是企业正常经营业务活动需要，还是存在盈余管理行为值得探究。由于非流动资产处置时涉及长期资产减值损失的转销，本书进一步关注了上市公司资产减值与非流动资产处置损益的关系。

本部分提供 2007～2012 年进行非流动资产处置的上市公司主要特征的描述

性统计，包括本期过度非流动资产处置损益（EIDA）[①]、亏损、盈余下降公司 COM$_1$、盈利且盈余增长公司 COM$_2$ 三组变量指标，统计结果可为进一步分析亏损、盈余下降公司是否利用非流动资产处置进行正向盈余管理、盈利且盈余增长公司是否利用非流动资产处置进行负向盈余管理提供初步证据。

表 3 - 15 列示了 2007 ~ 2012 年样本上市公司过度非流动资产处置损益的统计结果，从表中可以看出，新准则执行期后的 6 年间，上市公司进行非流动资产处置的样本共有 14296 个。样本标准差（0.008533）较小，中位数（0.000069）和平均数（0.000890）均为正，表明上市公司过度非流动资产处置损益金额在样本间差异不大，样本数据较为稳定。总体上看，上市公司存在过度非流动资产处置收益现象，会计准则变更后，有盈余管理动机的上市公司可能利用长期资产处置损益操控盈余。样本总体最大值（0.495465）相对于平均数（0.000890）而言绝对差距远高于最小值（-0.014362），说明上市公司利用非流动资产处置进行正向盈余管理有更大的可操作空间。从各年度间观察数据来看，2010 ~ 2012年，上市公司进行非流动资产处置的总体趋势是上升的，样本量逐年递增，表明新准则期后越来越多的上市公司选择进行非流动资产处置，可能利用非流动资产处置损益操控盈余。

表 3 - 15　2007 ~ 2012 年样本上市公司过度非流动资产处置损益统计[②]

年度	观察数	最小值	中位数	最大值	平均值	标准差
2007	1826	- 0.005166	0.000190	0.125938	0.001132	0.004513
2008	2221	- 0.014362	0.000077	0.215485	0.000806	0.006139
2009	2425	- 0.000538	0.000056	0.401545	0.000911	0.009462
2010	2495	- 0.006625	0.000056	0.489082	0.001149	0.013027
2011	2643	- 0.000776	0.000000	0.048381	0.000618	0.002431
2012	2686	- 0.000122	0.000035	0.495465	0.000802	0.009910
总计	14296	- 0.014362	0.000069	0.495465	0.000890	0.008533

资料来源：国泰安数据库，经笔者整理后得出。

[①]　为控制行业因素对被解释变量的影响，用公司当期的非流动资产处置损益与同期行业处置损益中位数的差值来表示该变量。若 EIDA 大于 0，则说明公司存在过度非流动资产处置收益；若小于 0，则表示公司存在过度非流动资产处置损失。

[②]　尽管样本公司非流动资产处置损益占利润比重较小，但上市公司通过处置资产来管理盈余的现象应引起重视，需进一步探究其行为动机。本书变量处理后数据较小，因而统一保留六位小数，下表同。

表 3-16 将样本公司分为亏损或盈余下降公司 COM_1 和盈利且盈余增长公司 COM_2 两类，考察这两类公司过度非流动资产处置损益的特征。统计结果显示，样本总体中有 5473 个样本为亏损或盈余下降公司，8823 个样本属于盈利且盈余增长公司。其中，第一类公司 COM_1 中 EIDA 为正的样本数为 3348 个，比例为 61.17%，说明大部分亏损或盈余下降公司在亏损或盈余下降当期确认了过度非流动资产处置收益；第二类公司 COM_2 中 EIDA 为负的样本数为 3938 个，EIDA 为负的样本占比为 44.63%，预示有很大一部分盈利且盈余增长公司在盈利并且盈余增长当期确认了过度非流动资产处置损失。从理论逻辑而言，亏损或盈余下降公司的非流动资产处置收益率通常小于盈利且盈余增长公司，但从表中数据的统计特征值来看，亏损或盈余下降公司确认的过度非流动资产处置损益最小值、平均值和最大值皆大于盈利且盈余增长公司，说明第一类公司更倾向于确认非流动资产处置收益，存在利用过度非流动资产处置收益调增盈余的可能性。会计准则变更后，有盈余管理动机的上市公司可能会在长期资产处置前期多计提资产减值准备以操控盈余，而第二类公司则在盈利且盈余增长年度谨慎确认非流动资产处置收益，存在利用过度非流动资产处置损失调节盈余、平滑利润的可能性。

表 3-16 2007~2012 年不同类型上市公司非流动资产处置损益特征统计

公司类型	观察数	最小值	中位数	最大值	平均值	标准差	EIDA >0（%）
亏损或盈余下降公司	5473	-0.006625	0.000062	0.495465	0.001139	0.009826	61.17
盈利且盈余增长公司	8823	-0.014362	0.000072	0.489082	0.000735	0.007618	55.37

资料来源：国泰安数据库，经笔者整理后得出。

3.4 上市公司商誉减值概况分析

我国 2006 年新出台的企业会计准则参照国际会计准则的方法，对商誉相关的会计政策进行了变更。新准则首先明确了商誉不属于无形资产，其次规定对企业合并形成的商誉不再按一定期限进行摊销，而是将其分摊到相关资产或者资产组组合，且至少每年进行一次减值测试。商誉减值准备一经计提，在后续会计期间内均不允许转回。本小节主要从行业、年份等维度描述统计分析上市公司商誉减值政策执行概况，对比分析商誉减值样本和未减值样本在盈利能力、股东获利能力、现金流量能力以及风险水平方面的差异，对上市公司商誉减值信息披露情况进行统计分析，并结合样本公司的违规行为，分析其违规发生的原因、处理方式、处理单位以及违规次数等统计结果，进一步考察上市公司违规行为与商誉减值之间存在的联系。

3.4.1　商誉减值政策执行情况行业分析

参照证监会 2001 年发布的《上市公司行业分类指引》中划分的行业类别，本书将执行商誉减值政策的上市公司所处行业统计归纳，发现披露商誉减值的上市公司散落于各个不同行业，如表 3 - 17 所示。其中制造业上市公司披露商誉减值数量最多，有 192 家，占比最高，为 56.14%。这一方面可能与现阶段我国制造业上市公司绝对数量比较高有关，截至 2013 年资产负债表显示，我国制造业上市公司数量高达 1696 家，在证监会所有行业门类中占有绝对数量优势；另一方面，较多的企业数量可能导致该行业的竞争程度也比较高，市场环境瞬息万变，因此，该行业内上市公司商誉价值不确定性因素也比较多，导致制造业披露商誉减值的样本公司数要远远高于其他行业。然后是信息技术业，这与信息技术业的行业特点有关。由于信息技术业相关产品更新换代的频率比较高，产品生命周期相对较短，难以形成长期的竞争优势，企业商誉的价值也具备相应的特点，本书研究样本中有 9.06% 来自该行业。而占比最少的则是金融业、保险业，仅有0.88%，该行业由于竞争程度相对较弱，因此，披露商誉减值的公司数量也要小得多，上市的商业银行中仅有招商银行（600036）披露过商誉减值信息。

表 3 - 17　披露商誉减值样本上市公司所处行业分布情况　　单位：家,%

证监会行业门类代码	证监会行业门类名称	样本公司数	占总样本数的比例
A	农、林、牧、渔业	6	1.75
B	采掘业	8	2.34
C	制造业	192	56.14

证监会行业门类代码	证监会行业门类名称	样本公司数	占总样本数的比例
D	电力、煤气及水的生产和供应业	10	2.92
E	建筑业	6	1.75
F	交通运输、仓储业	7	2.05
G	信息技术业	31	9.06
H	批发和零售业	29	8.48
I	金融、保险业	3	0.88
J	房地产业	26	7.60
K	社会服务业	11	3.22
L	传播与文化业	8	2.34
M	综合类	5	1.46
合计	—	342	100.00

资料来源：国泰安数据库—公司研究系列，经笔者整理后得出。

旧准则阶段，披露商誉减值①相关信息的行业有农、林、牧、渔业，制造业，交通运输、仓储业，信息技术业，批发和零售业以及传播与文化业。其中，商誉减值规模最高的是信息技术业，占比为74.40%，这与前文提及的该行业经营特点密切相关。统计显示，该行业相应的转回商誉减值的比例也最高，为82.5%。采掘业、电力、煤气及水的生产和供应业、建筑业、金融、保险业、房地产业、社会服务业和综合类则为"零计提零转回"现象。

新准则阶段，计提商誉减值的公司出现在所有行业中，其中，计提商誉减值规模最高的是采掘业，累计计提商誉减值为77.99亿元，占比高达56.01%。其次是制造业，累计计提商誉减值为16.05亿元，占比为11.53%。而计提商誉减值规模最小的是农、林、牧、渔业，累计计提商誉减值为0.23亿元，占比仅为1.24%。由于农、林、牧、渔业上市公司资产以生物性资产为主，这类资产生命周期短，市场需求缺乏弹性，多属于生活必需品，并且易受自然灾害、动物疫情的影响，故此类上市公司的资产减值以短期资产减值为主，披露商誉减值的上市公司数量则相对少很多，如表3-18和表3-19所示。

---

① 旧准则阶段商誉纳入无形资产核算，商誉减值参照无形资产减值，但只有极少数上市公司在旧准则阶段披露过商誉减值相关信息。

表 3 - 18　旧准则阶段商誉减值计提、转销或转回行业分布

单位：亿元,%

| 证监会行业门类 | 旧准则阶段[①]（2001～2006 年） | | | | | |
	计提商誉减值	占比	转销商誉减值	占比	转回商誉减值	占比
农、林、牧、渔业	0.03	1.24	—	—	0.03	1.52
采掘业	—	—	—	—	—	—
制造业	0.39	14.51	—	—	0.18	8.09
电力、煤气及水的生产供应业	—	—	—	—	—	—
建筑业	—	—	—	—	—	—
交通运输、仓储业	0.05	1.88	—	—	—	—
信息技术业	2.00	74.40	—	—	1.81	82.50
批发和零售业	0.20	7.61	—	—	0.16	7.45
金融、保险业	—	—	—	—	—	—
房地产业	—	—	—	—	—	—
社会服务业	—	—	—	—	—	—
传播与文化业	0.01	0.36	—	—	0.01	0.44
综合类	—	—	—	—	—	—
合计	2.69	100.00	—	—	2.19	100.00

注：占比 = 计提、转销或转回商誉减值/计提、转销或转回的合计数 × 100%。

资料来源：国泰安数据库—公司研究系列，经笔者整理后得出。

表 3 - 19　新准则阶段商誉减值计提、转销与转回行业分布

单位：亿元,%

| 证监会行业门类 | 新准则阶段（2007～2012 年） | | | | | |
	计提商誉减值	占比	转销商誉减值	占比	转回商誉减值[②]	占比
农、林、牧、渔业	0.23	0.16	0.12	1.06	—	—
采掘业	77.99	56.01	0.13	1.18	—	—

---

①　新旧准则不同阶段相关统计数据的不一致，主要由上市公司会计政策变更进行的追溯调整导致。

②　2007 年后，仍有少数上市公司违反新减值准则转回商誉减值准备，为了保证数据的连贯性，未作删除处理。

续表

证监会行业门类	新准则阶段（2007～2012年）					
	计提商誉减值	占比	转销商誉减值	占比	转回商誉减值①	占比
制造业	16.05	11.53	3.21	28.95	0.59	86.41
电力、煤气及水的生产和供应业	4.99	3.58	0.04	0.35	—	—
建筑业	4.42	3.18	0.96	8.63	—	—
交通运输、仓储业	2.72	1.95	0.05	0.46	—	—
信息技术业	4.80	3.45	1.82	16.41	0.03	4.80
批发和零售业	3.15	2.26	1.59	14.31	—	—
金融、保险业	5.82	4.18	—	—	—	—
房地产业	6.71	4.82	2.85	25.70	0.06	8.79
社会服务业	6.52	4.68	0.19	1.69	—	—
传播与文化业	5.39	3.87	0.07	0.67	—	—
综合类	0.46	0.33	0.07	0.60	—	—
合计	139.26	100.00	11.10	100.00	0.68	100.00

注：占比＝计提、转销或转回商誉减值/计提、转销或转回的合计数×100%。

资料来源：国泰安数据库—公司研究系列，经笔者整理后得出。

　　统计发现，虽然本书样本中制造业上市公司样本数量是采掘业的24倍，但是制造业计提商誉减值的总规模仅为采掘业的1/5。缘由是中国石化（600028）分两次计提了大额商誉减值准备，一次计提了62.57亿元，另外一次则计提了13.91亿元，该公司计提的商誉减值准备规模远超其他企业。中国石化（600028）2010年度财务报告附注中关于62.57亿元商誉减值的解释为：本公司现金产生单元的可回收价值是根据对使用价值的计算所厘定的。对燕山石化、镇海石化、齐鲁石化、扬子石化、香港加油站这些现金产出单元的价值估算采用现金流量折算方法，相应的现金流量是根据管理层批准的一年期财务预算和外部研究机构通过市场调研对未来2～5年市场供需关系形成的预测，预计未来5年内的现金流量均保持稳定。对大明现金流量预测的计算是基于外部储量评估师进行

---

① 2007年后，仍有少数上市公司违反新减值准则转回商誉减值准备，为了保证数据的连贯性，未作删除处理。

的储量评估以及管理层对国际原油价格的预期。税前贴现率主要有 15.2% ~ 16.8% (2009 年为 11.2% ~ 13.6%)。计算过程中的关键假设涉及毛利率和销售量，其中，毛利率是根据历史数据测定和综合考虑以后期间国际石油产品的发展趋势后测定的。销售数量是根据生产能力和（或）预算期间以前年度的销售数量厘定的，对未来市场供求的预测基于外部调研机构进行的市场调研。截止到 2010 年 12 月 31 日，作为现金产出单元的齐鲁石化、扬子石化和大明的账面价值被测定为高于其可收回金额。管理层认为现金产出单元齐鲁石化和扬子石化的可收回金额的减少是由国际化工市场相关化工产品未来供应量增加导致化工市场竞争激烈，从而使未来现金流量预测下降造成的，大明的可收回金额的减少是由该现金产出单元不成功的钻探造成的。截止到 2010 年 12 月 31 日，对齐鲁石化、扬子石化及大明的商誉计提减值准备金额为人民币 62.57 亿元。管理层认为对燕山石化、镇海石化和香港加油站可收回价值计算所基于的关键假设的任何合理性改变并不会引致这些企业的账面值超过其可收回价值。

反观制造业，上市公司中计提商誉减值规模最高的为 ∗ ST 黑豹（600760），计提商誉减值规模仅为 1.02 亿元。该公司对相关内容也作了翔实的披露，主要内容如下：根据我国财务会计准则第八号和第二十号的规定，本公司对 2010 年 9 月份由于企业合并业务形成的商誉进行了减值测试。按照有关规定，本公司聘请了专业评估机构上海东洲资产评估有限公司对我公司资产组进行了价值评估，评估方法为资产基础法和收益法，并出具了第 0011267 号资产评估报告。通过资产基础法的测算，我公司全体股东所有者权益价值约为 7.9 亿元人民币，增值额为 0.48 亿元，增值率为 6.39%；通过收益法测算，我公司全体股东所有者权益价值约为 7.48 亿元人民币。我公司净资产约为 7.43 亿元人民币，其中商誉的账面价值为 1.02 亿元，如果采用收益法评估的价值核算，应当计提商誉减值准备金额 0.98 亿元，但出于谨慎性的考虑，本公司对商誉全额计提商誉减值准备，共计 1.02 亿元。

3.4.2 商誉减值政策执行情况年度分析

如表 3 - 20 所示，旧准则时期，我国上市公司的并购业务相对较少，披露商誉减值的公司数也不多，且多数企业会在 1 ~ 2 个会计年度全额转回前期已经计提的商誉减值准备。本书选取的样本中，仅有 6 家上市公司在 2001 年计提商誉减值准备，减值总规模为 0.45 亿元。其中华联商厦（600632）、莲花味精（600186）和友谊股份（600827）3 家上市公司在次年就全额转回了上年计提的商誉减值准备，2002 年度转回的总规模达到 0.2 亿元，占上期末商誉减值准备总规模的 60.61%。说明旧准则阶段上市公司利用资产减值准备的转回进行盈余管理的动机非常强，这与薛爽（2006）的研究结论相似。

表 3-20　2001～2012 年我国上市公司商誉减值统计　　单位：亿元,%

年度	披露商誉净额公司①	披露商誉减值公司	占比[1]	商誉净额总规模	当期计提商誉减值	占比[2]	商誉减值总规模	当期转回商誉减值	占比[3]	当期转销商誉减值②	占比[4]
2001	211	6	2.84	74.44	0.45	0.06	0.33	—	—	—	—
2002	285	5	1.75	107.17	2.07	2.78	2.20	0.20	60.61	—	—
2003	348	—	—	141.20	—	—	0.33	1.87	85.00	—	—
2004	403	—	—	135.68	—	—	0.30	0.04	12.12	—	—
2005	445	2	0.04	208.75	0.04	0.03	0.29	0.05	16.67	—	—
2006	497	1	0.02	244.66	0.13	0.06	0.33	0.03	10.34	—	—
2007	475	86	18.11	370.13	5.01	2.05	15.43	—	—	0.26	78.79
2008	528	83	15.72	706.75	29.23	7.90	44.59	0.04	0.03	0.03	0.02
2009	594	86	14.48	848.82	7.37	1.04	48.57	0.5	1.12	2.89	6.48
2010	713	85	11.92	987.71	76.25	8.98	121.97	—	—	2.85	5.87
2011	849	71	8.36	1401.37	9.36	0.95	128.88	0.14	0.01	2.31	1.90
2012	1000	127	12.7	1672.32	12.03	0.86	138.15	—	—	2.76	2.14

注：占比[1] 为披露商誉减值的公司数/披露商誉净额的公司数×100%；占比[2] 为当期计提商誉减值规模/上期末商誉净额总规模×100%；占比[3] 为当期转回商誉减值规模/上期末商誉减值准备总规模×100%；占比[4] 为当期转销商誉减值规模/上期末商誉减值准备总规模×100%。

资料来源：国泰安数据库—公司研究系列，经笔者整理后得出。

在新准则时期，我国资本市场披露商誉减值的上市公司数量显著增加，由原

---

① 旧准则阶段，购买企业（母公司）投资成本与被合并企业（子公司）净资产公允价值的差额，即商誉（负商誉）计入合并价差，故 2001～2006 年的数据选取自企业合并价差。

② 当期转销商誉减值规模是指上市母公司处置子公司时相应注销的已计提商誉减值规模。

来的零星数家增长至 2012 年的 127 家。2001～2012 年，我国已有近 350 家上市公司在其年度财务报告中披露与商誉减值相关的信息，说明商誉减值会计政策变更效应初步显现。随着我国上市公司并购业务的不断增多，上市公司披露期末商誉净额规模也呈现连年递增的趋势，但是商誉减值的计提规模呈现出非常高的波动率，特别是 2008 年和 2010 年，出现了非常大的增幅。结合国内外宏观经济环境，2008 年国际金融危机导致国内外众多公司经营不善，融筹资渠道受阻、资金链断裂、业绩指标异常下滑，较多子公司一度濒临破产。因此，在 2008 年度商誉减值准备计提规模出现了大幅上涨，总规模高达 29.23 亿元，为 2007 年度的 5.9 倍，同比上涨 483.43%；2010 年度商誉减值计提规模畸高，该年度中国石化（600028）一次计提大额商誉减值准备 62.57 亿元，这一金额远超我国其他上市公司计提商誉减值准备的规模。该公司在 2010 年度财务报告附注中也作了相关说明（内容在前文已有提及，在此不加以赘述）。在新准则期间，仍有少数上市公司[①]违反企业会计准则的相关规定转回了以前年度计提的商誉减值准备，其转回总规模为 0.68 亿元（其中制造业企业转回 0.59 亿元），表明新《资产减值》准则的执行力度有待进一步加强。此外，2007 年以后商誉减值转销规模也出现了明显的变化，2007 年共计转销商誉减值准备 0.26 亿元，占旧准则阶段最后一个会计年度期末商誉减值准备总额的 78.79%，这可能与新《资产减值》准则规定长期资产减值准备在后续会计期间不允许转回有关，有多家企业选择通过处置子公司的方式实现变相转回商誉减值准备；2009 年度，商誉减值转销金额出现了较大增幅，由上年度的 0.03 亿元增至 2.89 亿元，同比上涨 9533.33%，上市公司可能存在通过转销商誉减值调节会计利润的动机。

　　本书的初步统计结果表明：新《资产减值》准则的实施能够为利益相关者提供企业未来现金流量的相关信息，减少信息不对称，降低代理成本。然而，新准则时期商誉减值计提规模的高波动率以及商誉转销规模的较大增幅也暗示着新《资产减值》准则给予管理层的职业判断空间可能被用于投机行为，由于资产组减值迹象的判断、资产组的认定、未来现金流量的预测、折现率的选择、可变现净值和可收回金额的估算涉及大量管理人员的主观判断，上市公司仍然可能利用

---

①　四环生物（000518）、亿城股份（000616）、华联股份（000882）、长春燃气（600333）和鹏欣资源（600490）。

计提大额商誉减值准备和转销商誉减值准备调节会计利润，进行盈余管理。

本书认为，《资产减值》准则的变更有效鼓励了上市公司自愿披露与商誉价值相关的未来盈利能力和现金流量的私有信息，向企业外部利益相关者传达利好或利空的消息，提升了会计信息的质量。如果上述猜想成立，那么披露商誉减值准备的上市公司的企业绩效应当与未披露商誉减值准备上市公司之间存在显著的差异。鉴于此，本书将 2007～2012 年 342 家披露过商誉减值准备的上市公司选定为实验组，另随机选取 342 家资产规模与实验组上市公司相似且披露过商誉净值但未披露过商誉减值准备的上市公司作为对照组，进行两组独立样本的非参数检验，以期考察两组上市公司之间运营能力的实质差异。

由于偏度检验和峰度检验结果表明四个维度的观测变量均不服从正态分布，故本书选用秩和检验进行对比分析。表 3-21 的结论表明披露商誉减值的上市公司组的盈利能力、股东获利能力和现金流量能力都在 1% 的显著性水平下低于未披露商誉减值的对照样本组，实验组上市公司财务杠杆的整体均值也略高于对照组上市公司（10% 水平下显著），表明披露过商誉减值的上市公司未来盈利能力、股东获利能力和现金流量能力相比于未披露过商誉减值的上市公司确实要弱，上市公司披露商誉减值信息能够在一定程度上传达利空的消息，这也进一步验证了本书的初步统计结论。关于披露商誉减值与未披露商誉减值上市公司运营能力对比分析的详细信息，如表 3-21 和表 3-22 所示。

表 3-21　披露商誉减值上市公司运营能力指标统计

项目	财务指标	均值	中位数	Pr（Skewness）
盈利能力	资产收益率	0.0298	0.0240	0.0000 ***
	股权收益率	0.0744	0.0515	0.0000 ***
股东获利能力	每股收益	0.1832	0.1010	0.0000 ***
	每股净资产	2.6691	2.9000	0.0000 ***
现金流量能力	每股经营活动现金净流量	0.1251	0.0567	0.0000 ***
	现金流量利息保障倍数	-13.2974	1.2042	0.0000 ***
风险水平	财务杠杆	1.3430	1.1765	0.0000 ***
	经营杠杆	1.5856	1.9434	0.0000 ***

注：*** 、** 和 * 分别表示在 1% 、5% 和 10% 的水平下显著。

资料来源：国泰安数据库，假设检验结果由笔者通过统计软件计算得出。

表 3 – 22 未披露商誉减值上市公司运营能力指标统计

项目	财务指标	均值	中位数	Pr（Skewness）
盈利能力	资产收益率	0.0391	0.0313	0.0000 ***
	股权收益率	0.0779	0.0653	0.0000 ***
股东获利能力	每股收益	0.2783	0.1611	0.0000 ***
	每股净资产	4.1067	3.5000	0.0000 ***
现金流量能力	每股经营活动现金净流量	0.1638	0.0859	0.0000 ***
	现金流量利息保障倍数	2.5984	1.8039	0.0000 ***
风险水平	财务杠杆	0.6747	1.1797	0.0000 ***
	经营杠杆	2.1354	1.9540	0.0000 ***

注 *** 、 ** 和 * 分别表示在 1% 、 5% 和 10% 的水平下显著。
资料来源：国泰安数据库，假设检验结果由笔者通过统计软件计算得出。

此外，为进一步验证 Ramanna 和 Watts （2008） 把市值账面比（Market – to – Book Ratio） 当作是否发生商誉减值迹象的代理变量的合理性①，本书对所选样本公司进行了进一步对比分析。对比分析结果表明，实验组上市公司账面市值比（MTB） 显著高于未披露商誉减值的对照组上市公司，Mann – Whitney – U 检验统计量 z = 4.103，Prob > |z| = 0.0000，证明 Ramanna 和 Watts （2008） 的研究结论真实可靠，且同样适用于我国上市公司。

3.5 本章小结

通过对样本上市公司 2001 ~ 2012 年资产减值信息的描述性统计分析，我们发现：

第一，本部分首先从不同制度背景下上市公司资产减值行为及不同盈余管理动机下资产减值净计提比例描述性统计两方面，对样本公司资产减值行为及变化规律进行了全面分析。通过对资产减值净计提额 NPIA，资产减值净计提比例 WD

---

① Ramanna 和 Watts 的研究表明，如果 t – 2 期 MTB > 1 而 t – 1 和 t 期 MTB < 1，则上市公司很有可能出现了商誉减值的迹象。

及资产减值净计提额占企业减值前后净利润的比值 NPIA/NPBI、NPIA/NP 变量分时间、分动机的描述统计，可以发现长期资产、短期资产减值规模在准则变更前后变化较大，但由于各资产减值项目存在相互抵消的情况，企业资产减值总体规模变动符合一般性规律；同时，资产减值净计提比例在准则变更前后变化显著并存在扩张的趋势，该观测变量在以盈余管理动机为分录字段的各个子样本上存在一定差异，且准则变更后差异变大。新准则执行期后，由于企业净利润的绝对规模扩大，资产减值净计提额对净利润的影响减小。需关注的是，2007 年后计提长期资产减值损失的上市公司数量有所下降，而计提短期资产减值上市数量出现一定程度上升。在新《资产减值》准则不允许长期资产减值转回的刚性约束下，上市公司对于计提长期资产减值比较谨慎，但整体上看，企业资产减值计提规模变化不大。无论是计提资产减值的金额还是计提减值的公司数量，并没有受到会计准则变更的影响。上市公司 2006 年长期资产减值转回的规模达到最高值，这显然与 2006 年是政策允许转回以前年度长期资产减值准备的最后一年有关。需特别指出的是，新会计准则阶段，发生短期资产减值的上市公司数量出现一定程度上升，且 2007 年后上市公司资产减值转回的主要来源也是短期资产减值的转回，表明上市公司仍然可能利用短期资产减值进行盈余操纵。以盈余管理动机为分录字段得出的四个子样本的资产减值计提比例平均值在不同时间段的变动差异表明，在新准则变更后，盈余管理动机仍显著影响上市公司的资产减值行为。

第二，新《资产减值》准则实施后，我国资本市场披露商誉减值的上市公司数量显著增加，商誉减值公司所属行业也从旧准则阶段的部分行业扩展至所有行业，商誉减值政策效应初步显现。统计发现，披露过商誉减值的上市公司盈利能力、股东获利能力和现金流量能力相对于未披露过商誉减值的上市公司要弱，表明商誉减值信息能够在一定程度上传达利空消息。然而新准则时期上市公司商誉减值计提规模的高波动率以及商誉转销规模的较大增幅也暗示着新《资产减值》准则给予管理层的职业判断空间可能被用于投机行为。由于资产组减值迹象的判断、资产组的认定、未来现金流量预测、折现率选择、可变现净值和可收回金额的估算等涉及大量的主观判断，上市公司仍可能利用计提大额商誉减值或转销商誉减值调节会计利润。尽管准则要求上市公司详细披露与资产减值相关的信息，但现阶段我国能够完整披露商誉减值原因、资产组（资产组组合）分配、可收回金额确定和关键假设及依据等信息的上市公司并不多，资产减值信息披露的完整性和可靠性亟待提高，且上市公司之间商誉减值信息披露质量差异十分悬殊。

第三，统计显示，2007 年有 911 家上市公司（约占沪、深两市 A 股非金融行业上市公司的 72%）进行了非流动资产处置，2012 年有 2686 家上市公司（约占沪、深两市 A 股非金融行业上市公司的 91%）进行了非流动资产处置，2012 年发生非流动资产处置损益的上市公司绝对数量与 2007 年相比增加了 195%，"非流动资产处置损益"发生额年均占公司全部非经常性损益发生额的比重也大幅上升。2007 年的非流动资产处置损益发生金额为 60.84 亿元，2012 年增加到 195 亿元，增加了 221%；2007～2012 年，上市公司非流动资产处置损益占公司全部非经常性损益发生额的比重达 7% 以上，占公司净利润的年平均比重为 1.54%。从统计数据特征值来看，亏损或盈余下降公司确认的过度非流动资产处置损益最小值、平均值和最大值皆大于盈利且盈余增长公司，说明第一类公司更倾向于确认非流动资产处置收益，存在利用过度非流动资产处置收益调增盈余的可能性，会计准则变更后，有盈余管理动机的上市公司可能会在长期资产处置前期多计提资产减值准备以操控盈余；而第二类公司则在盈利且盈余增长年度谨慎确认非流动资产处置收益，存在利用过度非流动资产处置损失调减盈余、平滑利润的可能性。上述现象引起了资本市场投资者的密切关注。

第4章 上市公司资产减值经济动机研究

企业行为对资本市场良性发展意义重大。上市公司如果利用资产减值来操纵会计盈余，投资者的利益就会受到侵犯，资本市场的运行效率也会受到严重影响。因此，需要从制度层面上考察上市公司执行资产减值政策的实质性影响因素，从公司行为上检验资产减值会计的经济后果。2007年开始实施的新会计准则对不同类型的资产减值的转回政策进行了区分处理，亦即说明了不同类型的资产减值存在不同的差异性，那么资产减值准则的这种变化是否存在一定的合理性？它的政策效果如何？对于不同类型的资产，上市公司资产减值的计提转回的动机是否存在差异？若上市公司计提资产减值与盈余管理动机相关，那么其进行盈余管理的对象是短期资产还是长期资产？本章内容将重点关注影响企业选择资产减值政策的关键要素，试图通过对企业不同类型资产减值的计提与转回行为进行比较，进一步分析新旧会计准则不同阶段上市公司针对不同类型资产计提资产减值的本质动机，探究企业资产减值政策选择的实质性影响因素。

整理以往盈余管理的相关文献，对于资产减值的影响因素并未形成一致的研究结论，企业计提资产减值究竟是出于盈余管理动机还是真实反映其资产价值，这对资本市场能否良性发展意义重大。因此持续地进行盈余管理的相关研究，以实证方法检验上市公司选择资产减值政策的实质性影响因素，明确指出企业计提资产减值的经济动机，有利于准则制定机构科学评价资产减值政策的制度效应。2007年开始实施的新会计准则对不同类型的资产减值转回政策进行了区分处理，亦即说明了不同类型的资产减值存在不同的制度效应。新资产减值准则实施后，上市公司资产减值会计行为是否符合制度预期？企业对于不同阶段、不同类型的资产，其减值准备的计提与转回动机何在？在后续研究中，我们需厘清在不同制度背景下公司计提资产减值行为的差异，明确回答企业选择资产减值政策的影响因素究竟是什么这一科学问题。进一步，如果减值政策作为公司盈余管理工具，其进行盈余管理的对象是短期资产还是长期资产？中国会计准则与国际财务报告准则有关长期资产减值转回的不同制度约束，其实质性差异意义何在？本部分特别针对沪、深上市公司 2001 ~ 2012 年资产减值行为进行研究，研究时间窗口涵盖新旧会计准则不同阶段，便于针对不同制度背景下企业对不同类型资产减值的计提行为和计提动机进行比较分析，探究影响企业资产减值政策选择的实质性要素。拟着重从经济因素、盈余管理因素和稳健性因素三方面，识别上市公司选择资产减值政策的实质性影响因素，重点关注计提减值准备上市公司的市场特征以及上市公司针对短期资产和长期资产计提减值准备的确认金额与确认时机。

4.1　文献回顾

4.1.1　国外研究概况

"资产毁损"概念最早由法国人 Jacques Savary 提出，之后，存货计价稳健思想开始在欧洲大陆传播。20 世纪 30 年代，会计学界开始对资产减值思想进行深入的理论探讨，对资产减值的关注从存货逐步发展到资本资产领域。1936 年，美国会计学会（AAA）针对资产过时问题提出"资产减值"的概念。1953 年，David 和 George 在美国《会计评论》杂志上发表了题为 *Accounting for Obsolescence—A Proposal* 的文章，建议"在计算资产价值时将其账面价值减记到现有价值"，开辟了长期资产减值会计研究的先河。1947 年美国会计师协会（AIA）颁布了第 29 号公告——存货计价（Inventory Pricing），首次提出企业可以采用"成本与市价孰低法"计量期末存货。1953 年，美国注册会计师协会（AICPA）第一次全面、详细地规范了存货期末计量的规定。1975 年，美国财务会计准则委员会（FASB）第 12 号财务会计准则公告（SFAS12）规范了短期投资减值政策，允许企业按"成本与市价孰低法"计量期末短期投资。FASB 的技术公告（Technical Bulletin）79 – 19 则要求采用权益法的长期投资者应将其投资账户按持股比例降低到估价准备账户。FASB 第 5 号（SFAS5）"或有会计事项"规范了应收账款的减值政策，并首次提出资产减值确认的可能性标准。之后，SFAS 第 19 号及第 69 号对石油天然气行业的长期资产减值进行了规范。1995 年 3 月，FASB 颁布 SFAS 第 121 号《长期资产减值、处置的会计处理》，规范了企业衡量与确认资产减值的标准。2001 年 10 月，FASB 发布 FAS144《长期资产减值之会计处理》取代先前发布的 FAS121，将商誉排除在长期资产减值之外。国际会计准则委员会（IASC）于 20 世纪 90 年代开始规范减值损失的衡量、确认与信息披露。1994 年之前，IASC 发布的减值规范散见于 IAS 的第 2、第 16、第 22、第 28 号准则中。1998 年 4 月，IASC 颁布 IAS36《资产减值》准则，规范了固定资产和无形资产等长期资产减值的会计处理，适用于除存货、递延所得税资产、建造合同和雇员福利以及 IAS32 所涉及的金融资产外的所有资产减值的核算。

自 20 世纪 80 年代开始，由于市场经营环境的变化，美国企业自行计提资产减值的例子越来越多，1995 年 3 月 FASB 发布 SFAS121 准则成为资产减值会计研究的分界点。1995 年 3 月财务会计准则委员会（美国）发布的美国财务会计准则（公告）第 121 号《长期资产减值、处置的会计处理》准则成为了资产减值会计研究的分界点。归纳国外资产减值研究文献，多数学者认为上市公司的资产减值行为受到资产本身价值毁损和盈余管理经济动机的影响，两者影响的显著性水平有所不同。

Ayres F. L（1986）、Beave W. H. 和 G. Ryan（1987）发现企业计提资产减值时存在盈余操纵动机，并且各企业衡量与确认资产减值的标准不相一致。

Elliott 等（1988），Strong 等（1987）认为高层管理者变动对资产减值计提比率影响较为显著。Beatty 和 Weber（2006）发现受到财务指标限制的上市公司比不受财务指标限制的上市公司更倾向于采取减值措施。ShiMin Chen 等（2009）利用中国资本市场数据进行研究，发现由于监管因素的存在，上市公司会利用资产减值转回来避免被暂停交易或取消上市资格。

McNichols 和 Wilson（1988）发现当上市公司业绩较前期提高较多或当年业绩很差时会大量计提减值准备以平滑利润或预备来年转回调增利润。Zucca 和 Campbell（1992）研究了 1978～1983 年 67 家公司发生的 67 次资产减值，并选择了相应的对照组公司。研究发现这 67 次减值中有 45 次是在盈余低于预测值时被确认的，即"大清洗"经济动机，有 22 次是在盈余超过预期时确认的，可能存在平滑利润动机，可以作为上市公司利用资产减值来进行盈余管理的证据。研究还发现很大一部分资产减值的确认时间在第四季度。

与 McNichols 等（1988）和 ShiMin Chen 等（2009）的发现不同的是，Francis 等（1996）认为利润平滑因素和"大清洗"因素对资产减值计提比率的影响并不显著，但在控制价值毁损变量后，高层管理者的变动和以前年度曾经提取过减值准备的企业更倾向于提取较高比例的减值准备。Francis、Hanna 和 Vincent（1996）选择了从 1989～1992 年计提减值准备的上市公司作为研究对象，对公司的行业发展、自身经营情况的变化、平滑利润、管理层变更和"大清洗"动机等因素进行实证分析。同时还发现存货、固定资产等对资产减值行为没有显著的影响，但商誉显著影响了资产减值的行为。

Elliott、Shaw（1988）和 Strong（1987）认为高层管理者变动对资产减值计提比率的影响较为显著。ChenC. J. P. 等（2004）发现，当上市公司出现大额度的亏损或高层管理者变动时，可能会存在计提较高比率的资产减值准备的盈余操纵行为，是为了下一年度利润可以有个较大的增幅。

也有一些会计学者研究发现，盈余管理因素对资产减值政策选择的影响很小。Rees 等（1996）发现企业计提资产减值不是因为存在盈余管理的经济动机，而是经理人通过资产减值准备的行为向市场传递对现金流量的预期金额。Rezaee、Smith 和 Lindbeck（1996）指出资产减值准备对上市公司的财务有着巨大的影响，甚至会达到期末长期资产总额的 12%、当年销售收入的 22%、当年净利润的 10 倍左右，因此，上市对资产减值科目非常关注。

Wilson（1996）认为应将会计数据分为三部分，第一个组成部分要求从经济因素角度计提资产减值准备，操作性部分是指从盈余管理因素角度计提资产减值准备，计量误差部分是指不同非关联专家得到的预期与一致性预期的差异，这些差异的存在使得资产减值的计提和转回出现偏差，对各利益集团产生影响，稳健性原则的出现就是为了平衡和抵消这种影响。Easton 和 Harris（1991）选取了1969～1986 年上市公司作为样本，对会计盈余变化和水平对股票回报率的解释力度进行检验，发现不管是仅考虑会计盈余水平还是同时考虑变化和水平的模型，会计盈余水平的回归系数均呈显著正相关关系。

4.1.2　国内研究概况

中国自 20 世纪 90 年代起颁布资产减值会计政策，先后经历了 1992～1997

年的二项自愿资产减值制度、1998 年的四项自愿资产减值制度、1999～2000 年的强制性四项减值制度、2001～2006 年的强制性八项减值制度和 2007 年之后的新资产减值制度。我国自 2007 年开始实施的新资产减值准则与国际会计准则 IAS36 基本趋同，唯一的实质性差异在于国际会计准则允许转回以前年度已确认的资产减值损失（但已确认的商誉减值损失不得转回），而我国会计准则禁止转回已计提的长期资产减值准备。

不同制度环境下国内外对资产减值会计的研究结论表明：影响公司资产减值会计的主要因素可分为三类——经济因素、盈余管理因素和稳健性因素。就会计稳健性因素而言，需要企业的资产减值行为保持职业谨慎态度，充分有效地估计到各种损失和风险，既不高估资产或收入，也不低估负债或成本费用。显然经济因素会显著影响上市公司的资产价值。就经济因素而言，当资产可收回金额低于其账面价值时，应确认相应的资产减值损失。盈余管理因素是指管理层出于某种目的为掩盖财务报表的真实内容而对资产减值计提进行人为的干预和操纵，从而使得资产减值计提有失偏颇，最终其对应资产的账面价值偏离真实价值。

秦勉（2008）认为资产价值的毁损信息属于会计盈余的组成部分，上市公司资产减值准备计提与公司经营业绩呈反向变动关系，业绩越差计提减值准备金额越多。资产减值会计对资产价值变动的不对称计量不仅在数量上改变了资产价值，也在质量上影响了会计盈余。王跃堂等（2000）先从信息观的角度采用事件研究法对企业自愿执行三大减值政策的会计盈余是否具有信息含量进行检验，然后从计量观的角度采用关联研究法对会计盈余和净资产账面价值与投资报酬和股价水平的关系进行分析，发现自愿执行三大减值政策的上市公司会计盈余的价值相关性没有显著提高，但其会计盈余本身具有信息含量。王福胜、孙妮娜（2009）采用托宾 Q 值作为市场价值的度量，同样得出减值计提比例与市场价值显著正相关的结论。

目前，有关盈余管理与资产减值的相关研究并未形成一致的结论，大部分学者认为资产减值政策制定初衷与其具体实施效果发生了较大差异，减值政策已成为企业盈余管理的手段（李增泉，2001；戴德明等，2005；蔡祥、张海燕，2004；赵春光，2006；王建新，2007；代冰彬、陆正飞等，2007；郭喜才，2009）。但也有学者持不同的观点，认为上市公司长期资产减值总额整体上真实地反映了其长期资产未来收益能力的下降，减值政策并未演化成公司盈余管理的工具（王跃堂等，2005）。

陆建桥（1999）发现亏损上市公司为避免连续亏损以逃避管制而在亏损及其前后年度采取盈余管理行为。在首次亏损年份公司利用减值政策显著非正常调减盈余，而在首次亏损前一年度和扭亏为盈年度又明显调增收益。戴德明等（2005）、赵春光（2006）和薛爽等（2006）均赞同这一观点，认为扣除减值准备影响，扭亏公司将有较大比例（72%）不能扭亏。蒋义宏（1998）、陈小悦等（2000）、孙铮和王跃堂（1999）发现上市公司为达到配股要求存在较强的盈余管理动机。

至于企业通过何种减值方式操纵盈余，于海燕和李增泉（2001）发现扭亏和亏损企业在提取存货跌价准备和坏账准备时有盈余管理行为，王建新（2007）则认为长期资产减值转回金额与公司盈利水平、当年是否亏损显著负相关，与公司是否扭亏显著正相关。但王跃堂等（2005）研究了 2001 年和 2002 年 A 股上市公司执行长期资产减值和追溯调整政策的情况后，发现上市公司在长期资产减值政策实施当年普遍（占上市公司总体的比例高达 63%）进行了减值行为，不仅减值总额真实反映了长期资产未来收益能力的下降，而且追溯调整后计入当年损益的减值额也真实反映了长期资产未来收益能力的下降，追溯调整政策并未演化成公司盈余管理的工具。虽然规避或迎合政府管制政策的经济动机构成了上市公司选择资产减值政策的主要原因，但减值金额在一定程度上反映了公司资产质量的实际状况（蔡祥、张海燕，2004）。

黄婷晖（2002）对"ST""PT"或停牌的上市公司在被"ST"或"PT"前一年执行资产减值政策的行为进行了研究，发现这类公司计提了超常的资产减值准备，以使上市公司能够在以后年度转回资产减值准备，从而达到增加当期利润的经济动机，实现"保牌"的目的。

薛爽、田立新和任帅（2006）的实证结果表明有扭亏目的的上市公司存在扭亏的前一年会大量计提资产减值准备，在扭亏当年会大量转回资产减值准备的情况。胡玮瑛、徐志翰和胡新华（2003）的研究表明，微利上市公司存在着显著的盈余操纵的情况。

于海燕、李增泉（2001）通过考察沪市 A 股上市公司 1999 年的数据，研究资产减值准则的实施情况，得出结论：亏损、扭亏和处于配股临界线的企业计提存货跌价准备时有盈余操纵的迹象；另外，处于配股临界线的企业在计提坏账准备时存在盈余操纵的迹象。赵春光（2006）的研究也发现发生减值行为前亏损的上市公司会利用资产减值准备会计行为进行盈余操纵，目的是避免亏损和"大清洗"。

白冬冬（2007）按照资产减值盈余管理的动因进行分类，将2002～2005年上市公司分为两类进行对比，得出上市公司资产减值会计行为与盈余管理动机呈显著相关关系：存在防亏动机、扭亏动机、配股动机和利润平滑动机的上市公司可能会利用资产减值政策来增加当期的收益；存在"大清洗"动机的公司可能会利用资产减值政策来达到降低当期收益的目的；上市公司还有管理层变动的动机。

王建新（2007）结合公司治理和盈余管理动机，对新会计准则中长期资产不可转回的规定进行研究，发现总经理和董事会两职合一、未单独设置审计委员会的上市公司以及具有配股和扭亏动机的上市公司更有转回长期资产减值准备的可能；具有利润平滑和"大清洗"动机的上市公司可能转回长期资产减值较少，甚至是多计提长期资产减值准备。

李享（2009）从长期资产处置角度研究企业是否存在"前期大量计提资产减值损失，后期伴随资产的交易或者处置而转出资产减值损失"的情况。研究显示资产处置的发生概率和程度均大于资产减值准备转回，如果上市公司准备下年处置或交易长期资产，也存在大量计提亏损年度的资产减值损失。

洪剑峭等（2005）以2001～2002年的1828家上市公司为样本检验了八项资产减值准备的信息含量，发现尽管资产减值政策可能成为某些公司进行盈余管理的手段，但从总体上看，计提减值准备后的会计盈余数据比计提前更具信息含量。李远鹏、李若山（2005）发现以往的研究虽然证明了会计盈余对"坏消息"的回归系数比"好消息"大，但回归拟合度却更低，他们认为这样研究得到的稳健性结论是亏损公司"大清洗"的盈余管理动机所造成的假象。他们运用盈余的偏度和波动性、盈余/股价回报关系以及盈余的持续性和反转性4个稳健性指标进行检验，发现在控制了亏损上市公司后，会计盈余没有表现出一定的稳健性。

4.1.3 文献述评

由于国内外资本市场制度环境不同，学者们的研究方向也存在差异。中国证券市场制度有其特殊性，即 ST 制度，因此，我国的实证研究文献大多重点关注 ST 制度下的上市公司资产减值问题，这是国外文献无法涉及的。从目前国内实证研究文献来看，我国学者对资产减值的研究主要集中在减值会计与盈余管理动机的相关研究上。

通过回顾已有的研究文献，我们发现：以往盈余管理的相关文献，对于资产减值的影响因素并未形成一致的研究结论与看法，企业计提资产减值究竟是出于盈余管理动机还是真实反映其资产价值，对资本市场能否良性发展意义重大。上市公司如果利用资产减值操纵会计盈余，投资者的利益就会受到侵犯，资本市场的运行效率会受到严重影响。因此，持续地进行盈余管理的相关研究，以实证方法检验上市公司选择资产减值政策的实质性影响因素，明确指出企业计提资产减值的经济动机，有利于准则制定机构科学评价资产减值政策的制度效应，深入考察资产减值会计的经济后果。

4.2　实证研究设计

4.2.1　研究内容

本章的研究目标是从公司行为视角检验资产减值会计的经济后果，系统分析上市公司资产减值会计政策选择的实质性影响因素，并揭示准则变更对上市公司资产减值会计政策选择的影响。研究的主要内容包括以下两部分：

第一部分，企业资产减值会计政策选择的实质性影响因素分析。在充分吸收已有研究成果的基础上，紧密联系我国资本市场特点，从企业角度剖析上市公司计提和转回资产减值准备的经济动机，分析企业选择资产减值会计政策的实质性影响因素。拟着重从经济因素、盈余管理因素和稳健性因素三方面，识别上市公司选择资产减值政策的实质性影响因素，重点关注计提减值准备上市公司的市场特征以及上市公司针对短期资产和长期资产计提减值准备的确认金额与确认时机。研究区间涵盖 2001～2012 年发生资产减值行为的沪、深两市上市公司，研究结论将有助于明确回答"企业选择资产减值政策的实质性影响因素究竟是什么"这一科学问题。

第二部分，准则变更对企业资产减值会计政策选择的影响分析。在不同制度背景下，比较上市公司资产减值会计政策选择的行为差异，揭示准则变更对企业资产减值会计政策选择的实质性影响，客观评价资产减值准则的制度效应。在此基础上，深入分析不同制度背景下上市公司针对不同类型资产所选择的减值会计政策的差异，揭示准则变更对不同类型资产减值会计的影响；同时，进一步关注上市公司盈余管理动机在不同制度时期、不同类型资产的资产减值会计政策选择中是否发生变化，揭示资产减值准则变更对盈余管理动机的影响。

4.2.2 研究假设

对于企业资产减值会计政策选择影响因素及准则变更对企业资产减值会计政策选择的影响的研究，国内外学者已进行了深入细致的分析。大量研究认为企业资产减值会计政策选择不仅受到经济因素的影响，而且受到盈余管理因素及会计稳健性因素的作用。本部分内容针对沪、深两市 A 股上市公司 2001 ~ 2012 年的企业资产减值行为进行分析，对企业选择资产减值会计政策的影响因素进行研究。针对不同类型资产减值会计政策选择行为进行比较分析，重点关注经济因素、盈余管理动机以及会计稳健性对上市公司资产减值会计政策选择的影响。根据国内外相关研究文献及理论基础分析，拟从以下两方面确立研究假设。

第一，企业资产减值政策选择的实质性影响因素。

资产减值会计是为了剔除资产中的"水分"或"泡沫"，公允地反映资产的未来现金流入的现值，确保资产的每一份账面价值存在性的一种后续计量方法。资产的未来现金流入的现值主要受经济因素的影响。如果上市公司自身的经营状况不善，业绩指标不良，其资产的盈利能力可能会受到不利的影响，导致其资产的可变现净值降低，企业计提资产减值损失的概率会上升。反之，若上市公司自身的经营状况及业绩指标良好，其资产的盈利能力就会受到这些有利因素的影响，导致资产的可变现净值升高，企业计提资产减值损失的概率就会下降。因此，经济因素会显著影响企业资产的账面价值，从而影响其资产减值会计。即，经济因素是决定上市公司计提资产减值的根本动因。综上所述，提出假设 H1：

假设 H1：资产减值准备的计提与转回反映企业所处经营环境，经营环境好，上市公司会少提取减值准备，经营环境差则会多提减值准备。

盈余管理因素是指管理层出于粉饰财务报表、避免被退市等而掩盖财务报表的真实内容，对相关会计信息进行人为干预和操纵。资产减值会计中的盈余管理行为使得资产减值的计提与转回的金额和时点与企业真实状况不符，减值计提偏离资产真实价值。就盈余管理动机而言，上市公司管理层可能出于某种目的对资产减值进行操纵，使减值计提偏离资产真实价值。研究表明，盈余管理动机（包括扭亏、"大清洗"、利润平滑、管理层变更等）对资产减值会计政策的选择产生了影响（Elliott，1988；Strong，1987；Zucca 和 Campell，1992；陆建桥，1999；陈小悦等，2000；于海燕、李增泉，2001；戴德明等，2005；赵春光，2006；薛爽，2006；王建新，2007；郭喜才，2009），此外，会计政策变更的敏感期内同样存在盈余管理甚至做假的动机（李燕等，2005）。发生亏损的上市公司由于短期内很难通过主营业务收入实现盈利，为摆脱 ST、停牌的命运，往往通过减少资产减值准备的计提或增加前期转回的方式实现扭亏；对于减值前净利润为负当年扭亏无望的上市公司，为在以后年度通过减值准备的转回扭转连续亏损的局面，可能会对资产计提大量的减值准备；而对于一般上市公司而言，为向投资者展现稳定增长的经营业绩，增强投资者对公司的信心，进而降低公司在资本市场上的融资成本，往往在当年盈利超过预期时，通过计提较多的减值准备为以后年度的经营不确定性提供一个"缓冲垫"；而当上市公司的高级管理人员发生变动时，变更后的高级管理人员一方面为了把不良的业绩归咎于前任，另一方面也为后期储存利润，可能会在新任职当年多计提资产减值准备。综上所述，提出假设 H2：

假设 H2：盈余管理动机显著影响了上市公司资产减值会计政策的选择。存在扭亏动机的上市公司，资产减值净计提比例显著降低；存在"大清洗"、平滑利润、管理层发生变更动机的上市公司，资产减值净计提比例显著提高。

风险和不确定性的增加使资产市场价值经常处于不断变化中，这种环境促使会计人员在确认和计量会计信息时尽量谨慎，由此产生了会计稳健性原则的动因。稳健性原则即是对不确定性的审慎反应，努力确保商业环境中存在的不确定性和风险被充分考虑到。我国会计准则在稳健性原则上要求"企业对交易或者事项进行会计确认、计量和报告时应当保持应有的谨慎，不应高估资产或者收益、低估负债或者费用"。

就会计稳健性而言，由于资产减值计提比例和计提金额涉及大量假设和主观判断，经济环境的不确定性会使会计人员职业判断出现误差（Wilson，1996），会计政策越稳健，企业计提资产减值的比例会越高。资产的可收回金额并没有直接的渠道获得，往往需要通过观察资产的减值迹象或进行资产减值测试基于一定的假设并根据相关方法测算得到；此外，排除主观因素的影响，由于经济环境时刻发生着变化，会计人员的职业水平不尽相同，对经济环境的认识存在偏差，因此，资产可收回金额的估计存在一定的不确定性。同时，企业会计准则以稳健性原则为指导，采取保守的态度对待资产、负债、收入及费用等方面计量的问题。以上原因导致会计估计预期将出现相对稳定的偏差，这种系统性的偏差在资产未来可收回金额的估计方面也存在。上市公司在收到市场负面评价时比收到正面评价时计提更多的减值准备，从而体现了稳健性原则。基于盈余/应计度量法的设定，企业在不同时期对会计稳健性原则的应用会存在差异。综上所述，提出假设 H3：

假设 H3：在控制其他因素后，上市公司的会计政策越稳健，其计提资产减值比例会越高。

第二，准则变更对企业资产减值政策选择的影响。

2006 年我国颁布的新《资产减值》会计准则相比以前的准则有了很大的改善，相对于原《企业会计制度》中"不得计提秘密准备"的原则性要求，《CAS8——资产减值》更明确具体地指出了防止上市公司滥用稳健性原则的刚性措施。针对部分上市公司利用资产减值进行利润操纵的行为，CAS8 规定固定资产、无形资产、在建工程等长期资产减值准备一经计提，在以后期间不得转回。此项规定将极大地压缩管理层利用资产减值会计调整会计盈余的空间。但我们也必须认识到，已有的制度约束是监管在现实条件下的优先选择，但仍存在进一步完善的空间。新《资产减值》准则一方面加大了企业利用长期资产减值会计进行盈余管理的难度，抑制了上市公司利用其操纵会计盈余的动机；另一方面由于新准则未禁止应收账款、存货等短期资产减值准备的转回，企业可能会加大对短期资产减值准备的操纵以达到盈余管理的目的。同时，企业仍可能利用资产处置的机会转回减值准备。此外，准则新增了使用寿命不确定的无形资产的相关定义与会计处理，增加了利用无形资产进行盈余管理的灵活性。准则变更后，资产减值会计政策选择机制发生了显著的变化。即，准则的变更可能导致存在盈余管理动机的上市公司通过有别于准则变更前的手段利用相关短期资产减值进行盈余操纵，或利用资产处置的机会调整（转回）资产减值准备。即，在不同制度环境下，上市公司不同类型资产减值会计政策选择不同。据此，提出假设 H4 和假设 H5：

假设 H4：会计准则变更后，长期资产减值会计受盈余管理动机的影响下降；短期资产减值会计受盈余管理动机的影响上升。

假设 H5：会计准则变更后，有盈余管理动机的上市公司可能会在长期资产处置前一年多计提资产减值准备或利用商誉及使用寿命不确定的无形资产减值操控盈余。

4.2.3　变量选择

本书着重研究经济因素、盈余管理因素及会计稳健性对资产减值会计政策选择的影响，故在变量选择中考虑如下五个因素：

第一，被解释变量：初步统计，长期资产减值准备在 2005 年后转回样本较少，且 2007 年长期资产减值准备不允许转回；同时，资产减值准备的计提和减少来源于多方面——本期计提中包含并购、转回及其他增加，本期减少又区分转回、转销及其他减少，其直接或间接影响利润，成为盈余管理的手段之一。故本书选择资产减值净计提额除以期初资产作为本书研究的被解释变量。

第二，解释变量：会计稳健性。关于稳健性度量，本书以市场调整后股票回报率 AJRET 衡量市场对公司的总体评价，以其正负区分市场对公司的总体评价的性质（当 AJRET < 0 时，NR = 1；当 AJRET ≥ 0 时，NR = 0）。根据稳健性原则的要求，会计人员将对负面的公司评价做出更为保守的估计。此外，市场调整后股票回报率 AJRET 部分体现了经济因素对公司资产减值会计的影响，市场调整后股票回报率越高，资产减值净计提比例将越小。基于以上的分析及设定，当资产减值会计存在稳健性时，衍生变量 NRAJRET 的系数将呈显著负相关，从而体现当公司收到负面的公司评价时，会计人员将做出更为保守的估计。

第三，解释变量：经济因素。本书从宏观、中观及微观三个层面，以国内生产总值的增长率、行业总资产收益率增长率、市场调整后股票回报率、营业收入的增长率、净利润的增长率、经营活动净现金流量的增长率六个指标对公司所面临的经济因素进行拟合。预期这些变量对因变量将产生负相关的联合影响，预期与被解释变量呈负相关。

第四，解释变量：盈余管理因素。有关盈余管理变量，根据资产减值与盈余管理的逻辑关系，拟着重对上市公司的扭亏动机、"大清洗"动机、利润平滑动机及管理层变更动机进行考察。基于前文及研究假设中的分析，存在扭亏动机的上市公司存在减少资产减值准备计提或扩大转回金额的嫌疑，故预期 NK 与被解释变量呈显著负相关。而对于那些扭亏无望的上市公司，为来年实现扭亏，其可能多计提资产减值准备，扩大资产减值净计提规模，为来年转回提供可操纵的空间；对于那些业绩良好的上市公司，会倾向于多计提资产减值准备，达到利润平滑的目的。本书以资产减值前利润对公司"大清洗"动机（LOSS）及利润平滑动机（SMOOTH）进行计量，当公司资产减值前利润为负且低于公司所在行业负值的中位数时，即设定该公司存在"大清洗"动机，以公司资产减值前利润除以期初资产进行衡量，故预计 LOSS 系数显著为负；而当公司资产减值前利润为正且高于公司所在行业正值的 3/4 位数时，即设定该公司存在利润平滑动机，以公司资产减值前利润除以期初总资产进行衡量，预计 LOSS 系数显著为正。而存在管理层变更（MGT）的公司，预期上市公司将在变更当年显著增加资产减值准备的净计提比例。当管理层变更时 MGT = 1，否则为 0，预期 MGT 与被解释变量呈显著正相关。

第五，控制变量：选取总资产周转率、资产负债率、经营现金流量负债比和公司规模作为控制变量。其中，用本期初期资产负债率控制资本来源对资产减值净计提比例的影响，用本期初期总资产的对数控制公司规模的影响。

4.2.4 模型设计

建立模型（4-1）来检验资产减值与经济因素的关系。根据已有研究文献，经济因素一般由外部经济因素和内部经济因素两方面组成。外部经济因素主要用国内生产总值的增长率 ΔGDP 和行业资产回报率增长率 $\Delta INDROA$ 来衡量，内部经济因素可考虑企业自身业绩指标，如销售增长率 $\Delta SALES$、计提资产减值准备前盈余增长率 ΔEB 和自由现金流量增长率 ΔOCF 等。为剔除公司规模影响，模型两边统一除以期初资产总额。

$$WD\_T_t = \beta_0 + \beta_1 \Delta GDP_t + \beta_2 \Delta INDROA_t + \beta_3 \Delta SALES_t + \beta_4 \Delta EB_t + \beta_5 \Delta OCF_t + \beta_6 \ln SIZE_t + \varepsilon_t$$

$$(4-1)$$

其中，WD_T_t = 资产减值准备（期末数 – 期初数）/期初总资产；$\Delta INDROA_t$ = （$INDROA_t$ – $INDROA_{t-1}$）期初资产（用行业资产回报率的中位数代替）；若上市公司所在省份当年的 GDP 高于全国平均水平，$ECO_t = 1$，否则等于 0；$\Delta SALES_t$ = （$SALES_t$ – $SALES_{t-1}$）/期初资产；ΔEB_t = （EB_t – EB_{t-1}）/期初资产（EB = 净利润 + 利息费用 + 资产减值准备 + 固定资产折旧 + 无形资产摊销 + 长期资产摊销）；ΔOCF_t = （OCF_t – OCF_{t-1}）/期初资产；lnSIZE = 企业期末资产的自然对数。

为检验盈余管理因素及稳健性因素与企业资产减值的关系，建立模型（4 – 2）。因变量分别为 WDs、RESs、NWDL（含商誉减值和使用寿命不确定的无形资产减值），自变量包括 ROA、OPR、YL、NK、ST、LOSS、MGB 和 MTB。NEW 为代表新准则是否颁布的哑变量，其中 NEW × ROA 是 NEW 和 ROA 的交叉变量（其他同）。模型中加入 ZZ、LEV、CASH 和 SIZE 来控制其他可能影响资产减值转回的因素。构建模型（4 – 2）：

$$Y_{it} = \beta_0 + \sum_{j=1}^{9} \beta_j Indicators_{it} + \sum_{m=10}^{17} \beta_m NEW_{it} \times Indicators_{it} + \sum_{n=18}^{21} \beta_n Controls_{it}$$

$$(4-2)$$

上述模型中，各变量类型、变量定义及相关设定如表 4 – 1 所示。

表 4 – 1　变量设计

变量类型	变量名	变量定义	赋值及含义
被解释变量	WD_T	资产减值准备计提比例	WD_T =（期末减值准备 – 期初减值准备）/期初总资产
	WD_S	短期资产减值准备计提比例	WD_S = 本期计提的短期资产减值/短期资产期初数
	RES_S	短期资产减值准备转回比例	RES_S = 本期转回的短期资产减值/短期资产期初数
	NWD_L	长期资产减值准备净计提比例*	NWD_L = 本期净计提的长期资产减值/长期资产期初数

变量类型	变量名	变量定义	赋值及含义
解释变量	NEW	第 i 家公司第 t 年度	若处于新准则期用 1 表示，处于旧准则期则用 0 表示
	ROA	总资产收益率	总资产收益率 =（本期净利润/期末总资产）×100%
	OPR	营业利润增长率	营业利润增长率 =（本期营业利润/上期营业利润 - 1）×100%
	YL	是否巨额利润公司	净资产收益率 >30% 用 1 表示，反之为 0，检验公司平滑利润动机
	NK	是否有扭亏动机	1 表示当年扭亏公司，0 表示当年未扭亏公司
	ST	是否有脱帽动机	1 表示当年被 ST 的公司，0 表示当年未被 ST 的公司
	LOSS	是否有预防亏损动机	资产减值行为前的净利润为正时用 0 表示，否则用 1 表示
	SMOOTH	是否有利润平滑动机	若 NK = 0，且公司减值前净利润/期初总资产大于该变量所在行业 3/4 分位数，等于减值前净利润/期初总资产；否则为 0
	MGB	是否管理层变动	1 表示管理层发生了变动，否则用 0 表示
	AJRET	会计稳健性	上一年度 5 月到本年度 4 月的市场调整后的股票回报率
控制变量	ZZ	总资产周转率	总资产周转率 = 当年营业收入/期末总资产×100%
	LEV	资产负债率	减值前资产负债率，资产负债率 = 期末负债/期末总资产×100%
	CASH/LEV	经营现金流量负债比	经营现金流量负债比 = 经营活动现金流量净额/期末流动负债总额
	INSIZE	企业规模	用企业期末资产总额的自然对数衡量

注：＊鉴于 2005 年后长期资产减值准备转回样本较少，且 2007 年开始准则不允许长期资产减值准备转回，故不对长期资产减值计提和转回比例单独研究，而选择其净计提比例作为被解释变量。

针对假设 H5，本书引入 EDIA（本期过度非流动资产处置损益）作为被解释变量，为控制行业因素对被解释变量的影响，用公司当期的非流动资产处置损益与同期行业资产处置损益中位数的差值来表示该变量。若 EIDA 大于 0，则说明公司存在过度非流动资产处置收益；若小于0，则表示公司存在过度非流动资产处置损失。

为检验假设H5，参考Bartov（1993）和Herrmann（2003）的研究方法，建立实证模型（4-3）：

$$EIDA = \alpha_0 + \alpha_1 COM_i + \alpha_2 Lev + \alpha_3 Size + \alpha_4 Growth + \varepsilon_1 \qquad (4-3)$$

模型（4-3）中，EIDA为过度非流动资产处置损益；COM_i为公司类型（如亏损或盈余下降等）虚拟变量；Lev为资产负债率；Size为公司规模；Growth为营业收入增长率；α_0为常数项，$\alpha_1 \sim \alpha_4$为回归系数，ε_1为残差项。拟采用多元线性回归（OLS）方法进行实证检验。

4.3 实证研究结果

4.3.1 资产减值政策选择关键影响因素

基于本书的研究内容和思路，首先对以总资产减值净计提比例为因变量的回归结果进行解释说明，探索资产减值会计政策选择的关键影响因素；其次区别长期及短期资产减值净计提比例分别进行回归分析，最后深入了解长期及短期资产减值会计的影响因素。

回归分析：以总资产减值净计提比例为解释变量。

以总资产减值净计提比例WD_T为解释变量，运用多元回归分析法对研究模型进行回归分析。得到以下实证分析结果如表4-2所示。

表4-2 2001～2012年以总资产减值净计提比例为因变量的回归结果

变量	Coef.	Robust Std. Err.	t	P > |t|
NRAJRET_T	1.4115	0.6632	2.13	0.033 **
NK_T	-0.0839	0.0286	-2.93	0.003 ***
LOSS_T	2.3124	0.7479	3.09	0.002 ***

变量	Coef.	Robust Std. Err.	t	P >	t	
SMOOTH_T	0.0901	0.0138	6.54	0.000 ***
MGT_T	0.0283	0.0154	1.84	0.067 *
ΔGDP_T	− 0.0060	0.0078	− 0.77	0.442
ΔINDROA_T	2.1707	2.4671	0.88	0.379
ΔSALES_T	0.0111	0.0082	1.35	0.179
ΔNP_T	− 0.3515	0.1265	− 2.78	0.005 ***
ΔOCF_T	0.0128	0.0140	0.92	0.360
AJRET_T	− 1.4079	0.6625	− 2.13	0.034 **
SIZE_T	− 0.0010	0.0028	− 0.37	0.714
LR_T	− 0.0008	0.0025	− 0.35	0.729
_cons	0.1061	0.1409	0.75	0.451

注：*** 、** 和 * 分别表示在1% 、5%和10%水平（双侧）上显著相关。

回归结果显示，盈余管理因素对资产减值净计提比例存在显著影响。NK_T、LOSS_T 及 SMOOTH_T 变量的回归系数分别为 − 0.0839、2.3124、0.0901 且在 1%的水平上显著相关，MGT_T 的回归系数为 0.0283 在 10%的水平上显著，与假设 H2 相符。资产减值净计提比例与 NK_T 显著负相关：即扭亏 NK 动机下，企业存在少计提减值准备多转回的现象。而在利润平滑 SMOOTH 动机下，企业在减值前净利润为正且处于行业较高水平时，往往增加资产减值准备的计提，为以后年度利润调整奠定基础。但结合不同盈余管理动机下资产减值净计提比例描述性统计分析，管理层变更 MGT 动机确实影响了企业资产减值净计提比例，管理层在新上任时会增加资产减值净计提比例，为日后操纵业绩埋下伏笔。LOSS_T变量的回归结果与假设相悖，在减值前净利润为负值且低于行业负值的平均水平时，企业减少资产减值计提增加转回，缩小资产减值净计提比例，这在一定程度上体现了企业预防亏损、减少亏损规模的动机，而非"大清洗"LOSS动机。

经济变量市场调整后股票回报率 AJRET_T 的回归系数为 − 1.4079 且在 5%的水平上显著相关，与资产减值净计提比例为负相关关系。而稳健性变量 NRA-JRET_T 的回归系数为 1.4115 且在 5%的水平上显著相关，与假设 H3 不相符。基于会计稳健性的分析，相较于收到正面评价的公司，收到负面评价的公司将计提更多的减值准备,但回归结果却显示相对于收到正面评价的公司,收到负面评价的公司存在减少计提减值准备的倾向。结合两者的回归结果,不难发现市场因素对公司资产减值会计产生了影响,且该影响在不同范畴内有所不同:在收到正面评价的情况下,公司普遍减少资产减值的计提、增加资产减值的转回;而在收到负面评价时,公司资产减值净计提比例与收到负面评价的程度呈显著正相关,但弹性比较小(– 1.4079 + 1.4115 = 0.0036)。公司不但没有在收到负面评价时增加资产减值的净计提比例,反而存在下降的倾向。结合市场调整后的股票回报率及其衍生变量分年度统计分析,样本上市公司市场调整后的股票回报率AJRET_T平均值在 2001 ~ 2012 年普遍处于负值状态,收到负面评价的公司个数占该年度样本公司个数的平均比例为 22.27%,即市场调整后的股票回报率AJRET_T 负值数值往往较大;在中国,证券市场是一个发展中的市场,对会计盈余极度敏感,市场调整后的股票回报率 AJRET_T 出现负值往往是需进行扭亏或预防亏损避免被特殊处理之时 (衍生变量 NRAJRET_T 由上年度后 8 个月及本年度前 4 个月的月市场回报率为原始数据计算得出,受上年度数据影响较大):故本书推测,由于盈余动机的存在,会计稳健性并没有在公司收到市场负面评价时对资产减值净计提比例产生影响。

此外,回归结果显示,本书选取的除市场调整后的股票回报率 AJRET_T 外的经济因素变量整体回归的显著性较差。ΔGDP_T 回归系数小,且不具显著性,而 $\Delta INROA\_T$ 回归显著性较差,回归显示其对资产减值净计提比例的作用方向与假设相悖,在一定程度上显示企业资产减值净计提比例与宏观大环境的微弱联系。企业内部经济变量统计结果显示:$\Delta SALES\_T$、$\Delta ONCF\_T$ 的回归系数分别为 0.0111、0.0128,P 值为 0.179、0.360,均不显著。企业收入增长率与经济活动净现金流增长率一定程度上反映了企业的经营状况,且该变量被企业操纵的可能性相对较小,虽然以上回归结果在显著性水平上不具说服力,但在一定程度上体现了企业经营状况与资产减值净计提比例微弱的正相关关系,即收入与经济活动净现金流的增长率越高,资产减值净计提比例越大,这与假设 H1 相悖,需进行进一步分析。而 ΔNP_T 变量回归系数为 – 0.3515,在 1% 的水平上显著,与假设 H1 部分相符,但净利润并不能完全衡量一个公司的经济状况,且其被操纵的可能性相对较大,单由此证明假设 H1 不具可信性。结合在稳健性变量分析中对经济变量市场调整后的股票回报率 AJRET_T 的分析,得出上述回归结果与假设 H1

关于经济因素影响资产减值会计的推断不完全相符。

综上所述，2001～2012年样本回归结果显示，总资产减值净计提比例 WD_T 与部分盈余管理因素相关；与企业经济因素变量存在微弱联系，但关联关系比较复杂；与以衍生变量 NRAJRET 拟合的稳健性因素并不存在假设推断的情况，即资产减值会计并没有体现会计稳健性原则。

回归分析：以短期及长期资产减值净计提比例为解释变量。

分别以长期及短期资产减值净计提比例 WD_S、WD_L 为解释变量，运用多元回归分析法对研究模型进行回归分析。得到以下实证分析结果如表4－3所示。

表4－3 2001～2012年以长期及短期资产减值净计提比例为因变量的回归结果

以 WD_S 为因变量	Coef.	Robust Std. Err.	t	P >	t	
NRAJRET_S	11.0413	6.0748	1.82	0.069 *
NK_S	-0.4555	0.2876	-1.58	0.113
LOSS_S	15.5057	7.1262	2.18	0.030 **
SMOOTH_S	0.0865	0.0198	4.36	0.000 ***
MGT_S	0.2145	0.1120	1.91	0.056 *
ΔGDP_S	0.0141	0.0187	0.76	0.450
ΔINDROA_S	1.0273	4.3205	0.24	0.812
ΔSALES_S	0.0554	0.0505	1.10	0.273
ΔNP_S	-1.7609	0.8687	-2.03	0.043 **
ΔONCF_S	0.0888	0.0834	1.07	0.287
AJRET_S	-11.0227	6.0662	-1.82	0.069 *
SIZE_S	0.0028	0.0047	0.58	0.561
LR_S	-0.0110	0.0141	-0.78	0.433
_cons	-0.0742	0.2507	-0.30	0.767
以 WD_L 为因变量	Coef.	Robust Std. Err.	t	P >	t	
NRAJRET_L	2.6853	3.1112	0.86	0.388
NK_L	-0.0401	0.0139	-2.89	0.004 ***
LOSS_L	0.3163	0.2029	1.56	0.119
SMOOTH_L	-0.0019	0.0028	-0.67	0.502
MGT_L	0.0233	0.0195	1.19	0.233

续表

以 WD_S 为因变量	Coef.	Robust Std. Err.	t	P >	t	
ΔGDP_L	− 0. 0159	0. 0194	− 0. 82	0. 411
ΔINDROA_L	16. 2622	15. 7349	1. 03	0. 301
ΔSALES_L	− 0. 0069	0. 0145	− 0. 47	0. 635
ΔNP_L	− 0. 3585	0. 2588	− 1. 39	0. 166
ΔONCF_L	− 0. 0159	0. 0261	− 0. 61	0. 544
AJRET_L	− 2. 6714	3. 0985	− 0. 86	0. 389
SIZE_L	0. 0232	0. 0232	1. 00	0. 318
LR_L	0. 0317	0. 0004	73. 09	0. 000 ***
_cons	− 0. 3224	0. 3317	− 0. 97	0. 331

注：＊＊＊、＊＊和＊分别表示在 1%、5% 和 10% 水平（双侧）上显著相关。

回归结果显示，盈余管理因素对长期及短期资产减值净计提比例的影响存在显著差异。以短期资产减值净计提比例为因变量的回归显示，NK_S 的回归系数为 − 0. 4555，P 值为 0. 113，显著性并不突出，但相比 NK_T 的回归系数 − 0. 0839，NK_S 的回归系数较大，NK_L 的回归系数为 − 0. 0401，在 1% 的水平上显著，回归系数较 NK_T 小。扭亏动机 NK 对长期及短期资产减值净计提比例均产生了显著影响，但影响的强度及范围有所差异：可以合理推测，管理层通过各类资产减值会计进行扭亏，且该动机对短期资产减值净计提比例影响的弹性系数大于长期资产，即管理更多的选择操纵短期资产减值会计达到扭亏的目的。

在对因变量 WD_T 区分长期及短期资产减值净计提比例的情况下，LOSS 变量的回归结果依旧与假设相悖。LOSS_S 回归系数为 15. 5057，在 5% 的水平上显著，短期资产减值净计提比例对该变量的变动弹性较大；而 LOSS_L 回归系数为 0. 3163，并且显著性不高（P 值为 0. 119）。根据回归结果不能说明企业存在"大清洗"动机，但根据变量设定可以得出在减值前净利润为负且低于行业负值的平均水平时，企业往往通过短期资产减少资产减值准备的计提增加转回（也存在利用长期资产的情况）减小负值净利润的绝对值，甚至实现利润扭转（负的资产减值净计提比例使减值前为负的净利润为正）。长期及短期资产减值会计均体现了预防亏损缩小亏损范围的动机。

而对于 SMOOTH 变量，回归显示利润平滑动机对长期及短期资产减值净计提比例产生了不同的影响。SMOOTH_S 的回归系数为 0. 0865，P 值为 0. 000，验证了假设 H2 中关于利润平滑动机对资产减值会计的设定，即当减值前净利润为正且大大超过行业正值平均水平时，企业存在利用增加短期资产减值准备计提减少转回的方式对净利润进行缩减，达到平滑利润的目的；而 SMOOTH_L 回归结果并不理想，即减值前净利润显著为正的情况下，利润平滑动机对长期资产减值准备的计提与转回不存在显著性。

管理层变更动机对长期及短期资产减值净计提比例的影响也存在差异。MGT_S 回归系数为 0.2145，P 值为 0.056，相较于 MGT_T，其回归的相关数据更为理想，即短期资产减值净计提比例支持假设 H2 中关于管理层变更后对资产减值净计提比例的影响；而以长期资产减值净计提比例为因变量的回归结果并不能强有力地说明推定的情况。

以上分析充分说明长期及短期资产减值净计提比例受到各盈余管理动机的影响是不同的。对于扭亏动机，企业管理人员往往通过减少长期资产减值计提并通过相关途径增加转回的方式实现下一年度的扭亏；而处于避免亏损减小亏损规模、利润平滑及管理层变更动机，公司则主要通过操纵短期资产减值的净计提得以实现。

当对总资产减值净计提比例进行拆分后，回归结果显示经济因素对长期及短期资产减值净计提比例的影响依旧不存在。ΔGDP 与 $\Delta INROA$ 仍然不具显著性。$\Delta SALES\_S$、$\Delta SALES\_L$ 的 P 值（0.273、0.635）相较于 $\Delta SALES\_T$（P 值为 0.179）显著降低。虽然不能对假设进行证实，但相关变量对比分析后可以发现：由于销售收入的变动往往与应收账款及存货规模紧密相连，而在一定范围内与长期性资产规模关联性相对较小，故 $\Delta SALES\_S$、$\Delta SALES\_L$ 在此会有明显差异。$\Delta ONCF$ 的情况与 $\Delta SALES$ 的情况相似，且长期及短期资产减值净计提比例与之的关系显著性较低。而 ΔNP_L 与 ΔNP_S 的回归结果则显示净利润的变动对短期资产减值净计提比例产生了显著的影响（回归系数为 -1.7609，P 值为 0.043）且变动弹性较大，而对于长期资产减值净计提比例的影响并不十分显著（回归系数为 -0.3585，P 值为 0.166）；结合 ΔNP_T 的回归结果，短期资产减值净计提比例虽然对净利润的变动敏感且显著，但长期资产权重较大，且两者存在相互抵减的情况，故使得 ΔNP_T 的 P 值均小于 ΔNP_L、ΔNP_S 的 P 值。市场调整后的股票回报率 AJRET 的情况与 ΔNP 相当。

稳健性因素对长期及短期资产减值净计提比例的影响依旧与假设 H3 相悖，

且其对长期资产减值净计提比例的影响显著性较差（NRAJRET_L 的 P 值为 0.388）。

综上所述，实证结果显示与盈余管理有关的各因素对长期及短期资产减值净计提比例 WD_S、WD_L 产生了不同程度的影响：不同的盈余管理动机往往通过不同类型资产减值会计得以满足；经济因素对短期资产减值净计提比例的影响总体上大于长期资产；会计稳健性在区分不同类型资产减值会计后依旧没有在资产减值会计中得以体现。

本部分以 2001～2012 年选定沪、深两市上市公司为样本，分别以总资产减值净计提比例 WD_T、短期资产减值净计提比例 WD_S 和长期资产减值净计提比例 WD_L 为解释变量，对上市公司资产减值行为进行分析，对企业选择资产减值会计政策的关键影响因素进行研究。实证结果及理论分析均表明，经济因素决定上市公司的减值政策。公司的资产盈利能力越是受到不利影响，其计提资产减值的可能性就越大，尽管根据本书所选的变量进行回归结果并未如预期理想（原因可能是用于拟合经济因素的特征变量与经济现实存在一定差异，各类不同经济因素往往综合影响企业的决策行为），但可以肯定企业选择资产减值政策时必然会考虑其所处的经济环境。通过对盈余管理变量回归结果的分析，发现公司在实施资产减值会计时存在扭亏、预防亏损或缩减亏损规模、利润平滑及管理层变更动机，但并不能证明上市公司选择减值政策时存在"大清洗"动机。此外，以衍生变量 NRAJRET 拟合的稳健性因素对资产减值会计的作用与假设相悖，可能的原因是资产减值会计受到盈余动机的显著影响，会计稳健性对资产减值会计的作用被抵消了。

4.3.2 准则变更对减值政策选择的影响

基于前文的研究设计，对准则变更对企业资产减值会计政策选择的影响进行分析，分时段对影响资产减值会计政策选择的因素进行研究，对比前后期的变化及差异；并探索不同类型资产减值会计政策选择受到准则变更影响的差异性。为了保证对比的可行性，回归依旧选用模型（4-1）进行分析。前后进行六次多元回归分析，并依次进行两两对比，从实证的角度对假设进行检验。

基于前文的研究思路，将样本按时间划分为两个子样本（2001～2006 年准则变更前样本及 2007～2012 年准则变更后样本），首先以总资产减值净计提比例

WD_T 为因变量对上述两个样本分别进行回归并进行比较，探索准则变更对资产减值会计政策选择的综合影响；其次以长期资产减值净计提比例 WD_L 及短期资产减值净计提比例 WD_S 为因变量先后对两个子样本进行回归及对比分析，对准则变更对不同类型资产减值会计政策选择的影响进行深入分析。

第一，分时段回归分析：以总资产减值净计提比例为因变量。

以总资产减值净计提比例 WD_T 为因变量，运用多元回归分析法对研究模型（4-1）进行两次回归并进行对比分析。得到以下实证分析结果如表4-4所示。

表4-4　分时段以总资产减值净计提比例为因变量的回归统计

项目	时段	Coef.	Robust Std. Err.	t	P > | t |
NRAJRET_T	2001~2006	0.1257	0.481	0.26	0.794
	2007~2012	1.4799	0.6834	2.17	0.030 **
NK_T	2001~2006	-0.0283	0.0094	-3.01	0.003 ***
	2007~2012	-0.1177	0.0538	-2.19	0.029 **
LOSS_T	2001~2006	0.3707	0.3174	1.17	0.243
	2007~2012	2.8411	0.8576	3.31	0.001 ***
SMOOTH_T	2001~2006	-0.0371	0.0245	-1.52	0.129
	2007~2012	0.0901	0.0137	6.57	0.000 ***
MGT_T	2001~2006	0.01	0.0033	3.08	0.002 ***
	2007~2012	0.0177	0.0239	0.74	0.458
ΔGDP_T	2001~2006	-0.0031	0.0017	-1.85	0.064 *
	2007~2012	-0.0101	0.0091	-1.11	0.266
ΔINDROA_T	2001~2006	0.0028	0.1583	0.02	0.986
	2007~2012	3.781	3.565	1.06	0.289
ΔSALES_T	2001~2006	0.0137	0.0059	2.33	0.020 **
	2007~2012	0.0071	0.0091	0.77	0.439
ΔNP_T	2001~2006	-0.4501	0.1684	-2.67	0.008 ***
	2007~2012	-0.2472	0.137	-1.8	0.071 *
ΔONCF_T	2001~2006	0.0753	0.0299	2.52	0.012 **
	2007~2012	0.0051	0.0134	0.38	0.705
AJRET_T	2001~2006	-0.0902	0.4778	-0.19	0.850
	2007~2012	-1.4761	0.6822	-2.16	0.031 **

续表

项目	时段	Coef.	Robust Std. Err.	t	P > | t |
SIZE_T	2001～2006	0.0015	0.001	1.5	0.134
	2007～2012	− 0.0026	0.0051	− 0.51	0.611
LR_T	2001～2006	− 0.0474	0.0471	− 1.01	0.314
	2007～2012	− 0.0007	0.0024	− 0.32	0.752
_cons	2001～2006	0.0299	0.0135	2.22	0.027 **
	2007～2012	0.1808	0.1994	0.91	0.364

注： ***、**和 *分别表示在 1%、5%和 10%水平（双侧）上显著相关。

表 4 - 4 的回归结果显示，准则变更前后各因素对上市公司资产减值政策选择的影响发生了显著的变化。

从盈余管理因素对总资产减值净计提比例的影响来看，受准则变更的影响，代表各盈余管理动机的变量在不同准则阶段存在差异。准则变更前 NK_T（以下用 a - NK_T 表示，而准则变更后用 b - NK_T 表示，其他变量以此类推）的回归系数为 − 0.0283 在 1%的水平上显著，而 b - NK_T 的回归系数为 − 0.1177，P 值为 0.029：扭亏动机在准则变更前后，都对资产减值会计产生了显著的影响，且在准则变更后对总资产减值净计提比例影响的弹性加大，即准则变更后企业更多地使用了少计提资产减值准备多实现转回的方式达到扭亏的动机。

LOSS 变量在以上两个回归中依旧没有显示出假设 H2 所推定的情形。当减值前净利润为负值且低于行业负值的平均水平时，企业在准则变更前进行预防亏损或减少亏损规模的动机并不显著（P 值为 0.243，且回归系数为 0.3707）；而 b - LOSS_T 的回归系数为 2.8411 且在 1%的水平上显著，表明企业在准则变更后通过减少计提增加转回的方式进行预防亏损或减少亏损规模的动机十分明显，且相对于其他变量来说，此动机对资产减值净计提比例的弹性系数较大：该动机在准则变更后对资产减值会计的影响扩大了。

而对于利润平滑 SMOOTH 动机，回归结果显示，其对准则变更前后资产减值净计提比例产生了不同的影响。准则变更前，a - SMOOTH_T 回归系数为 − 0.0371，P 值为 0.129，即当减值前净利润为正且大大超过行业平均水平时，企业并没有通过增加计提减少转回的方式进行利润平滑，反而存在减少计提增加转回从而减少净计提比例的倾向，在一定程度上反映了正面经济因素对缩小净计提比例的影响。而准则变更后，a－SMOOTH_T 的回归系数为 0.0901，P 值为 0.000，验证了假设 H2 中关于利润平滑动机对资产减值会计的推定：当减值前净利润为正且大大超过行业平均水平时，企业存在增加资产减值准备计提、减少转回，以达到平滑利润的动机。由此得出，准则变更后利润平滑动机对资产减值会计产生了影响。

准则变更前后，管理层变更因素对上市公司资产减值净计提比例的影响也存在差异。a－MGT_T 的回归系数为 0.0100 在 1% 的水平上显著，相较于 b－MGT_T，其回归相关数据对支持假设 H2 中关于管理层变更的推定更具说服力：相比于准则变更前，准则变更后管理层变更对资产减值会计的影响缩小了。

以上检验结果充分说明准则变更前后各盈余管理动机对公司资产减值净计提比例产生了不同的影响：扭亏动机一如既往地影响着资产减值会计，且准则变更后影响弹性更大；对于预防亏损、减少亏损规模动机，准则变更后其对资产减值会计的影响更强；而在利润平滑方面，准则变更前回归结果显示企业并没有利润平滑动机，准则变更后其对资产减值会计产生了显著的影响；对于管理层变更动机，准则变更后其对资产减值会计的影响缩小了。

经济因素对准则变更前后资产减值净计提比例的影响也发生了变化。回归显示，国内生产总值的增长率对资产减值会计的影响基本印证了假设 H1 中的推定，且准则变更前该变量的回归结果更具说服力：a－ΔGDP_T 的回归系数为 －0.0031，P 值为 0.064，即宏观环境发展情况与资产减值净计提比例呈负相关，良好的经济环境提升了资产的价值，减少了资产减值的净计提比例；而 b－ΔGDP_T 的回归结果虽然体现了上述趋势，但显著性不强，结合描述性统计中对 ΔGDP 的分析，此现象应与 2007 年后经济动荡相关，模型并没有考虑该变量对因变量影响的时差性。ΔINROA 变量仍然不具显著性，应与变量取值设定相关：行业总资产收益率的增长率由行业 t 年总资产收益率的中位数减去 t－1 年总资产收益率的中位数得来，且部分行业样本量较少，统计意义欠佳。ΔSALES 及 ΔONCF 变量回归结果的对比也存在出入：准则变更前，收入与经营活动现金净流量的增长率均对资产减值净计提比例存在正相关关系，而在准则变更后，皆不具显著性。ΔNP 变量的回归结果在准则变更前后的变化不大，a－ΔNP_T 的回归系数为 －0.4501 在 1% 的水平上显著，b－ΔNP_T 的回归系数为 －0.2472，P 值为 0.071，部分验证了假设 H1 的推定。根据变量设置，NK 与 ΔNP 存在交互影响：NK 本质为虚拟变量，根据是否扭亏取值 0、1，而 NP 取值为净利润的变动除以期初资产，从数值角度度量净利润的变化，两个变量的个案存在交叉。从回归结果可以看出，经济因素与扭亏动机因素可能同时通过 ΔNP 变量对资产减值会计产生影响，但由于模型设定时没能考虑该情况，故回归结果存在局限性。基于 ΔNP 分析中出现的问题，本书认为可以进行如下改进：可将 ΔNP 变量进行拆分，区别净利润的变动是否发生"扭亏"，若存在扭亏嫌疑，则并入衍生变量 $\Delta NPNK$，若没有发生扭亏则计入其他变量。

市场调整后的股票回报率 AJRET 的回归显示，准则变更前，此变量及其衍生变量不具显著性，这可能与不完善的证券市场制度相关，也可能说明资产减值会计受市场因素的影响并不明显；而准则变更后的回归结果与以总资产减值净计提比例 WD_T 为因变量的全样本回归结果相似，在此不予重复，故此回归结果也没有显示资产减值会计存在稳健性。

综上所述，对样本拆分成准则变更前及变更后两个子样本，并以 WD_T 为因变量分别进行回归的结果显示，准则变更对企业资产减值会计政策的选择产生了显著的影响：扭亏动机始终影响着资产减值会计，预防亏损减少亏损规模及利润平滑动机在准则变更后变得更为显著，而管理层变更对资产减值会计的影响有所削减；在总体上，经济因素对资产减值会计的影响在准则变更后有所减弱；此外，在区分减值变更前后子样本分别回归后，依旧不能证实资产减值会计存在会计稳健性。

第二，分时段回归分析：以短期资产减值净计提比例为因变量。

以短期资产减值净计提比例 WD_S 为因变量，运用多元回归分析法对研究模型（4 - 1）进行两次回归并进行对比分析。得到以下实证分析结果如表 4 - 5 所示。

表 4 - 5 分时段以短期资产减值净计提比例为因变量的回归统计

项目	时段	Coef.	Robust Std. Err.	t	P >	t	
NRAJRT_S	2001 ~ 2006	2.8526	2.7446	1.04	0.299
	2007 ~ 2012	12.632	6.2776	2.01	0.044 **
NK_S	2001 ~ 2006	− 0.0512	0.0306	− 1.67	0.094 *
	2007 ~ 2012	− 0.7309	0.5517	− 1.32	0.185

续表

项目	时段	Coef.	Robust Std. Err.	t	P >	t	
LOSS_S	2001~2006	0.0804	0.882	0.09	0.927
	2007~2012	19.5987	8.2059	2.39	0.017**
SMOOTH_S	2001~2006	-0.2159	0.0911	-2.37	0.018**
	2007~2012	0.0862	0.0199	4.33	0.000***
MGT_S	2001~2006	0.0165	0.0086	1.92	0.055*
	2007~2012	0.2388	0.1531	1.56	0.119
ΔGDP_S	2001~2006	-0.0063	0.0046	-1.37	0.172
	2007~2012	0.003	0.0224	0.13	0.895
ΔINDROA_S	2001~2006	0.05	0.3956	0.13	0.899
	2007~2012	3.7923	6.119	0.62	0.535
ΔSALES_S	2001~2006	0.0054	0.0211	0.26	0.797
	2007~2012	0.0348	0.061	0.57	0.569
ΔNP_S	2001~2006	-0.0747	0.7411	-0.1	0.92
	2007~2012	-1.2596	0.9228	-1.36	0.172
ΔONCF_S	2001~2006	0.0344	0.0984	0.35	0.726
	2007~2012	0.0631	0.0887	0.71	0.477
AJRET_S	2001~2006	-2.7275	2.6997	-1.01	0.312
	2007~2012	-12.6133	6.2696	-2.01	0.044**
SIZE_S	2001~2006	0.0116	0.0088	1.33	0.185
	2007~2012	0.0009	0.0077	0.12	0.905
LR_S	2001~2006	-0.471	0.3976	-1.18	0.236
	2007~2012	-0.0101	0.0133	-0.75	0.45
_cons	2001~2006	0.0519	0.0382	1.36	0.173
	2007~2012	0.1047	0.3348	0.31	0.755

注：***、**和*分别表示在1%、5%和10%水平（双侧）上显著相关。

表4-5的回归结果显示，准则变更后各因素对上市公司短期资产减值会计政策选择的影响发生了较为显著的变化。

首先，对各盈余管理因素对短期资产减值净计提比例的影响进行比较分析。准则变更前，a-NK_S的回归系数（以下用a-NK_S表示以短期资产减值净计提比例WD_S为因变量对2001~2006年的子样本进行回归的结果，类似用b-NK_

S 表示以短期资产减值净计提比例 WD_S 为因变量对 2007～2012 年的子样本进行回归的结果，其他表示以此类推）为 - 0.0512，在 10% 的水平上显著，而 b - NK_S 的回归系数为 - 0.7309，P 值为 0.185，回归结果与总资产减值净计提比例在准则变更前后的分段回归结果类似，但相比之下回归显著性都有所下降，但受扭亏动机影响的弹性系数都扩张了。扭亏动机在准则变更前后，对短期资产减值会计都产生了影响，且在准则变更后对短期资产减值净计提比例影响的弹性更大。

LOSS 变量的回归结果显示。准则变更前，显著为负的减值前净利润对短期资产减值净计提比例无相关性；准则变更后则显示，企业存在明显的动机通过减少计提增加转回减少净计提比例的方式达到预防亏损或减少亏损规模的目的（b - LOSS_S 的回归系数为 19.5987，P 值为 0.017）。

而对于 SMOOTH 变量，回归显示准则变更前后该变量对资产减值会计的影响出现了相反的效应。准则变更前，a - SMOOTH_S 的回归系数为 - 0.2159，在 5% 的水平上显著，而 b - SMOOTH_S 的回归系数为 0.0862，P 值为 0.000。以上差异证实，准则变更前，企业并没有使用短期资产减值会计进行利润平滑；而准则变更后，出现利用短期资产减值会计实现利润平滑动机的现象。

管理层变更对准则变更前后短期资产减值净计提比例的影响也存在差异。准则变更前管理层变更动机虽然显著，但回归系数较低，而准则变更后该动机虽然显著性欠缺但回归系数较大。可以推断准则变更前，企业普遍存在管理层变更时增加短期资产减值净计提比例的现象，但以此进行盈余管理的程度相对较低；而准则变更后，虽然此现象不普遍，但对短期资产减值净计提比例影响的弹性增大。

从表 4 - 5 看，准则变更前后各盈余管理动机对短期资产减值净计提比例的影响发生了变化：在准则变更后，出现利用短期资产减值会计实现利润平滑动机的现象，这在前期是没有的；其他动机均存在扩张的趋势，但普遍性有所下降。

在经济因素方面，本书选取的变量无论是准则变更前还是变更后都不显著。ΔGDP 变量与 a - WD_S 存在一定的关联，但是显著性不大。对于 ΔNP 变量，相对于准则变更前，准则变更后其对短期资产净计提比例的影响扩大了并且显著性有所提高。

市场调整后的股票回报率 AJRET 及其衍生变量的回归结果，依旧没有显示会计稳健性对资产减值会计的影响作用。但相比于准则变更前，准则变更后短期资产减值会计对市场因素的敏感性增加；且相对于总资产减值净计提比例来说，在准则变更前后短期资产减值会计对市场因素的敏感性要强于从总体上衡量的效应。

综上所述，以短期资产减值净计提比例 WD_S 为因变量，对两个子样本分别进行回归的结果显示，准则变更对企业短期资产减值会计政策的选择产生了显著的影响：准则变更后各盈余管理动机对短期资产减值会计的影响均有所增加；经济因素对短期资产减值会计的影响不显著；此外，短期资产减值会计在准则变更前后都不具会计稳健性。

第三，分时段回归分析：以长期资产减值净计提比例为因变量。

以长期资产减值净计提比例 WD_L 为因变量，运用多元回归分析法对研究模型（4－1）进行两次回归并进行对比分析。得到以下实证分析结果如表 4－6 所示。

表 4－6　分时段以长期资产减值净计提比例为因变量的回归统计

项目	时段	Coef.	Robust Std. Err.	t	P > | t |
NRAJRET_L	2001～2006	－0.6650	0.3283	－2.03	0.043 **
	2007～2012	3.9779	4.5697	0.87	0.384
NK_L	2001～2006	－0.0187	0.006	－3.11	0.002 ***
	2007～2012	－0.0496	0.0232	－2.14	0.033 **
LOSS_L	2001～2006	－0.4725	0.2973	－1.59	0.112
	2007～2012	0.4917	0.2468	1.99	0.046 **
SMOOTH_L	2001～2006	－0.0127	0.0267	－0.48	0.634
	2007～2012	－0.0012	0.0027	－0.45	0.652
MGT_L	2001～2006	－0.0038	0.0036	－1.05	0.293
	2007～2012	0.0177	0.022	0.80	0.422
ΔGDP_L	2001～2006	－0.0031	0.0017	－1.82	0.069 *
	2007～2012	－0.0661	0.0665	－0.99	0.321
ΔINDROA_L	2001～2006	0.4459	0.3488	1.28	0.201
	2007～2012	31.7900	30.6177	1.04	0.299
ΔSALES_L	2001～2006	0.0062	0.0032	1.92	0.055
	2007～2012	0.0032	0.0117	0.27	0.786

项目	时段	Coef.	Robust Std. Err.	t	P > | t|
ΔNP_L	2001～2006	− 0.0438	0.0922	− 0.47	0.635
	2007～2012	− 0.5341	0.4609	− 1.16	0.247
ΔONCF_L	2001～2006	0.0132	0.0195	0.68	0.498
	2007～2012	− 0.0355	0.0476	− 0.75	0.455
AJRET_L	2001～2006	0.6470	0.3168	2.04	0.041 **
	2007～2012	− 3.9685	4.5611	− 0.87	0.384
SIZE_L	2001～2006	− 0.0005	0.0005	− 0.9	0.368
	2007～2012	0.0418	0.0414	1.01	0.313
LR_L	2001～2006	0.0133	0.0199	0.67	0.504
	2007～2012	0.0321	0.0005	65.44	0.000 ***
_cons	2001～2006	0.0354	0.0186	1.91	0.057 *
	2007～2012	− 0.2635	0.3016	− 0.87	0.382

注：*** 、** 和 * 分别表示在 1%、5% 和 10% 水平（双侧）上显著相关。

表 4 - 6 的回归结果显示，准则变更后各因素对上市公司长期资产减值会计政策选择的影响发生了较为显著的变化。

首先，对各盈余管理因素变量回归结果进行比较分析。扭亏动机对长期资产减值会计的影响，在准则变更前后表现出来一定的一贯性，a - NK_L 的回归系数为 − 0.0187，在 1% 的水平上显著，b - NK_L 的回归系数为 − 0.0496，在 5% 的水平上显著。扭亏动机在准则变更前后，对长期资产减值会计都产生了显著的影响，且在准则变更后其对长期资产减值净计提比例影响的弹性更大。

a - LOSS_L 的回归系数为 − 0.4725，P 值为 0.112。准则变更前，当减值前净利润为负且低于行业负值的平均水平时，企业存在利用长期资产减值增加净计提比例达到 "大清洗" 的目的，验证了假设 H2；而准则变更后则显示，企业通过减少减值计提增加转回从而减少净计提比例的方式预防亏损或减少亏损规模（b - LOSS_L 的回归系数为 0.4917，P 值为 0.046）。以上现象与长期资产减值在准则变更后不能转回存在显著联系。由于准则变更前长期资产减值可以转回，企业可以通过在亏损年度大量计提长期资产减值为以后年度扭亏奠定基础，达到 "大清洗" 的目的；而准则变更后，长期资产减值准备不能直接转回，只能在处置时转回，加大了利用长期资产减值准备进行 "大清洗" 的难度，一定程度上抑制了此项盈余管理动机。

而对于 SMOOTH 变量及管理层变更变量，回归显示准则变更前后该变量对长期资产减值会计的影响并不显著，企业往往不用通过操作长期资产减值会计来满足此类动机。

在经济因素方面，本书选取的变量在准则变更前与 WD_L 的关联度相较于准则变更后要大但影响弹性较小。

值得关注的是，市场调整后的股票回报率 AJRET_T 及其衍生变量的回归数据。结合 NPAJRET 及 AJRET 变量回归的综合表现，准则变更前 a – WD_L 显示了一定的会计稳健性，且在 5% 的水平上显著，但系数较低（ – 0.0179）。

综上所述，以长期资产减值净计提比例 WD_L 为因变量，对两个子样本分别进行回归的结果显示，准则变更对企业长期资产减值会计政策的选择产生了的影响。盈余管理动机中只有扭亏、"大清洗"动机对准则变更前长期资产减值会计产生显著的影响；而在准则变更后，扭亏、预防亏损或减少亏损规模的动机对其发生作用；经济因素对长期资产减值会计的影响在准则变更前相关性大于准则变更后，虽然总体显著性不强，但可以肯定长期资产禁止转回的规定影响了经济因素对资产减值会计的影响。由于准则变更后长期资产减值禁止转回，使得长期资产账面价值与经济因素的联系降低了。此外，长期资产减值会计在准则变更前显示了一定的会计稳健性。

4.3.3　非流动资产处置与长期资产减值

为了验证假设 H5，进一步分析上市公司是否存在利用非流动资产处置损益调节盈余的行为，本书利用 Stata14.0 对前文所设实证模型进行多元线性回归分析（OLS）。回归结果如表 4 – 7 所示。

表 4 – 7　上市公司非流动资产处置损益与盈余管理的回归结果

$\Delta EIDA$	Coef.	Std. Err.	Z	P > z
COM_i	0.00033473 *	0.0001824	1.84	0.066
Lev	4.571e – 06 ***	1.51E – 06	3.04	0.002
Size	0.0005516 ***	0.0000353	15.65	0.000
Growth	1.41E – 07	5.79E – 07	0.24	0.808

续表

ΔEIDA	Coef.	Std. Err.	Z	P > z
_cons	− 0. 00647	0. 000464	− 13. 94	0. 000
N	14296			
adjR^2	0. 0273			

注: ***、**和*分别表示在1%、5%和10%水平（双侧）上显著相关。

表4 - 7的回归结果显示，企业类型（COM$_i$）在10%的水平上与过度资产处置损益（EIDA）显著正相关。表明亏损、盈余下降公司更愿意通过处置非流动资产确认一项收益，而盈利且盈余增长公司则更愿意通过处置非流动资产确认一项损失。不同经营状态的上市公司存在不同的盈余管理需求。亏损、盈余下降公司存在利用非流动资产处置增加报告盈余的行为。当本期真实盈余小于零或低于上期报告盈余时，管理层会有增加报告盈余的需求，利用非经常性损益避免报告亏损或调增盈余。若公司在非流动资产处置的前一年多计提减值损失，则来年可确认更多的非流动资产处置损益；盈利且盈余增长公司存在利用非流动资产处置降低报告盈余的行为。当本期真实盈余大于零或大于上期报告盈余时，管理层则会有减少报告盈余的需求，即为了降低未来实现盈余增长的难度，管理层存在平滑盈余的动机。因此，会计准则变更后，有正向盈余管理动机的上市公司可能会在长期资产处置前一年多计提资产减值准备以操控盈余。控制变量资产负债率（Lev）和公司规模（Size）都在1%的水平上通过了显著性检验。资产负债率系数为正，预示资产负债率越高的上市公司越倾向于确认一项正的资产处置损益来增加报告盈余。公司规模系数为正，表明大规模公司更倾向于通过确认非流动资产处置收益来增加报告盈余。资产负债率和公司规模两个变量的结果与前文中的假设逻辑推理一致。在控制变量中，公司成长性（Growth）系数为正，与前文逻辑推导一致。但该变量未通过显著性检验，表明上市公司的成长性高低与公司确认正/负项非流动资产处置损益的相关性不大，公司的成长性不是确认非流动资产处置损益的重要参考指标。

前文的回归分析结果证实了假设H5，即上市公司存在利用非流动资产处置调节盈余的行为。即亏损公司存在避免报告亏损动机，盈余下降公司存在避免盈余下降动机，盈利且盈余上升公司存在平滑盈余动机。从前文的描述性分析中，我们可以发现，上市公司利用非流动资产处置进行正向盈余管理的操作空间大于负向盈余管理操作空间。会计准则变更后，有盈余管理动机的上市公司可能会在长期资产处置前一年多计提资产减值准备以操控盈余。

4.4　本章小结

本章按时段将样本拆分为准则变更前及变更后两个子样本，分别以总资产减值净计提比例、长期及短期资产减值净计提比例为因变量，对上市公司在不同制度背景下、不同类型资产减值的计提与转回行为进行比较分析，从经济因素、盈余管理和稳健性因素三方面探究影响企业资产减值行为的实质性要素，考察企业选择资产减值会计政策的本质动机。

研究表明，我国上市公司资产减值准备的计提整体上反映了自身经营状况的变化，经营状况好的上市公司会少提取资产减值准备，反之，公司的资产盈利能力越是受到不利影响，其计提资产减值的可能性就越大。尽管本书所选变量的回归结果并未如预期理想（可能用于拟合经济因素的特征变量与现实有所差异，各类经济因素往往综合影响企业决策行为），但可以肯定企业在选择资产减值政策时必然会考虑其所处的经济环境。2007 年开始实施的《资产减值》准则对企业资产减值会计行为产生了显著影响。就盈余管理因素而言，总体上看，扭亏动机始终存在，预防亏损或减少亏损规模及利润平滑动机在准则变更后表现更为显著，而管理层变更对资产减值会计的影响有所削减；准则变更后，扭亏、脱帽或"大清洗"等盈余管理动机对短期资产减值的影响有所增大；但对于长期资产减值，仅扭亏、预防亏损或减少亏损的动机在准则变更后对其发生作用，且准则变更后长期资产减值对"大清洗"动机的影响下降。禁止长期资产减值转回的刚性约束在一定程度上遏制了上市公司利用资产减值进行盈余管理，但新准则并未对短期资产减值政策进行实质性完善，上市公司仍存在利用短期资产减值操控盈余的行为。以衍生变量 NRAJRET 拟合的稳健性因素对资产减值的作用与假设相悖，公司资产减值行为受会计稳健性因素影响不显著，没有证据表明上市公司的会计政策、会计估计越稳健，其计提的资产减值准备比例会越高；稳健性更多地体现在公司主营收入的减少上，而不是体现在资产减值行为上，这与我国会计稳健性原则并不冲突。

　　研究发现，无论是亏损还是盈利的上市公司均存在利用非流动资产处置管理盈余的行为。上市公司本期亏损或本期盈余下降时倾向于通过确认非流动资产处置收益增加报告期盈余；而本期盈利且盈余增长的公司则倾向于通过确认非流动资产处置损失减少报告期盈余。实证显示，亏损公司利用非流动资产处置进行扭亏的动机与处置前亏损程度呈负相关，与上期亏损、被实行退市风险警示呈正相关。上期报告亏损的上市公司，本期有较高动机利用非流动资产处置损益避免亏损；上期被退市风险警示的公司，本期有强烈动机确认非流动资产处置收益以增加报告盈余，掩饰亏损。因此，会计准则变更后，有盈余管理动机的上市公司可能在非流动资产处置前多计提资产减值准备以操控盈余。

第5章 资产减值会计信息
价值相关性研究

　　资产减值政策制定的初衷在于使企业资产价值得到真实反映，提高会计信息的决策相关性。但在实践中，一些上市公司利用资产减值会计进行盈余管理，导致人们对资产减值能否真正提高会计信息的价值相关性产生怀疑。新《资产减值》准则引入资产组概念，规定长期资产减值一经计提不得转回，取消商誉定期摊销改为每年年末减值测试，增加了使用寿命不确定的无形资产减值规范。在减值政策发生变更的背景下，上市公司不同准则阶段、不同类型的资产减值信息价值相关性如何？与旧准则时期相比，新准则阶段企业各类资产减值信息价值相关性是否得以提高？2007 年开始实施的减值政策其最大变化在于规定长期资产减值一经计提不得转回，这构成了 CAS 与 IFRS 的实质性差异。在此项制度的刚性约束下，上市公司的资产减值信息是否具备更强的价值相关性？现阶段基于企业合并视角的商誉减值政策实施效果如何？商誉后续计量从摊销法改为定期减值测试能否提升财务报告的价值相关性？对上述问题提供答案，有助于科学讨论资产减值政策的经济后果，客观全面地评价新准则实施的制度效应。

　　以往资产减值研究更多地集中于其与盈余管理的关系，对资产减值信息本身的价值相关性关注较少，少数文献一般也仅研究其增量价值相关性，很少对不同类型、不同会计准则阶段的资产减值信息价值相关性进行比较研究。我们知道，减值准备的计提与转回一方面反映了企业资产价值贬损或恢复的程度，另一方面也反映了管理层对其资产未来获利能力的预期及应对态度。根据减值政策制度预期，资产减值信息应具有增量的价值相关性，它会影响投资者对企业资产获利能力的判断，影响其对公司未来获取现金流的评估。在资产减值政策变更的背景下，上市公司不同准则阶段、不同类型的资产减值是否向投资者传递了决策有用的信息？深入研究不同制度背景下企业资产减值信息的价值相关性，除了能检验财务报告的信息质量，从市场层面评价资产减值会计的经济后果，亦能够为准则的变化提供理论与现实依据。

5.1　资产减值会计信息价值相关性

5.1.1　国内外研究动态

对于资产减值信息的价值相关性，最初学者的研究集中于探讨资产减值准备的计提是否能增加会计盈余信息的价值相关性，之后在此基础上，部分学者对比研究了不同性质资产减值信息价值相关性的差异。在我国，2007 年开始实施的新资产减值准则为我国学者提供了一个有价值的研究角度，即对比研究新准则执行前和执行后资产减值信息价值相关性的变化。

（1）对资产减值信息增量价值相关性的研究。

资产减值会计源于"决策有用观"，其目的在于当资产价值出现毁损时，通过计提减值准备使其得到真实反映，从而为信息使用者的决策提供更加相关的会计信息，因此，从理论上讲，资产减值具备减值前会计盈余之外的增量价值相关性。另外，资产减值除了影响企业的资产价值和会计盈余外，减值计提的范围及金额等也向投资者传递了一种信息，即管理者对于未来成长性的判断等。如果投资者能够有效地识别这些信息并据此做出决策，则也表明资产减值具备增量的价值相关性。

学者对资产减值信息的价值相关性的研究文献主要包括两个方面：一方面从公司内部角度出发，如 Strong 和 Meyer（1987）、Elliott 和 Shaw（1988）研究了公司资产减值与股票回报率之间的关系，发现资产减值比例越高，宣告当时的股票非正常回报也越高，减值公司在每股现金流量、资产回报率和净资产回报率方面显著低于其同行业中没有发生减值的公司。另一方面从公司外部的角度出发，如 Strong 和 Meyer（1987）采用事件研究法研究股票回报受资产减值公告的影响程度。发现将公告前 1 天至公告日（0 天）作为减值公告期，其累计非正常回报率（CAR）为负数，但在公告前 11 天至前 2 天的 CAR 为正数。Bartov 等（1998）也发现短时窗内市场对公司减值宣告反应很小，但将时间窗口延长至两年时，则第一年的 CAR 与市场投资者操作行为统计高度相关，而第二年市场的反应就不明显。笔者认为只是在附注中披露相关信息会降低市场投资者对减值信息的识别，导致错误的市场反应，与有效市场假设不符。此外，Francis 等（1996）和 Rees 等（1996）的研究也得出了市场对减值信息反应显著为负的结论。与上述学者研究结论不同的是，Zucca 和 Campell（1992）发现市场对减值消息没有显著反应。Yang ziyun 等（2005）认为资产减值的利润表模型（报酬模型）比资产负债表模型（价格模型）的解释能力高。

由此可见，国外学者对于资产减值的市场反应进行了大量研究，但并没有得出一致的结论。首先，部分学者的研究结果表明，市场对资产减值呈正向反映。如 Strong 和 Meyer（1987）对比研究了计提资产减值的公司与同产业未计提减值准备公司的股票报酬率，发现在事件期当中，即在减值宣布时，公司计提的减值金额越大，其股票报酬率的下跌越严重。但在事件期之前 10 天及之后的 60 天，其股票报酬率都表现出显著的回复趋势。Bublitz（1996）研究发现，资产减值损失对股票报酬率的影响是正向的，可能是由于减值准备的计提体现了公司对于沉没成本的确认，不仅不会影响企业当前的运营状况，而且改善了公司未来的经营基础，股价正是反映了投资者对于企业未来经营的预期，因此，公司股价对于资产减值的宣告产生了正向的反应。然而，也有学者研究显示，市场对于公司计提减值准备的行为呈负面反映。Elliott 和 Shaw（1988）研究发现，计提减值的公司其每股现金流量、净资产回报率和资产回报率均显著低于同行业未计提减值的公司，且在计提减值准备后的 5 年内，其股利和公司债的评级都会受到影响，这可能是由于市场认为减值准备的计提与公司经营困难相关。Francis 等（1996）的研究结论也显示市场对于减值信息的反应显著为负。

此外，还存在一些学者的研究表明市场对于资产减值无显著反应。如 Zucca 和 Campell（1992）以 1981～1983 年 67 个公司的 77 项减值宣告为样本进行研究，研究结果显示，市场对于减值信息并不存在显著的正面或负面反应，笔者认为企业计提资产减值时既可能收到正面的市场反应也可能收到负面的市场反应。Bartov、Lindahl 和 Ricks（1998）的研究发现，在短时窗内，公司减值宣告的市场反应很小，但如果将时间窗口延长到两年，第一年的 CAR 与投资者的市场操作行为高度相关，但是到第二年时市场反应就不再明显了。ShiMin Chen 等（2009）认为资产减值转回信息的价值相关性弱于减值转回前信息的价值相关性，并且将这种变化归因于企业资产减值转回行为受政策监管影响，例如上市公司为避免被"停牌"而利用减值转回操纵盈余。

我国学者对于资产减值是否具备增量的价值相关性也进行了广泛的研究：秦勉（2008）认为，资产价值的毁损信息属于会计盈余的组成部分，资产减值会计对资产价值变动的不对称计量不仅在数量上改变了资产价值，而且在质量上影响了会计盈余。王跃堂（2000）、于海燕等（2001）、沈振宇等（2004）、戴德明等（2005）、王建新（2007）和朱凯等（2009）的研究结论也验证了这一观点，即上市公司资产减值准备计提与公司经营业绩呈反向变动关系，业绩越差计提减值准备金额越多。王跃堂等（2000）先从信息观的角度采用事件研究法对企业自愿执行三大减值政策的会计盈余是否具有信息含量进行检验，然后从计量观的角度采用关联研究法对会计盈余和净资产账面价值与投资报酬和股价水平的关系进行分析，发现自愿执行三大减值政策的上市公司会计盈余的价值相关性没有显著提高，但其会计盈余本身具有信息含量。洪剑峭（2004）通过对比企业计提减值前和计提减值后会计盈余中的信息含量，研究减值准备能否为投资者提供额外的决策信息。笔者以 2001 年和 2002 年沪深两市 1000 多家上市公司为样本展开研究，研究发现：尽管盈余管理动机确实存在于上市公司资产减值行为之中，但是，总体来看，减值准备的计提可以向投资者提供与其决策有关的信息，相较于减值前的会计盈余具备更多的信息含量。

王福胜和孙妮娜（2009）运用多元线性回归的方法对资产减值信息的价值相关性展开研究。笔者以 2004～2006 年沪市 A 股上市公司为研究样本，以托宾 Q 值代表企业的市场价值作为因变量，将资产减值计提比例作为自变量进行了回归分析。结果显示，不仅资产减值的计提比例与企业的市场价值正向相关，而且减值计提比例的变化也同企业市场价值的变化显著正向相关。表明资产减值信息不仅具备增量的价值相关性，而且对于企业价值的变化也具备较好的解释能力。

与王福胜和孙妮娜的研究结果不同的是，訾磊（2009）的研究结果显示资产减值与公司价值呈负相关的关系。笔者以 2004～2006 年的上市公司数据为研究样本，运用修正的价格模型进行了相关研究，发现减值准备变化值与公司价值负向相关。此外，研究结果显示，资产减值会计信息更多地体现为损益表项目而不是资产负债项目，从而推断资产减值的计提沦为企业盈余管理的工具，并不是资产价值毁损的真实反映。

周冬华（2012）以2001～2008年全部A股上市公司为研究样本，运用价格模型对资产减值信息是否具备增量价值相关性进行了研究。通过对比加入资产减值应计作为自变量的模型与未加入减值应计作为自变量的模型之间的修正可决系数，笔者提出资产减值作为会计盈余的一部分，具备减值前会计盈余之外的增量价值相关性。

综上所述，国内外学者的研究均表明资产减值信息具有增量的价值相关性，但对于资产减值额与企业价值之间存在正相关关系还是负相关关系，尚未形成一致定论，不同的模型设计、样本选择可能会导致不同的结论。

（2）对不同性质资产减值信息价值相关性的研究。

在对于不同性质资产减值信息价值相关性的研究中，多数学者是从公司盈利状况的角度去研究的。现有研究也表明，不同盈利状况的公司其计提资产减值的动机存在差别。如陆建桥（1999）发现亏损上市公司为了避免连续亏损而被暂停上市或退市，会利用减值进行盈余操纵。在首次亏损当年通过多计提减值准备大幅调减损益，而在首次亏损前一年度或扭亏为盈年度又利用减值政策调增盈余。周冬华（2011）赞同这一观点，认为减值前亏损的公司会以转回资产减值进行盈余管理来避免亏损，减值前亏损并且无法通过减值转回避免亏损的公司会以计提资产减值进行"大清洗"，为下一年盈利做准备。鉴于亏损公司的资产减值行为中可能存在盈余管理的动机，相较于正常盈利公司，该类公司的减值信息价值相关性可能会有所不同，针对这一差异，国内部分学者进行了研究。

李扬和田益祥（2008）采用报酬模型以亏损上市公司为样本进行了资产减值信息价值相关性研究，发现该类公司减值后的会计盈余相较于减值前盈余具备更强的价值相关性。但是，通过对比研究，笔者得出，相较于正常盈利的公司，巨亏公司和通过减值转回盈利的上市公司其会计盈余信息的价值相关性明显偏低。姚立杰、程小可和朱松（2011）以具备盈余管理动机的上市公司为研究对象，将这类公司又细分为具有扭亏动机、利润平滑动机和"大清洗"动机三个类别，对比研究三类公司计提减值准备的增量价值相关性。结果显示，对于有利润平滑动机和"大清洗"动机的上市公司，其计提减值准备后的会计盈余相对于计提减值之前的会计盈余信息未显示较大的信息相关性差异。而针对具有扭亏动机的上市公司的研究显示，这一差异显著存在，且资产减值的转回能显著提高扭亏公司的会计盈余价值相关性。张勇（2011）对比研究了正常的上市公司和存在资产减值盈余管理动机的上市公司之间减值准备对于股价影响的不同，结果表明正常组资产减值准备的计提能够向市场传递谨慎性会计信息，促使股价上涨；而盈余管理组资产减值准备的计提与股价呈负向关系。

　　除了从公司的角度进行研究外，国外有学者从减值资产的类别入手，分析了不同性质资产减值信息价值相关性的差异。如 Francis、Hanna 和 Vincent（1996）将减值根据资产类别划分为几部分进行对比研究后发现市场对不同类型的减值给予的反应是不同的。市场对存货减值的反应是负面的，而对重组过程中产生的减值表现出正面态度，笔者得出这可能是由于投资者认为重组中发生的资产减值代表了企业未来表现的提高。Chen C. J 等（2004）同时采用报酬模型和价格模型，对短期投资、存货和长期投资减值准备的市场反应进行了研究，结果显示，无论是运用哪种模型，市场对自愿执行这三类减值的行为都有正面的反应，笔者提出这一现象的原因可能是企业的自愿减值行为向市场传递了其对未来经营的信心。

　　综上所述，公司的盈利状况确实会影响到减值信息的价值相关性。同时，对于减值资产的类别对价值相关性的影响，国内学者在这方面的研究较少，现有研究多是只针对短期资产或长期资产的减值展开研究，缺乏对于减值信息的进一步细分且缺少有关的对比研究。

　　（3）新《资产减值》准则下减值信息价值相关性研究。

　　2007 年执行的新《资产减值》准则在原准则的基础上进行了一系列改进，其中一个重要的变化在于，新准则中规定长期资产减值一经计提不得转回。减值准则的变化引发了国内学者的广泛关注，尤其是新准则下长期资产减值的价值相关性成为学界关注的焦点。

　　姚立杰、程小可和朱松（2011）以 2007~2009 年沪深两市 A 股的上市公司为研究样本，研究了新准则阶段资产减值准备的转回是否具备价值相关性。结果显示，尽管在新准则下，依然存在上市公司利用减值转回进行盈余操纵的现象，但减值准备的转回能够反映资产的公允价值，减值信息具备减值前会计盈余之外的增量价值相关性。

　　李姝和黄雯（2011）针对新准则阶段长期资产减值的价值相关性进行了研究。仅以 2007~2009 年的数据为研究对象，发现企业计提的长期资产减值准备在新准则下具备增量价值相关性。笔者采用新准则执行前后各三年的数据进行对比研究，发现新准则下企业计提的长期资产减值准备具备更高的价值相关性。

周冬华（2012）同样对新旧准则阶段的数据进行了对比研究，其研究的年份分别为2001~2006年和2007~2008年，通过比较价格模型的解释力度来判断减值信息价值相关性的强弱。结果显示，新准则下模型的解释力度更高，即新准则阶段资产减值信息的价值相关性优于旧准则阶段。

由以上学者的研究可知，新《资产减值》准则的实施改善了资产减值信息的价值相关性，而新减值准则中关于禁止转回长期资产减值准备的规定并没有降低长期资产减值信息的价值相关性。但国内对于资产减值价值相关性的研究多限于对上市公司资产减值整体的研究，即使进行分类，也只是笼统地将资产分为长期资产和短期资产，而新旧会计准则的变更对资产的定义和归类并不统一，导致了资产分类可能存在一些前后不一致性，未来需要对此进行更详细的研究，如对单项资产的价值相关性进行具体研究，并深入观察不同制度背景下减值信息的价值相关性。

5.1.2 研究假设

在围绕财务会计目标展开的讨论中，"受托责任观"和"决策有用观"作为两种主流观点被广泛接受，且随着资本市场的发展，"决策有用观"逐渐取代"受托责任观"成为了各国制定会计准则的理论基础。两者的本质区别在于"受托责任观"更加重视会计信息的可靠性，以满足委托人了解和监督受托人受托责任履行情况的需要。而"决策有用观"首要考虑的是会计信息的相关性，强调会计信息要与投资者的决策相关。资产减值会计的理论起点是"决策有用观"，减值信息主要通过两种途径向投资者传递信号影响其决策：一是逻辑因素。根据资产的定义，资产是指能够为企业带来未来经济利益流入的资源，资产发生减值就意味着其所能带来的经济利益流入减少，公司盈利能力会受到影响。资产减值的计提会降低公司资产总额，影响其偿债比率、权益报酬率等财务指标，向市场传递不利信息。二是心理因素。企业计提资产减值准备表明管理者意识到自身经营存在的风险，通过计提减值对不良资产进行清理，表达其改善企业经营管理的决心，向投资者传递了正面积极的信息，由此可能导致股价的上升。尽管对于资产减值对公司股价的影响，从逻辑因素和心理因素的角度分析会得到截然不同的结论。但可以肯定的是，无论从何种角度考虑，资产减值都能够向投资者传递与其决策相关的信息。

减值准则中有关资产减值迹象的认定、减值计量的规定被视为侧重会计信息的相关性，资产价值的毁损信息属于会计盈余的组成部分，它会影响投资者的预期，最终反映在公司股价上。但有盈余管理动机的上市公司与正常公司之间的减值信息的价值相关性可能不同（Watts，2003）。资产减值信息通过信号传递影响企业价值，具备减值前会计盈余之外的增量价值相关性。而当资产减值行为中存在盈余管理动机时，投资者可能无法识别企业计提资产减值的真实意图，使得资产减值信息的价值相关性受到影响。我国学者李扬和田益祥（2008）的实证研究也显示，相对于正常盈利的公司，巨亏公司和通过减值转回实现盈利的上市公司其会计盈余信息的价值相关性明显较低。由于资产性质的差异，不同类别资产的减值准备中所涵盖的盈余管理程度高低会有所不同，进而使得不同类别资产减值信息的价值相关性存在差异。理论上分析，短期资产如存货、应收款项等价值信息比较容易取得，企业的盈余管理程度相对较低。而长期资产如固定资产、无形资产等市场价值信息较难获得，涵盖的盈余管理程度会较高。因此，相较于短期资产，长期资产减值信息的价值相关性可能更弱。且由于资产性质的差异，不同类别资产的减值准备中盈余管理程度的高低会有所不同，进而使得不同类别资产的减值信息价值相关性存在差异。从实务上看，短期资产如存货、应收款项等价值信息比较容易取得，盈余管理程度也相对较低。而长期资产如固定资产、无形资产等市场价值信息较难获得，盈余管理程度较高。因此，相较于短期资产，长期资产减值信息的价值相关性可能有所减弱。国外学者 Francis 等（1996）的研究结果证实，管理层变更动机存在于资产减值准备的计提中，将总资产减值准备按照存货、固定资产、无形资产和资产重组分组检验后，除存货的管理层变更动机不显著外，其他三项结果均显著，固定资产的显著性小于其他两项，这与理论分析一致。此外，我国学者代冰彬（2010）研究发现，对下期减值前盈余的预测能力仅限于流动资产减值准备，长期资产减值准备对下期减值前盈余没有预测能力。同时还发现，相对于流动资产减值，"大清洗"动机显著降低了长期资产减值准备对下一期减值前盈余的预测能力。综上所述，本章提出假设 H1：

假设 H1：作为会计盈余的组成部分，资产减值信息具有减值前会计盈余之外的增量价值相关性。在同等条件下，长期资产减值信息的增量价值相关性低于短期资产减值信息。

原有的企业会计制度仅就八项资产的减值问题进行了规范，所涉及的资产范围较小，新的资产减值准则将这一范围进行了扩大，使更多的资产价值得到真实反映，提高了会计信息的价值相关性。同时，原准则对减值计提的时间、减值测试的前提和减值准备的计量等规定存在一些模糊之处，导致企业实务操作中职业判断空间较大，利用资产减值进行盈余管理的现象较为突出。新资产减值准则进一步细化了相关规定，提高了减值准则的实务操作性。尤其是将"公允价值"引入资产可收回金额的计量中，限制了企业计算可收回金额时可选的资产价格范围，使资产可收回金额的确定更加科学合理。此外，新减值准则更加详细地规定了减值信息的披露流程及内容，提高了信息披露的透明度和充分性，使得减值信息更易于为投资者所获得和理解，提高了资产减值信息的价值相关性。

资产减值信息的价值相关性是指减值信息的可靠性和相关性程度。准则中有关资产减值迹象的认定、减值计量的规定被视为侧重相关性，而长期资产减值不得转回则被视为侧重可靠性。两者之间多数情况下是此消彼长的负相关关系，也有可能出现同升同降的局面（王彦超，2009）。就相关性而言，资产价值的毁损信息属于会计盈余的组成部分，它会影响投资者的预期，最终反映在公司股价上。新资产减值准则规定"长期资产减值准备一经计提，不得转回"。这一规定旨在控制上市公司利用减值转回进行盈余管理的行为，而这种偏于谨慎的会计处理显然更倾向于满足会计信息可靠性、可验证性和中立性的要求，而削弱了会计信息的相关性。当减值资产价值恢复时，禁止转回减值损失会导致资产的账面价值与真实价值不符，会对长期资产减值信息的价值相关性造成不利影响。新资产减值准则下，上市公司提供的资产减值信息通常具有更强的可信性，但长期资产减值转回的"一刀切"处理可能降低会计信息质量，导致资产价值被低估，会计信息价值相关性下降。综上所述，本章提出假设 H2：

假设 H2：相对于旧会计准则阶段，新资产减值准则下上市公司的资产减值信息具有更强的价值相关性，但长期资产减值信息具有更弱的价值相关性。

5.1.3　模型建立和变量选择

在对会计信息价值相关性的实证研究中，价格模型和报酬模型是使用频率最高的两种模型。报酬模型以股票收益率为被解释变量，以收益和收益的变化值为解释变量，分析盈余信息对公司价值变动的影响。而价格模型以股票价格为被解释变量，以每股盈余和每股净资产为解释变量，综合研究公司盈余信息和资产状况对其市场价值的影响。报酬模型有利于评价会计盈余的有用性，但其会计收益的解释能力不能完全令人满意。价格模型较之于报酬模型有以下两个优点：第一，由于报酬模型分析的是会计盈余信息对公司价值变动的影响，所以当资本市场提前预计到了会计利润的有关构成，并且公司期初的股价中包含了这种预期时，报酬模型中盈余系数的估计会是零。而价格模型研究的是会计信息对公司价值的累积影响，不会产生这样的问题。第二，报酬模型的研究仅仅局限于利润表项目的价值相关性，而价格模型能够解释利润表项目和资产负债项目对公司价值的共同影响，研究范围更广，也更符合会计信息资产负债表观的理念。此外，前人的实证研究显示，报酬模型的拟合效果不是很好。基于以上了解，且考虑到本书所研究的资产减值准备同时对企业盈余信息和资产价值产生影响，因此，本书将以价格模型为基础设计资产减值准备价值相关性研究的有关模型。

结合本书的研究内容，将资产减值准备应计加入价格模型中，构建模型（5-1）：

$$P_{it} = \alpha + \beta_1 \times BVPS_{it} + \beta_2 \times EPS_{it} + \beta_3 \times WD_{it} + \sum \beta_{3+t} Year_t + \varepsilon \quad (5-1)$$

其中，P_{it} 为第 i 家上市公司 t 年结束后第 4 个月末的股价；$BVPS_{it}$ 为第 i 家上市公司 t 年度每股净资产；EPS_{it} 为第 i 家上市公司 t 年度每股收益。WD_{it} 为第 i 家上市公司 t 年度计提的资产减值准备，采用资产减值占期初资产总额的比率来度量。模型中加入年度 Year 控制变量，用于固定时间的影响（指会计准则变迁）。

考虑到近年来我国资本市场的飞速发展，会计准则变动频繁且宏观经济环境并不稳定，不同年度之间上市公司的会计信息和市场表现差异显著，因此，模型（5-1）中将年度控制变量 Year 也加入到价格模型中来。此外，根据研究需要，模型（5-1）中的资产减值应计将分别取值资产减值总额应计、长期资产减值应计、短期资产减值应计等，具体变量定义如表 5-1 所示。

表 5 - 1　变量设计

变量类型	变量名	变量定义	赋值及含义
被解释变量	P	市场价值	P = 上市公司 t 年结束后第 4 个月末的股价
解释变量	BVPS	每股净资产	BVPS = 报表中披露每股净资产剔除资产减值准备影响
	EPS	每股收益	EPS = 报表中披露每股收益剔除资产减值准备影响
	WD	资产减值应计	WD = 资产减值应计/期初总资产，其中资产减值应计 = 期末资产减值 – 期初资产减值
	WD_Short	短期资产减值应计	WD_Short = 短期资产减值应计/期初短期资产总额
	WD_Long	长期资产减值应计	WD_Long = 长期资产减值应计/期初长期资产总额
	WD_Inventory	存货减值应计	WD_Inventory = 存货减值应计/期初存货总额
	WD_Receivables	应收款项减值应计	WD_Receivables = 应收款项减值应计/期初应收款项总额
	WD_Fixed.	固定资产减值应计	WD_Fixed. = 固定资产减值应计/期初固定资产总额
	WD_Intangible.	无形资产减值应计	WD_Intangible. = 无形资产减值应计/期初无形资产总额
控制变量	Yeart（t = 1 ~ 11）	年度控制变量	以 2012 年为基准年，Yeart = 1（当年）；Yeart = 0（非当年）

本章选取 2001 ~ 2012 年的样本，研究数据主要来源于锐思数据库（SSET），部分数据手工收集于《中国统计年鉴》《上海证券交易所统计年鉴》《深圳证券交易所统计年鉴》以及巨潮资讯网等相关网站统计，软件采用 SPSS16.0。选样标准主要是：

第一，于 2001 年之前上市且至 2012 年年底尚未退市的沪、深两市 A 股上市公司。

第二，考虑到金融保险行业的会计制度特殊，剔除了金融保险行业上市公司。

第三，剔除当年资产减值情况未披露和数据缺失的上市公司。

根据以上筛选标准，得到 2001 ~ 2012 年共 11993 个样本，其中，2001 ~ 2006 年有 5842 个样本，2007 ~ 2012 年有 6151 个样本。

5.1.4　描述性统计

为了对样本数据有一个直观的了解，首先对有关变量从均值、中位数、标准差、最大值、最小值几个方面进行了描述性统计，结果如表 5 - 2 和表 5 - 3 所示。

表 5 - 2　2001～2012 年样本上市公司主要变量描述性统计

项目	Variable	Mean	Median	Std. Deviation	Minimum	Maximum	N
全样本	P	9.946	8.110	8.237	0.680	224.560	11993
	EPS	0.185	0.140	0.529	−14.520	12.820	11993
	BVPS	3.355	3.013	2.115	−11.270	34.160	11993
	WD	0.002	0.001	1.895	−26.866	201.226	11993
旧准则阶段	P	8.650	7.450	6.161	0.680	100.000	5842
	EPS	0.112	0.122	0.395	−6.860	2.380	5842
	BVPS	3.138	2.932	1.567	−4.200	13.820	5842
	WD	0.000	0.001	0.138	−7.045	0.782	5842
新准则阶段	P	11.177	8.660	9.650	0.760	224.560	6151
	EPS	0.255	0.167	0.622	−14.520	12.820	6151
	BVPS	3.561	3.121	2.510	−11.270	34.160	6151
	WD	0.004	0.001	2.643	−26.866	201.226	6151

资料来源：根据锐思数据库和上交所、深交所财务报告的数据，经笔者整理得到。

表 5 - 3　2001～2012 年样本公司各类资产减值应计描述性统计

项目	Variable	Mean	Median	Std. Deviation	Minimum	Maximum	N
全样本	WD_Short	−0.052	0.001	4.245	−240.654	273.202	11746
	WD_Long	−0.184	0.000	17.145	−1623.000	93.748	9011
	WD_Inventory	−0.177	0.000	10.918	−1022.000	17.935	9088
	WD_Receivables	−0.214	0.007	17.096	−1733.000	281.299	11076
	WD_Fixed.	−0.004	0.000	0.394	−9.431	25.740	6313
	WD_Intangible.	0.115	0.001	4.190	−15.922	103.190	808

项目	Variable	Mean	Median	Std. Deviation	Minimum	Maximum	N
旧准则阶段	WD_Short	-0.010	0.002	0.574	-36.707	2.469	5845
	WD_Long	0.003	0.000	0.089	-1.701	3.891	4404
	WD_Inventory	-0.016	0.000	1.036	-63.121	17.935	4521
	WD_Receivables	0.001	0.008	0.845	-42.129	16.694	5832
	WD_Fixed.	-0.002	0.000	0.086	-2.731	0.892	3341
	WD_Intangible.	0.347	0.001	5.785	-15.922	103.190	413
新准则阶段	WD_Short	-0.094	0.001	5.962	-240.654	273.202	5901
	WD_Long	-0.362	0.000	23.978	-1623.000	93.748	4607
	WD_Inventory	-0.336	0.000	15.366	-1022.000	1.625	4567
	WD_Receivables	-0.452	0.005	24.830	-1733.000	281.299	5244
	WD_Fixed.	-0.007	0.000	0.567	-9.431	25.740	2972
	WD_Intangible.	-0.128	0.002	0.918	-9.134	2.128	395

资料来源：根据锐思数据库和上交所、深交所财务报告的数据，经笔者整理得到。

表5-2显示，2001~2012年，总样本上市公司的平均股价为9.946元，其中，旧准则阶段样本公司的平均股价为8.65元，而新准则阶段样本公司的平均股价为11.177元，说明上市公司股价在时间序列上呈递增的态势；总样本上市公司的每股收益平均值为0.185，其中，旧准则阶段样本公司的每股收益平均值为0.112，新准则阶段样本公司的每股收益平均值为0.255，说明上市公司每股收益在时间序列上同样呈递增的态势，表明这一时期内上市公司盈利状况整体向好；总样本的每股净资产平均值为3.355，其中，旧准则阶段样本的每股净资产平均值为3.138，新准则阶段样本的每股净资产平均值为3.561，说明上市公司每股净资产在时间序列上同样呈递增的态势；总样本的资产减值应计平均值为0.002，其中旧准则下资产减值应计平均值为0.000，新准则下资产减值应计平均值为0.004，说明新准则下资产减值净计提额占期初资产总额的比例增加。

表5-3统计显示，总样本上市公司短期资产减值应计平均值为-0.052，其中，旧准则下短期资产减值应计平均值为-0.010，新准则下短期资产减值应计平均值为-0.094，短期资产减值总体上体现为减值转回，且新准则阶段短期资产减值转回的比例增大。总样本上市公司长期资产减值应计平均值为-0.184，

其中，旧准则下长期资产减值应计平均值为 0.003，新准则下长期资产减值应计平均值为 -0.362，这可能是由于新准则时期宏观经济处于金融危机之中，企业大量处置固定资产等长期资产，导致原计提的资产减值准备转回所致，也可能与上市公司利用长期资产处置进行盈余管理有关。在前文研究中，我们已发现会计准则变更后有盈余管理动机的上市公司可能在长期资产处置前一年多计提资产减值准备，便于来年大量处置固定资产等非流动资产时，原计提的资产减值准备被转回以操控盈余。表 5 - 3 还显示，在总样本下，存货、应收款项、固定资产等资产减值整体上体现为减值的转回，无形资产减值则主要体现为减值的计提。在旧准则阶段，存货、固定资产整体上体现为减值的转回，应收款项、无形资产则体现为减值的计提。而在新准则阶段，上述四类资产减值均体现为资产减值的转回。

5.1.5　实证研究结果

为了验证假设 H1，本书运用未加入资产减值应计的价格模型和加入资产减值应计作为自变量的价格模型进行对比研究。分析结果如表 5 - 4 所示，第（1）列为未加入减值准备应计的模型回归结果，第（2）列为加入减值准备应计的模型回归结果。

表 5 - 4　2001 ~ 2012 年样本公司资产减值总额增量价值相关性检验

N = 11993	(1)		(2)	
	Coefficients	t	Coefficients	t
（Constant）	3.792	16.643 ***	3.812	16.863 ***
EPS	5.655	42.142 ***	6.060	44.479 ***
BVPS	0.924	27.603 ***	0.890	26.745 ***
WD	—	—	-0.434	-13.952 ***
Year01	4.520	14.846 ***	4.551	15.068 ***
Year02	1.839	6.535 ***	1.878	6.725 ***
Year03	0.415	1.479	0.452	1.624
Year04	-2.670	-9.564 ***	-2.629	-9.491 ***
Year05	-1.911	-6.849 ***	-1.846	-6.667 ***
Year06	6.677	23.865 ***	6.704	24.156 ***
Year07	4.419	15.533 ***	4.394	15.568 ***
Year08	1.625	5.793 ***	1.608	5.781 ***

续表

N = 11993	(1)		(2)	
	Coefficients	t	Coefficients	t
Year09	4.381	15.783***	4.390	15.942***
Year10	4.653	16.757***	4.697	17.051***
Year11	0.969	3.492***	0.945	3.436***
Adjusted R Square	0.407		0.476	
F	633.987***		838.961***	

注：***、**和*分别表示在1%、5%和10%水平上显著相关。

由表5-4可以看出，加入解释变量WD之前，模型的整体解释力度为40.7%，而加入解释变量WD后，模型的整体解释力度上升到47.6%，增加了6.9%。同时，第（2）列中资产减值应计（WD）的系数为-0.434，且在1%的水平上显著，说明市场对企业的减值行为表现为负向反应，企业计提资产减值准备表明管理者意识到自身经营存在的风险，资产减值表现为企业预期未来现金流量的减少，对公司股价有显著的负向影响，表明资产减值信息具备减值前会计盈余之外的增量价值相关性，假设H1部分得以验证。

为了进一步比较分析不同类别资产减值信息价值相关性的差异，本书分别采用价格模型对长期资产减值应计、短期资产减值应计的价值相关性进行检验，考察长期资产减值信息与短期资产减值信息的价值相关性是否存在差异。为更深入考察不同类型资产减值信息的价值相关性，我们进一步对存货减值应计、应收款项减值应计、固定资产减值应计、无形资产减值应计的价值相关性进行了回归检验，回归结果如表5-5所示。

表5-5 2001~2012年样本公司长短期资产减值信息价值相关性检验

项目	Variable	Coefficients	t	Adjusted R Square	F
短期资产减值准备	（Constant）	3.781	17.095***	0.426	623.841***
	EPS	5.954	44.197***		
	BVPS	0.904	27.305***		
	WD_Short	-0.212	-15.419***		

续表

项目	Variable	Coefficients	t	Adjusted R Square	F
长期资产减值准备	（Constant）	3.772	13.394 ***	0.413	453.259 ***
	EPS	5.456	36.171 ***		
	BVPS	0.983	25.159 ***		
	WD_Long	-0.018	-4.436 ***		

注：***、**和*分别表示在1%、5%和10%水平上显著相关。

　　首先观察长、短期资产减值信息价值相关性的检验结果。表 5-5 显示，从模型的拟合优度来看，以短期资产减值准备为自变量的模型拟合优度为42.6%，以长期资产减值准备为自变量的模型拟合优度为41.3%，前者较后者高1.3%，说明短期资产减值信息的价值相关性高于长期资产减值，假设 H1 进一步得到验证。短期资产如存货、应收款项等价值信息比较容易取得，企业的盈余管理程度相对较低。而长期资产如固定资产、无形资产等市场价值信息较难获得，涵盖的盈余管理程度会较高。因此，相较于短期资产，长期资产减值信息的价值相关性更弱。

　　从单项资产的回归结果来看，在四类资产减值信息价值相关性的检验中，应收款项的价值相关性最强，模型的拟合优度为46.3%，由于企业会计准则中有关应收款项减值准备的规定更加详细且可操作性强，在实践中的运用较为成熟，使得应收款项的盈余管理空间较小。同时，从减值信息的披露规范来看，在上述几类资产中，应收款项的减值信息披露要求最为规范，企业通常会详细披露不同账龄的应收款项以及相应计提减值准备的比例，使得应收款项减值的信息含量较高。存货减值模型的拟合优度为43.7%，其价值相关性排在第二位，相较于固定资产，存货的市场交易更为活跃，价值信息更容易取得，盈余管理程度较低，因此，存货减值信息价值相关性优于固定资产减值信息。以固定资产减值为自变量的模型拟合优度为40.7%，相较于存货等消耗性资产，固定资产涵盖的盈余管理程度相对更高，因此，相较于短期资产，固定资产减值信息的价值相关性可能更弱。无形资产减值应计的回归系数不显著，不具备价值相关性。这可能是由于无形资产在市场中难以找到相近的替代品，可收回金额的确定较大程度上取决于会计人员的职业判断，盈余管理程度较高，因而减值信息不具备价值相关性，如表 5-6 所示。

表 5 - 6　2001 ~ 2012 年样本公司四类资产减值信息价值相关性检验

项目	Variable	Coefficients	t	Adjusted R Square	F
存货减值准备	（Constant）	4. 171	16. 772 ***	0. 437	543. 503 ***
	EPS	4. 692	32. 216 ***		
	BVPS	0. 912	25. 387 ***		
	WD_Inventory	− 0. 052	− 3. 386 ***		
应收款项减值准备	（Constant）	3. 938	18. 215 ***	0. 463	735. 460 ***
	EPS	6. 07	44. 131 ***		
	BVPS	0. 862	26. 036 ***		
	WD_Receivables	− 0. 571	− 15. 161 ***		
固定资产减值准备	（Constant）	4. 146	11. 578 ***	0. 407	334. 192 ***
	EPS	7. 115	36. 713 ***		
	BVPS	0. 881	17. 827 ***		
	WD_Fixed.	− 0. 019	− 2. 69 ***		
无形资产减值准备	（Constant）	4. 242	5. 35 ***	0. 375	35. 6 ***
	EPS	2. 909	7. 343 ***		
	BVPS	0. 843	8. 546 ***		
	WD_Intangible.	− 0. 025	− 0. 515		

注：***、**和*分别表示在1%、5%和10%水平上显著。

为了进一步研究新准则阶段各类资产减值信息价值相关性的变化，本书将全样本划分为旧准则阶段和新准则阶段进行了分样本回归，回归结果如表5 - 7所示。

表 5 - 7　2001 ~ 2012 年新旧准则阶段样本公司减值总额价值相关性对比

项目	Variable	Coefficients	t	Adjusted R Square	F
旧准则阶段	（Constant）	5. 889	33. 734 ***	0. 169	395. 752 ***
	EPS	4. 536	21. 316 ***		
	BVPS	0. 719	13. 386 ***		
	WD	− 1. 101	− 2. 058 **		
新准则阶段	（Constant）	6. 484	35. 986 ***	0. 35	1107. 00 ***
	EPS	7. 075	34. 555 ***		
	BVPS	0. 811	16. 461 ***		
	WD	− 0. 48	− 12. 329 ***		

注：***、**和*分别表示在1%、5%和10%水平上显著。

表 5 - 7 显示，在旧准则阶段，样本公司资产减值应计的回归系数为 - 1.101，在 5% 的水平上显著，模型拟合优度为 16.9%。而新准则阶段，资产减值应计的回归系数在 1% 的水平上显著，且模型拟合优度上升到了 35%，增长了 18.1%，说明新准则下资产减值信息的价值相关性优于旧准则阶段，假设 H2 部分得到验证。

如表 5 - 8 所示，分别从长、短期资产减值来看，新旧准则的不同阶段，短期资产减值应计的回归系数均在 1% 的水平上显著，但旧准则阶段模型的拟合优度为 17.1%，而新准则阶段上升到了 36.1%，说明新准则下短期资产减值的价值相关性得到了大幅提高。旧准则阶段长期资产减值应计的回归系数没有通过显著性检验，而新准则下其回归系数在 1% 的水平上显著，说明新准则阶段长期资产减值的价值相关性同样得到增强，假设 H2 没有得到全部证实。究其原因，可能是在旧准则阶段，上市公司利用长期资产减值计提和转回操纵盈余的现象较为严重，导致长期资产减值信息不具备价值相关性。而在新准则的刚性约束下，企

表 5 - 8　2001 ~ 2012 年新旧准则阶段长短期资产减值信息价值相关性对比

项目		Variable	Coefficients	t	Adjusted R Square	F
短期资产减值	旧准则阶段	(Constant)	5.906	33.933 ***	0.171	402.15 ***
		EPS	4.684	21.746 ***		
		BVPS	0.706	13.178 ***		
		WD_Short	- 0.232	- 4.248 ***		
	新准则阶段	(Constant)	6.321	35.052 ***	0.361	1114.00 ***
		EPS	6.896	33.888 ***		
		BVPS	0.84	16.961 ***		
		WD_Short	- 0.551	- 13.44 ***		
长期资产减值	旧准则阶段	(Constant)	5.695	29.363 ***	0.169	300.041 ***
		EPS	3.793	17.046 ***		
		BVPS	0.779	13.114 ***		
		WD_Long	0.217	0.234		
	新准则阶段	(Constant)	6.486	29.688 ***	0.348	821.08 ***
		EPS	6.492	28.217 ***		
		BVPS	0.902	15.392 ***		
		WD_Long	- 0.02	- 3.932 ***		

注：***、** 和 * 分别表示在 1%、5% 和 10% 水平上显著。

业通过长期资产减值转回操纵盈余的空间缩小，使长期资产减值信息的价值相关性得到保障。新资产减值准则下，上市公司提供的资产减值信息通常具有更强的规范性，尽管长期资产减值转回的"一刀切"处理可能影响会计信息质量，导致资产价值被低估，减值信息的可靠性下降，但其价值相关性有所增强。

如表 5-9 所示，存货减值信息在旧准则阶段不具备价值相关性，新准则下其回归系数在 1% 的水平上显著，且模型拟合程度较好，为 30.9%，说明新准则下存货减值准备的价值相关性得到明显提高；应收款项减值信息在旧准则下模型的拟合优度为 17%，新准则下模型的拟合优度上升到 38.1%，证明新准则下应收款项减值信息的价值相关性增加；固定资产减值应计的回归系数在旧准则下不显著，在新准则阶段在 5% 水平上显著，且模型拟合优度为 43.9%，说明固定资产减值信息价值相关性明显提高；旧准则下无形资产减值应计的回归系数不显著，而新准则下的回归系数在 10% 的水平上显著，表明新准则阶段无形资产减值信息的价值相关性也得到了提高。新资产减值准则引入了资产组的概念，对资产可收回金额的计量进行了详细规定，且规定长期资产减值一经计提不能转回，较大幅度提高了长期资产减值的价值相关性。但同时我们也看到，无形资产减值的价值相关性依然较弱，需要进一步完善相关准则规范。

表 5-9　2001~2012 年新旧准则阶段四类资产减值信息价值相关性对比

项目	Variable	旧准则阶段		新准则阶段	
		Coefficients	t	Coefficients	t
存货减值准备	(Constant)	6.034	31.148***	6.815	33.879***
	EPS	3.937	17.623***	5.576	24.647***
	BVPS	0.668	11.291***	0.844	15.665***
	WD_Inventory	0.01	0.124	-0.02	-2.853***
	Adjusted R Square	0.153		0.309	
	F	274.17***		680.665***	
应收款项减值准备	(Constant)	5.896	33.83***	6.277	34.014***
	EPS	4.627	21.598***	7.261	33.794***
	BVPS	0.714	13.331***	0.767	15.16***
	WD_Receivables	-0.061	-3.753***	-0.330	-14.168***
	Adjusted R Square	0.17		0.381	
	F	400.18***		1076.00***	

续表

项目	Variable	旧准则阶段		新准则阶段	
固定资产减值准备	（Constant）	6.046	26.919***	6.745	23.246***
	EPS	4.422	17.307***	9.102	28.958***
	BVPS	0.662	9.717***	0.683	8.715***
	WD_Fixed.	0.139	0.128	-0.655	-2.376**
	Adjusted R Square	0.182		0.439	
	F	248.393***		774.992***	
无形资产减值准备	（Constant）	5.724	8.94	7.334	13.838
	EPS	3.443	5.997***	3.927	6.158***
	BVPS	0.913	4.96***	0.613	4.485***
	WD_Intangible.	0.037	0.701	-0.549	-1.601*
	Adjusted R Square	0.215		0.265	
	F	38.608***		48.385***	

注：***、**和*分别表示在1%、5%和10%水平上显著。

5.2　商誉减值会计信息价值相关性

　　资产减值会计源于会计信息稳健性的要求，其目的是剔除资产中的"水分"，使企业资产价值更真实公允。2001年我国《企业会计制度》要求上市公司计提八项资产减值准备，贯彻与资产要素未来经济利益流入特征相配合的会计稳健性原则。2006年2月16日，财政部又颁布了新的会计准则（以下简称新准则），新准则引入了资产组的概念，规定长期资产减值准备一经计提不得转回，取消商誉直线摊销法改为每年年末减值测试，增加了使用寿命不确定的无形资产减值规范。现阶段基于企业合并视角的商誉减值测试实施效果如何？在减值政策发生变更的背景下，不同准则阶段、不同类型的资产减值信息价值相关性如何？商誉的后续计量从摊销法改为定期减值测试能否提升财务报表的价值相关性？已有关于资产减值研究文献大多针对活跃市场，对于公允价值不易于获取的商誉减值测试的经济后果分析大多停留在理论探讨层面，很少有文献采用实证研究方法分析企业商誉减值测试的实施效果。本节以沪深两市上市公司为样本，关注基于企业合并视角的商誉后续计量从摊销法改为定期减值测试能否提升财务报表的价值相关性，实证检验企业商誉减值政策的经济后果。研究结论将为准则制定机构检验商誉减值政策的制度效应提供实证依据。

5.2.1 国内外研究概况

商誉作为一项反映企业并购重组之后母子公司是否能发挥协同效应的资产，其减值信息有助于投资者站在合并企业的视角对其未来经营状况做出预测。由于商誉难以脱离其他资产组产生独立的现金流，其减值测试要基于与其相关的资产组或者资产组组合。新准则有关商誉减值测试政策对因重组产生大量商誉的企业利润会产生不同影响。资产优良的企业，商誉减值较小，若小于以前按直线法摊销的金额，企业当期利润将增加，反之则减少。Elliot 和 Hanna（1996）认为，利润操纵动机对商誉减值确认会产生影响。通过研究连续进行多次减值测试时的盈余反应系数，他们发现当一次注销发展为多次减值测试时报告盈余的特别项目和特别项目前的非预期盈余的信息含量发生了改变。Katrien 等（2009）以2005~2006年15个欧洲国家的上市公司为样本研究，发现审计单位为四大事务所的公司利用商誉减值进行盈余管理的较少，而司法系统较完备国家的上市公司倾向于计提更多的减值准备。Jahmani 等（2010）发现遭遇亏损或低总资产回报率并且其商誉实际受损的公司会利用商誉减值操纵盈余。

Moehrle（2001）发现直线法摊销商誉几乎不具有价值相关性，并且报表披露的相关信息对投资者的决策几乎没有帮助。Jennings（2001）实证研究发现直线法摊销商誉不仅无法通过相关财务报表给利益相关者提供有用信息，相反还会干扰他们预测企业未来盈利水平的能力，使投资者做出错误的决策。对于投资者而言，减值测试方法明显优于直线摊销法，因为投资者能够通过减值信息对企业目前和未来的价值做出自己的判断，所以采用减值测试的方法能够给投资者提供更有效的信息。

Hayn 和 Hughes（2006）探究了上市公司财务报表披露的企业合并相关财务信息能否帮助投资者有效预测商誉减值。他们认为通过财务报表获取的信息不足以帮助投资者成功预测企业未来的商誉减值，他们同时发现，商誉减值的计提时点显著滞后于经营业绩恶化的时点。

Lapointe – Antunes 等（2009）检验了商誉减值的价值相关性和及时性问题，发现报表披露的商誉减值信息与上市公司的股价呈显著负相关关系，公允价值模式在核算商誉减值测试时具有价值相关性，且不受测量误差和管理人员的职业判断制约。当审计委员会（Audit Committee）有效行使职责时，会计准则赋予上市公司的职业判断空间（Managerial Discretion）被用于投机行为的可能性显著降低。

Ramanna 和 Watts（2009）实证检验了影响计提商誉减值准备的因素。研究发现：上市公司管理人员不存在通过披露商誉减值向资本市场传达关于企业未来现金流量等信息的动机，但企业管理层存在利用商誉减值政策的职业判断空间延期计提商誉减值、操纵利润的动机。这违背了谨慎性、可靠性和及时性的会计信息质量要求。

Francis 等（1996）以 1989～1992 年计提资产减值准备的公司为样本，从公司的经营情况、成长能力、利润平滑、"大清洗"动机和管理层变更等角度进行研究。发现常见的长、短期资产如存货和固定资产对上市公司资产减值行为的影响并不显著，但是商誉有别于常见的长、短期资产，会对资产减值行为产生显著的影响。Ramanna K（2008）则认为在对商誉进行资产减值测试时，首先要评估未来现金流量的价值，而未来现金流量的信息在评估当期无法准确预测且不可控，所以商誉减值测试可能会被管理人员操控。

新会计准则对上市公司财务报告信息质量的影响是国内外许多学者研究的话题，罗婷、薛健和张海燕（2008）发现新准则对财务会计信息质量的影响是多元的，一方面，新会计准则在约束和规范企业人为操控会计利润方面起到了积极作用；另一方面，新会计准则也更加重视会计人员的主观判断能力。实证结果表明，新准则有效地改善了会计信息的价值相关性，新准则的实施显著提升了会计信息的质量。此外，新准则变更部分比未变更部分改善效果更加明显，进一步证明了会计准则变更的成果。虽然新准则整体改善了会计信息质量，但是对于公允价值的实施效果现阶段还难以下定论。

杜兴强等（2011）认为 IASB 并不完全认同定期对商誉进行减值测试的方法，所以在 IFRS 中有关中小企业的财务会计准则，与 IASB 过去的政策一致，并不强制要求中小企业对商誉进行减值测试，而是允许定期摊销。因为中小企业对于财务会计准则所持的立场与大企业并不一致，所涉及的业务范围也不如大企业广泛，定期摊销商誉的方式对于中小企业而言更加简单且易于操作，更加符合成本效益配比原则。财务会计准则及其相关政策的实施必然会产生一系列经济后果，现阶段，我国有关商誉的财务会计政策仍然处于争议之中，并且很大程度上依赖于资本市场不断变化和发展的状况，随着资本市场的不断完善和健全，有关商誉减值的争议可能在不断演变的过程中逐渐消失，获得共识。

郑海英、刘正阳和冯卫东（2014）基于2007~2012年我国A股非金融类上市公司发生并购活动的财务报告数据，深入探讨了商誉与企业业绩之间的关系。实证结果表明上市公司支付较高的并购成本会提升公司当期的业绩，但会降低上市公司后续会计期间的业绩。从长期来看，除了一些市场集中度比较高的行业，上市公司支付较高的并购对价会显著降低业绩。

冯卫东和郑海英（2013）认为商誉资产是上市公司并购业务中最为复杂且难以回避的一个话题，商誉资产信息的披露会影响会计信息的可靠性和相关性，为了更好地服务于报表使用者，除了在所有者权益部分单独列报商誉信息外，还应当在财务报表的附注中披露新增加商誉的分配比例、对象及依据。

张琴和李晓玉（2007）认为旧准则阶段商誉摊销的方式并不科学，因为商誉的耗损一般不会像固定资产一样直线型贬值，并且摊销年限的设置也并不合理，会影响到会计信息的可靠性。在瞬息万变的经济环境中，企业如果不对商誉进行减值测试，有可能造成虚增资产，不符合谨慎原则的理念。

虽然理论上协同效应具备价值提升的功能，但是李彬和潘爱玲（2014）认为不同类型的母子公司之间的协同效应产生的机理却不尽相同，他们的实证研究结果表明，非交易性协同能够显著提升企业业绩质量，而交易性协同则会在一定程度上损害子公司的利益。母子公司整体层面亦能够提升公司集团整体的利益，关键在于交易规模和协同稳定性这两个变量。

李姝和黄雯（2011）的研究表明新会计准则实施后，上市公司计提的长期资产减值准备具有增量价值相关性，并且新准则时期的长期资产减值准备价值相关性显著高于旧准则时期。此外，新准则时期上市公司计提短期资产减值准备的盈余管理动机强于长期资产减值准备。这为2007年开始实施的新会计准则规定长期资产减值不得转回的规定提供了理论依据。

谢纪刚和张秋生（2013）以2007~2012年发生过非同一控制下企业合并业务的A股中小板公司为样本，发现股份支付方式进行的并购比现金支付方式进行的并购评估增值率更高，但标的可辨认净资产评估增值率差异并不显著。进一步统计发现，采用收益法进行评估的预测收益显著高于实际收益，由此可以推断采用股份支付进行的并购业务会虚增标的资产的价值，进而导致商誉价值高估。原因主要在于股份支付的交易制度，与现金支付方式相比，股份支付方式在流动性方面受到限制，股份折价会驱使标的资产定价虚高，使商誉价值也随之虚高。因此，对于商誉相关的会计信息，应当区分两种不同支付方式下会计信息的质量差异。

通过对现有文献的梳理，可以发现，针对商誉后续计量的研究主要集中在以下两方面：

一方面，将商誉摊销变更为商誉减值测试方法的经济后果分析。会计政策关于无限期资产耗用经济资源的处置有三种方法：第一种方法是无限期保留在账面上；第二种方法是随着资产的经济寿命逐渐摊销，类似于固定资产和无形资产直线法计提累计折旧和累计摊销；第三种方法则是直接注销盈余或已挣得盈利。在购买法下进行业务核算时，很多企业会选择第三种方法。在旧准则阶段，商誉摊销会使得过去的交易事项影响当期的经营状况，因此会产生一种负激励效应，企业尽可能采用换股合并的方式，避开"购买法"核算，商誉减值方法在一定程度上弱化了这种激励，产生阻滞经济后果。国内外学者的实证研究结论也支持减值测试的方法要优于摊销法这一观点，因为减值测试的方法可以提供增量信息，提升会计信息的价值相关性。但有少数学者认为，考虑资本市场的实际情况，对于小企业而言，摊销法可能更符合成本效益原则。虽然两种结论看似不一致，但其实并不矛盾，因为两者的前提条件并不一样。

另一方面，商誉减值的影响因素研究。股份支付方式下进行的企业合并业务会使得标的资产定价虚高，虚增商誉价值，上市公司支付较高商誉成本提升了公司当期业绩，但会降低公司未来期间的业绩水平，这种效应可能是引发商誉减值的重要因素。此外，商誉减值的计提时点显著滞后于经营业绩恶化的时点，商誉减值损失与至少两年前的业绩表现为负相关关系。

5.2.2   研究假设

商誉是企业合并业务过程中产生的一项重要资产，它能在未来期间给企业带来超额收益，因此具备潜在的经济价值。作为企业整体价值的一部分，商誉具有抽象性、依附性、长期性和动态性的特征。通过对我国《资产减值》新旧准则的对比分析，不难发现其中最明显的变化之一是商誉减值政策的出台，新准则将旧准则阶段"对企业合并形成的商誉，只要求按一定的期限进行摊销"变更为"对于企业合并所形成的商誉，每年至少进行一次减值测试"，且"资产组的认定及减值处理"等相关规定的出台，也为商誉减值测试的有效实施奠定了良好的基础。

新准则第二十三条规定：商誉至少应当在每年年度终了进行减值测试，而不用按照一定的年限进行摊销。按照资产减值冲减的顺序，第一位是冲减商誉，将商誉价值冲减为零后才能冲减资产组或者资产组合的其他项目。因此，对于那些拥有大量企业合并所形成的商誉的企业而言，新准则的出台对净利润的影响是巨大的。采用新准则将对企业当期利润影响较大，以后年度的影响相对较小。如果合并企业经营状况稳定，商誉并没有发生减值迹象，由于新准则下商誉不再要求摊销，将增加企业的当期利润，或者商誉减值的额度不是很高，小于旧准则下按直线法摊销的金额，当期的利润也将增加。反之，如果企业的经营状况不是很乐观，商誉减值的规模大于以前年度按直线法摊销的金额，将会减少企业的当期利润。而且较大数额的资产减值会造成总资产规模减少，资产负债率会升高；而净资产的减少则会导致净资产收益率提高。

会计政策具有经济后果，《资产减值》准则在满足谨慎性要求的前提下，还会对会计信息的相关性产生重要影响。相关性要求企业提供的会计信息与财务报告使用者的经济决策相关，这样才能有助于他们对企业过去、现在或者未来的情况作出有效的判断。会计信息是否具有相关性，关键在于能否与使用者的决策需要相关，是否有助于决策者提高决策的水平。相关的会计信息应当能够帮助决策者评价过去对于企业的判断，并在此基础上作出相应的修正，因而相关性要求会计信息必须具有反馈价值。目前，包括我国在内的众多国家已经变更了商誉相关的财务会计准则。探究背后的原因，不难发现与其会计信息质量的联系非常紧密。在旧准则下，商誉摊销年限难以合理确定，商誉按年平均摊销的会计信息无法给投资者提供增量信息，因而相关性也很弱。在市场环境下，很多企业的商誉价值会不减反增，摊销商誉的方法无法真实反映企业资产价值和经营状况，这又会降低会计信息的可靠性。而新准则下商誉减值测试的方法恰好可以弥补上述缺陷，因为上市公司披露的商誉减值信息能够为利益相关者提供企业未来现金流量的相关信息，减少信息不对称，降低代理成本，提升财务报表的价值相关性。

虽然从理论层面来看减值测试法要明显优于直线摊销法，但是在会计实务操作过程中，有效实施减值测试并非易事。减值测试对上市公司会计人员的职业素养提出了较高要求，并且实施成本也高，中小型企业实施减值测试不符合成本效益原则。因此，也有学者（张琴、李晓玉，2007）对减值测试的方法提出了质疑，主要观点如下：①减值测试在实际操作过程中比较困难，很容易沦为上市公司盈余管理和利润操纵的对象，从而降低商誉减值的价值相关性和决策有用性。如张柳（2011）初步统计发现很多中小型上市公司关于商誉减值信息的披露不完全，一些企业只披露商誉减值的数额，而未提及减值原因。②新准则规定商誉的减值损失一旦确认，在以后期间内不得转回，虽然在一定程度上压缩了盈余管理的空间，但可能也降低了商誉价值的可靠性。商誉作为一项资产，同时存在升值和贬值的可能，如果商誉价值出现了回升的迹象，理应重新估计商誉价值，并转回相应的资产减值损失。由此可见，新准则究竟是提升还是降低了会计信息质量，仍有待进一步论证。

但新资产减值准则所提倡的商誉减值测试的后续计量思路显然会进一步提升企业会计信息的相关性。在旧准则下，商誉摊销年限难以合理确定，即使可以准确估计出商誉的寿命，进而要求企业在合理年限内进行摊销，每年的固定摊销额也很难给报表使用者提供有效的商誉价值信息。在市场环境下，很多企业的商誉价值会不减反增，定期摊销商誉的方法无法真实反映企业资产价值和经营状况，这会降低会计信息的可靠性。而新准则下商誉减值测试的方法恰好可以弥补上述缺陷。综上所述，本章提出假设 H3：

假设 H3：相比于旧准则阶段的商誉摊销，新准则阶段的商誉减值具备增量价值相关性。

由于商誉的公允价值无法准确估计，加之折现率的确定掺杂了太多主观判断的因素，使得商誉减值的测试变得很随意，曾有西方学者戏称商誉减值测试的过程是"抓阄取数"（Pick A Number Out of A Hat）的游戏。尽管上市公司在进行商誉减值测试时一般会咨询专业的评估机构并结合市场经济环境展开调研，但是商誉减值额度的可靠性一直广受质疑。另外，由于有效实施商誉减值测试不符合成本效益配比原则，资产规模较小的公司可能不易实施资产减值测试，现实情况可能是很多已经发生商誉减值的小型上市公司并未及时披露相关信息。Pascale Lapointe - Antunes 等（2009）研究发现商誉减值与滞后两期的累积股价收益率呈显著负相关，

Zining Li（2011）以 385 家美国公司作为研究样本，发现这些公司披露过商誉减值信息后，投资者和财务分析师会降低对这些公司关于商誉减值损失的预期，且商誉减值损失与企业至少两年前的业绩表现为显著负相关关系，这表明上市公司可能普遍存在延期计提商誉减值的动机。综上所述，本章提出假设 H4：

假设 H4：上市公司存在延期计提商誉减值准备的动机，延期时间可能在两年以上。

5.2.3　模型构建

为了探究商誉减值与上市公司市场价值之间是否存在显著的负相关关系，参照 Pascale Lapointe – Antunes 等（2009）的研究思路与方法，构建模型（5 – 2）：

$$MVAL_i = \alpha_0 + \alpha_1 BV_i + \alpha_2 NI_i + \alpha_3 GWILL_i + \alpha_4 TGIL_i + \varepsilon_i \qquad (5-2)$$

模型（5 – 2）中，各变量定义、赋值及含义如表 5 – 10 所示。

表 5 – 10　价值相关性模型变量定义

变量类型	变量名	变量定义	赋值及含义
因变量	MVAL	股东权益市场价值	MVAL = 期末流通在外的普通股股数 × 当期股价
自变量	BV	股东权益账面价值	BV = 商誉减值测试期末账面价值 – 同期商誉净值
	NI	息税折旧及摊销前利润	NI = 净利润 + 所得税 + 固定资产折旧 + 无形资产摊销 + 长期待摊费用摊销 + 偿付利息支付的现金
	GWILL	未减值商誉规模	GWILL = 当期期末商誉净额 + 当期计提商誉减值
	TGIL	商誉减值规模	TGIL = 当期计提的商誉减值数
	EXPECT	是否符合预期	虚拟变量，若 MVAL < BV 且公司披露商誉减值额大于 0，或者 MVAL > BV 且公司披露商誉减值额等于 0，EXPECT = 1；否则，EXPECT = 0
	EXPECT × TGIL	交互变量	EXPECTTGIL = EXPECT × TGIL
	AC	独立董事比例	AC = 独立董事占上市公司董事会成员的比例
	NEG	虚拟变量	如果 MVAL < BV，NEG = 1；否则，NEG = 0
	TGIL × AC	交互变量	TGIL × AC = TGIL × AC
	TGIL × AC × NEG	交互变量	TGIL × AC × NEG = TGIL × AC × NEG
	DEP	商誉摊销	旧准则下样本公司年度摊销商誉额

注：模型中变量的绝对数指标均除以同一时期发行在外的流通股股数转化为相对数，下文回归结果同此。

正如前文所述，商誉减值准备是否公允可靠是报表使用者和众多利益相关者非常关心的一个问题。而 Ramanna K. 和 Watts（2008）发现如果上市公司在 t−2 期 MTB >1，而在 t−1 期和 t 期 MTB <1，则该公司可能已经发生了"潜在商誉减值"（Potential Goodwill Impairment）。而专业价值评估公司贝尔斯登（Bear Sterns）的研究结论表明 MVAL 可以看作上市公司公允价值的代理变量，BV 可看作上市公司账面价值的代理变量。假定这两个结论在我国资本市场上同样适用，那么，通过在模型（5−2）的基础上引入一个新的虚拟变量 EXPECT，我们可以观测到上市公司披露商誉减值的行为是否符合预期。如果上市公司披露商誉减值与预期一致，即 MVAL < BV 且公司披露商誉减值额大于零，或者 MVAL > BV 且上市公司未披露商誉减值信息，则令 EXPECT =1；除此以外的情况下，令 EXPECT =0。如果符合预期的商誉减值更具可靠性，则两者的交互项（EXPECT × TGIL）应与股东权益市场价值（MVAL）显著负相关[1]。基于此，构建模型（5−3）：

$$MVAL_i = \beta_0 + \beta_1 BV_i + \beta_2 NI_i + \beta_3 GWILL_i + \beta_4 TGIL_i + \beta_5 TGIL_i \times EXPECT_i + \varepsilon_i$$

$$(5−3)$$

Lapointe−Antunes 等（2009）发现当审计委员会（Audit Committee）有效行使职责时，会计准则赋予上市公司的职业判断空间（Managerial Discretion）被用于投机行为的可能性显著降低。如果上市公司的董事会和监事会能够切实有效地履行其应尽的职责，那么上市公司对外披露的信息应当是较为客观公允的，不应低估商誉减值金额。然而，我国上市公司的机构设置和公司治理结构与国外存在较为显著的差异，为了考察独立董事在商誉减值测试中是否能够切实有效地压缩管理层的动机，本章在前两个模型的基础上加入一个新变量 AC，如果监管机构能够有效压缩管理层的投机行为，则交互变量 TGIL × AC × NEG 应当与因变量显著负相关，由此可得模型（5−4）：

$$MVAL_i = \gamma_0 + \gamma_1 BV_i + \gamma_2 NI_i + \gamma_3 GWILL_i + \gamma_4 TGIL_i + \gamma_5 TGIL_i \times AC_i + \gamma_6 TGIL_i \times AC_i \times NEG_i + \varepsilon_i$$

$$(5−4)$$

在新旧《资产减值》准则中，商誉会计后续计量核心的变化是由旧准则阶段的"强制性摊销"变更为新准则阶段的定期进行减值测试，当商誉出现减值

---

① 理论上符合预期的情况有两种，但是当 MVAL > BV 且上市公司未披露商誉减值信息时，尽管 EXPECT =1，但是 TGIL =0，因此交互结果仍旧为零，故本章着重考察第一种情况，研究结论也仅针对第一种情况。

时，才需对外公布商誉减值的相关信息。为了验证假设 H3，本章将旧准则时期的商誉摊销额纳入模型中，构建模型（5-5）：

$$MVAL_i = ø_0 + ø_1 BV_i + ø_2 NI_i + ø_3 GWILL_i + ø_4 DEP_i + \varepsilon_i \tag{5-5}$$

除了不可观测到的随机扰动项，上述模型（5-2）至模型（5-5）中对应变量的解释与说明如表 5-11 所示。

进一步，为了验证假设 H4，本章构建模型（5-6）：

$$TGIL_{i,t} = \theta_0 + \theta_1 RET_{i,t} + \theta_2 RET_{i,t-1} + \theta_3 RET_{i,t-2} + \varepsilon_{i,t} \tag{5-6}$$

表 5-11　及时性模型变量定义

变量类型	变量名	变量定义	赋值及含义
因变量	$TGIL_t$	商誉减值规模	$TGIL_t = t$ 期计提的商誉减值数
自变量	RET_t	当期累计年股票收益率	$RET_t = $ 样本公司 t 期个股累计回报率
	RET_{t-1}	滞后一期累计年股票收益率	$RET_{t-1} = $ 样本公司 $t-1$ 期个股累计回报率
	RET_{t-2}	滞后两期累计年股票收益率	$RET_{t-2} = $ 样本公司 $t-2$ 期个股累计回报率

除了不可观测到的随机扰动项，模型（5-6）中变量的解释与说明可以参见表 5-11。

5.2.4　描述性统计

表 5-12 列示了新准则时期我国资本市场上市公司商誉减值行为的相关统计数据，表 5-13 则列示了旧准则时期我国资本市场上市公司商誉摊销行为的相关统计数据。

在新准则时期，计提商誉减值的全样本公司市价均值（MVAL）约为 18.43元/股，平均账面价值（BV）约为 10.04 元/股，减值前商誉价值（GWILL）约为 0.15 元/股，与每股账面价值的比值为 1.54%，而平均商誉减值损失（TGIL）为 0.03 元/股，与减值前商誉价值的比值为 20%。在本书选取的全样本中，有56.14% 的上市公司披露的商誉减值与预期一致。独立董事占董事会成员的比例约为 36.49%，略微高于中国证监会《关于在上市公司建立独立董事制度的指导意见》中的规定：上市公司董事会成员中应当至少包括 1/3 独立董事。新准则时期商誉减值价值相关性模型描述性统计信息如表 5-12 所示。

表 5 – 12　新准则阶段样本公司主要变量描述性统计

变量名	均值	中位数	最小值	最大值
MVAL	18.4324	12.32	1.2961	280.8803
BV	10.0423	6.7422	0.1692	153.4146
NI	0.4534	0.3632	−2.753	4.9614
GWILL	0.1544	0.0523	0.0029	2.8247
TGIL	0.0301	0.0088	0.0000	2.0094
EXPECT	0.3550	0.0000	0.0000	1.0000
EXPECT × TGIL	0.0178	0.0000	0.0000	2.2385
AC	0.3649	0.3333	0.0000	0.6667
NEG	0.0818	0.0000	0.0000	1.0000
TGIL × AC	0.0107	0.0031	0.0000	0.6698
TGIL × AC × NEG	0.0005	0.0000	0.0000	0.3593

资料来源：经笔者统计、计算后整理得出，下同。

在旧准则时期，全样本公司平均年度摊销商誉额 0.0378 元/股，略微高于新准则时期年度商誉减值额 0.0301 元/股，表明新准则的实施在一定程度上减缓了上市公司的业绩压力，可以提升上市公司的会计利润。统计数据如表 5 – 13 所示。

表 5 – 13　旧准则阶段样本公司主要变量描述性统计

变量名	均值	中位数	最小值	最大值
MVAL	25.6688	18.3454	1.7469	245.6585
BV	20.2035	12.4285	0.4087	225.5609
NI	0.2273	0.2293	−2.1949	1.4668
GWILL	0.2947	0.0130	0.0000	8.3300
DEP	0.0378	0.0108	0.0002	0.5207

5.2.5　多元线性回归

为了验证假设 H3，本部分运用前文构建的多元线性回归模型和描述性统计数据，实证检验商誉减值信息的价值相关性，从长期市场反应的角度来考察商誉减值政策的经济后果。

为了初步检验商誉减值是否与市场价值显著负相关，本章在表5-14中列示了模型（5-2）的回归结果。经检验，随机误差项并不满足同方差的经典假设，故本书的回归结果均基于加权 OLS 的计算方法，其他模型也与此类似。

表5-14　新准则下商誉减值信息价值相关性模型回归结果

变量名	预测符号	模型（5-2）Coef Robust Std	P > |t|	模型（5-3）Coef Robust Std	P > |t|	模型（5-4）Coef Robust Std	P > |t|
BV	+	1.721 ***	0.000	1.623 ***	0.000	1.632 ***	0.000
		0.206		0.177		0.209	
NI	+	-1.193	0.807	-0.011	0.998	-0.005	0.999
		4.844		4.108		5.461	
GWILL	+	11.110 **	0.018	11.268 **	0.015	11.658 **	0.015
		4.507		4.428		4.586	
TGIL	-	-17.700 ***	0.002	-17.356 ***	0.001	-24.472 ***	0.000
		5.349		5.014		5.736	
EXPECT × TGIL	-	—	—	-38.652 ***	0.001	—	—
		—		10.386		—	
TGIL × AC	?	—	—	—	—	1.43	0.158
		—		—		0.994	
TGIL × AC × NEG	-	—	—	—	—	-19.901	0.428
		—		—		23.072	
Intercept	?	7.648 ***	0.008	7.152 ***	0.007	45.499 *	0.094
		2.747		2.534		26.542	
N		404		404		404	
R^2		0.5911		0.7535		0.7559	
F - statistcs（p - value）		37.16（0.0000）		77.58（0.0000）		51.84（0.0000）	

注：***、**和*分别表示在1%、5%和10%水平上显著。

模型（5-2）的回归结果显示，$R^2 = 59.11\%$，$F = 37.16$，并且在1%的水平上显著，说明该模型整体解释力度较好。除利润指标（NI）与之前的预期不一致外，其他变量回归结果与之前的预期均一致，并且都通过了显著性检验。其中，股东权益账面价值（BV）与股东权益市场价值（MVAL）在1%的显著性水平上呈显著正相关（p=0.000），未减值商誉规模（GWILL）与股东权益市场价值（MVAL）在5%的显著性水平上呈显著正相关（p=0.018），商誉减值规模（TGIL）与股东权益市场价值（MVAL）在1%的显著性水平上与股东权益市场价值（MVAL）呈显著负相关（p=0.002），这表明计提商誉减值规模占总资产的比例越高，可能会导致上市公司市场价值越低，商誉减值具备显著为负的价值相关性。结合前文的研究结论，表明商誉减值不仅会在短期内引起市场负面回应，从长期来看，商誉减值也会使得利益相关者降低对公司的预期，这或许也与上市公司的违规操作行为密切相关。而利润指标（NI）不符合之前预期的原因或许也与此有关，存在违规操作行为的上市公司盈余管理动机强烈。

与符合预期的商誉减值相比，不符合预期的商誉减值的价值相关性是否相对较弱？如表5-14所示，模型（5-3）的回归结果与模型（5-2）大体类似（不再赘述）。其中最重要的交互变量 EXPECT × TGIL 的回归系数为 -38.652，在1%的水平上显著，说明符合预期的商誉减值的价值相关性更强，商誉减值信息也更为可靠。

与前两个模型检验结果类似，模型（5-4）中前几个关键变量均与预期符号一致，但交互变量 TGIL × AC 以及该交互变量与 NEG 变量再交互生成的新变量 TGIL × AC × NEG 与股东权益市场价值（MVAL）并不显著相关，这与国外学者已有的研究结论并不一致，可能与我国现行的独立董事制度有关。由前文的统计数据可知，我国上市公司独立董事的比例有别于西方国家，仅略高于证监会规定的最低要求，而且不同上市公司之间的差异非常小，上市公司聘请独立董事的动机更多地在于满足监管要求。独立董事的聘请一般需要大股东和高级管理人员批准，大股东和高级管理人员是否有动机聘请切实履行职责的独立董事来监管自己还值得商榷。另外，已有文献研究表明，对于独立董事的监管处罚显著低于非独立董事，处罚宣告日前后短窗口内独立董事任职的其他上市公司并未出现明显的股价下跌。这些现象都预示着我国资本市场上独立董事的监管作用收效甚微，在商誉减值信息披露的过程中同样无法发挥相应的作用。

模型（5-5）的回归结果列示于表5-15中，通过对比模型（5-2）和模型（5-5）可以发现商誉摊销和商誉减值政策市场反应的显著变化。在旧准则时期，商誉摊销额（DEP）与股东权益市场价值（MVAL）不存在显著的相关关系（p = 0.274，高于10%），而在新准则时期，商誉减值规模（TGIL）与股东权益市场价值（MVAL）在1%的水平上（p = 0.002 低于1%）显著负相关。商誉后续计量会计政策变更增加了财务报表的信息含量，相比于商誉摊销，商誉减值具备增量价值相关性。从而也验证了假设 H3，相比于旧准则阶段的商誉摊销，新准则阶段的商誉减值具备增量价值相关性。

表 5 – 15　旧准则下商誉摊销信息价值相关性模型回归结果

变量名	预测符号	模型（5 – 5）		
		Coef	Robust Std	P > |t|
BV	+	1.065 ***	0.22	0.000
NI	+	− 0.459	1.448	0.752
GWILL	+	1.719 ***	0.616	0.007
DEP	−	− 18.832	17.092	0.274
Intercept	?	4.250 ***	0.866	0.000
N		82		
R^2		0.8511		
F – statistcs （p – value）		925.64 （0.0000）		

注：***、**和*分别表示在1%、5%和10%水平上显著。

为了验证假设 H4，探究样本公司经营业绩恶化的时点与商誉减值披露的时点是否存在时差，本书同样对模型（5 – 6）进行了实证回归，具体结果如表 5 – 16 所示。结果显示：上市公司当期以及滞后一期累计年股票收益率与当期商誉减值规模（$TGIL_t$）之间并不存在显著的相关关系（p 值分别为0.340 和0.797，均高于10%），而滞后两期累计年股票收益率（RET_{t-2}）与商誉减值规模（$TGIL_t$）却在10%的显著性水平上负相关（p = 0.058，介于5% ~ 10%），表明两年前降低的股价收益率与当期的商誉减值出现联动关系，表明我国上市公司可能普遍存在晚计提商誉减值的现象，延期时长至少为两年，这与加拿大学者 Pascale Lapointe - Antunes 等人的研究结论非常类似。

5.2.6　稳健性检验

为了保证实证结论的合理性和可靠性，本书还针对主要研究结果进行了稳健

表 5-16   上市公司商誉减值计提及时性模型回归结果

变量名	预测符号	模型（5-6）		
		Coef	Robust Std	P > |t|
RET_t	-	-0.012	0.013	0.340
RET_{t-1}	-	-0.001	0.005	0.797
RET_{t-2}	-	-0.005*	0.002	0.058
N		404		
R^2		0.0277		
F - statistcs（p - value）		1.63（0.1941）①		

注：***、**和*分别表示在1%、5%和10%水平上显著。

性检验，将模型（5-2）中的关键变量 TGIL 替换为哑变量 DUM，如果 TGIL > 0，则令 DUM =1，如果 TGIL =0，则令 DUM =0。稳健性检验结果如表 5-17 所示。

表 5-17   稳健性检验回归结果

变量名	预测符号	模型（5-2）稳健性检验		
		Coef	Robust Std	P > |t|
BV	+	1.628***	0.128	0.000
NI	+	-17.118***	1.912	0.000
DUM	-	-3.132**	1.333	0.019
Intercept	?	5.818***	1.306	0.000
N		404		
R^2		0.7378		
F - statistcs（p - value）		54.45（0.0000）		

模型（5-2）的稳健性回归结果表明，披露商誉减值的上市公司市场价值相关性要显著低于未披露商誉减值的上市公司，与前文结论一致。其他模型的稳健性回归结果类似，在此不加以赘述。

---

① 尽管模型的 F 检验不显著，但本书及时性模型的主要目的是捕捉上市公司披露商誉减值信息时点与股票年累计收益率恶化时点的相关信息，回归结果与相关性检验结果类似，因此，并不影响最终结论。

5.3 本章小结

本章利用价格模型对资产减值准备的价值相关性进行了研究。首先，以全样本为研究对象，对资产减值信息是否具备增量价值相关性以及各类资产减值信息之间价值相关性的差异进行了研究。其次，本书将全样本划分为新旧准则不同阶段，对比研究了新旧准则下资产减值价值相关性的变化。最后，进一步讨论了商誉减值信息的价值相关性问题。

关于资产减值信息的价值相关性，研究表明，资产减值准备确实具备减值前会计盈余之外的价值相关性，实现了减值会计的政策初衷。从资产类别来看，短期资产减值的价值相关性强于长期资产减值，原因可能在于短期资产通常市场交易较为活跃，资产价值易于判断，留给企业的盈余管理空间较小。且存货、应收款项等资产价值信息较易验证，盈余管理空间相对较低。而长期资产如固定资产、无形资产等市价信息相对较难获得，涵盖的盈余管理空间相对较大，因此，长期资产减值信息的价值相关性整体上弱于短期资产减值。在四类资产减值信息中，应收款项减值准备的价值相关性最高。准则对应收款项减值的相关规定更为详细，可操作性强，且有关披露要求更加详细和规范，使得企业利用坏账准备操控盈余的空间较小。存货减值价值相关性排在第二位，这显然与存货市场交易更为活跃、价值信息更易获取密切相关。相较存货等消耗性资产，固定资产减值的确认与计量操作难度明显增大，涵盖的盈余管理空间相对更高，与存货、应收账款等短期资产减值信息相比，固定资产减值信息的价值相关性更弱。无形资产减值准备不具备价值相关性，由于无形资产通常在市场中难以找到相近的替代品，可收回金额的确定较大程度上取决于会计人员的职业判断，盈余管理程度较高，有待准则的进一步规范。

相较于旧准则阶段，新资产减值准则下上市公司的资产减值信息具有更强的价值相关性。新准则扩大了资产减值的应用范围，进一步细化了减值的计量与披露等相关规定。在新准则阶段，上市公司不论是资产减值总额还是各类资产减值准备，其价值相关性都得到了有效提高，准则的制度效应显著。尤其是固定资产减值准备，其价值相关性较旧准则阶段有了大幅度的提高。由于新准则规定长期资产减值一经计提不得转回，大大缩减了企业利用固定资产减值操控盈余的空间，使其价值相关性得以明显提升。在新减值准则的刚性约束下，企业提供的长期资产减值信息具有更强的规范性，一定程度上保障了长期资产减值信息的价值相关性。尽管新减值准则下长期资产减值不得转回的"一刀切"处理可能导致资产价值被低估，减值信息的可靠性受到影响，但其价值相关性有所增强。然而，我们也同时发现，与其他资产减值信息相比，新准则下无形资产减值的价值相关性依然较弱。无形资产性质相对特殊，市场价值波动大且资产价值较难获取，减值的确认与计提存在较大不确定性，关于无形资产的减值规范仍需进一步细化。

与旧准则下的商誉摊销相比，新准则阶段的商誉减值具备增量价值相关性。研究发现，旧准则时期的商誉摊销额与股东权益市场价值不存在显著的相关关系，而新准则时期商誉减值额却与股东权益市场价值存在显著的负相关关系，表明相比于商誉摊销，商誉减值信息具备增量价值相关性。研究还发现，我国资本市场上上市公司商誉减值的计提时点要显著滞后于股票收益率降低的时点，延期计提的时点至少为两期。表明我国上市公司治理结构仍需进一步完善，资本市场上独立董事的监管成效甚微，在公司商誉减值信息披露中尚未能发挥积极作用。新《资产减值》准则的实施能够为利益相关者提供企业未来现金流量的相关信息，减少信息不对称，有效降低代理成本。然而，新准则时期商誉减值计提规模的高波动率以及商誉转销规模的较大增幅也暗示着新准则给予管理层的职业判断空间可能被用于投机行为。统计发现，我国能够完整披露商誉减值相关信息的上市公司并不多，资产减值信息披露的规范性和可靠性亟待提高。

第6章 资产减值会计信息的
可靠性研究

新《资产减值》准则引入更多的职业判断到资产减值的确认和计量中，这一举措使资产减值会计的价值预测功能得到了更好的发挥，提高了会计信息的价值相关性，但也带来会计信息可靠性可能会因此降低的担忧。我国于2007年1月1日开始实施的新资产减值准则体现了与国际准则的趋同，但也保留了一个较大的差异，即规定长期资产减值一经计提不得转回，这一规定旨在控制企业利用资产减值操纵盈余的行为，增强会计信息的价值含量。但当企业长期资产的价值恢复时，禁止转回资产减值准备又会导致资产价值被低估，从而对减值信息的可靠性产生负面影响。会计信息的可靠性与相关性是一对矛盾统一体，我国新资产减值准则能否协调两者间的关系，在提高会计信息的相关性的同时保障会计信息的可靠性，从而相较于旧准则阶段进一步提高资产减值信息的决策有用性？还有待实践证据的进一步检验。

资产减值会计源于"决策有用观"，前文的研究也表明，资产减值的确认确实提高了会计信息的价值相关性。但资产减值会计引入了公允价值等多种计量属性，且减值的计提与计量更多地依赖于会计人员的专业判断，在职业道德自律不强或专业素养不佳的大环境下，过多地依赖会计人员的专业判断，难免令人担忧在提高减值信息价值相关性的同时带来其可靠性的降低。新准则中关于长期资产减值准备不得转回的"一刀切"规定，一方面减少了上市公司利用长期资产减值操控盈余的机会，另一方面也可能增加管理层对短期资产减值操纵的风险，降低短期资产减值信息的可靠性。本部分特别针对资产减值会计信息的可靠性进行研究，并进一步对存货、应收款项、固定资产、无形资产这四类资产减值信息的可靠性进行比较分析，以考察不同准则阶段、不同类别资产减值信息的可靠性是否有所不同，全面检验新准则的实施对资产减值信息可靠性的影响。

商誉作为一项反映企业并购重组之后母子公司是否能发挥协同效应的资产，其减值信息有助于投资者站在合并企业的角度对集团的未来经营状况做出预测。由于商誉难以脱离其他资产组产生独立的现金流，其减值测试要基于与其相关的资产组或者资产组组合。新准则有关商誉减值测试政策对因重组产生大量商誉的会计利润会产生不同影响。资产优良的企业，商誉减值较小，若少于以前按直线法摊销的金额，企业当期利润将增加，反之则减少。关于商誉的后续计量，美国率先出台 SFAS 142，规定企业合并形成的商誉不再使用直线法摊销，而应当定期结合与其相关的资产组或者资产组组合进行减值测试。我国于 2006 年 2 月出台的《CS8——资产减值》也作了相应调整。前文研究表明，新准则的实施显著提升了会计信息质量，提升了资产减值的价值相关性。但商誉后续计量的复杂性导致商誉仍可能被管理层用于投机行为，上市公司可能存在少计提或者延期计提商誉减值的动机，使得商誉减值信息的可靠性受损，违背准则提升会计信息决策有用性的初衷，对资本市场良性有序发展和投资者信心产生负面影响。

商誉的本质其实是并购方支付的对价超过被并购方资产公允价值份额溢价的部分。收购企业愿意支付此部分溢价的主要原因是其预期在并购后的持续经营期间内可以通过企业之间的协同效应得到弥补，而一旦商誉出现减值迹象，则暗示着原本预期的协同效应可能难以显现。那么短期内上市公司投资者对商誉减值信息的披露有何反应？他们关心商誉减值的信息吗？商誉减值是否降低了投资者对上市公司的信心进而导致短期市场的负面回应？为全面考察资产减值信息的可靠性，本部分拟进一步对上市公司商誉减值信息的市场反应进行研究。

6.1 资产减值信息的可靠性检验

6.1.1 国内外研究动态

（1）关于会计信息可靠性的实证研究。

由于可靠性的定性化质量特征，实证研究对其度量往往非常困难，Richadson

（2005）从应计的持续性角度对会计信息的可靠性问题进行了研究。笔者认为，可靠性的核心特征是可验证性，当可靠性下降时，意味着可验证性的下降，计量误差会随之上升，而这种计量误差会体现在盈余的持续性之中。因此，笔者采用盈余的持续性来度量会计信息的可靠性。在此之后，较多学者的研究沿用了这一度量方法。

Beneish 和 Vargus（2002）用盈余持续性来衡量盈余质量，对比分析现金收益与应计总额之间的可靠性差异。发现应计总额具备较低的可靠性，并且导致其盈余持续性较低。笔者通过进一步的研究发现，当盈余的持续性较低时，会出现证券的错误定价，而这是投资者所不愿意看到的。

在中国，关于会计信息可靠性的实证研究很少，且多数是在 Richardson 模型的基础上开展的。如彭韶兵和黄益建（2007）运用 Richardson 模型考察了会计信息可靠性与盈余持续性及股票回报率之间的关系。笔者将非现金营运资本划分为可靠性较低的非融资性流动资产和可靠性较高的非融资性流动负债，通过对比研究发现，可靠性高的项目其盈余持续性较高，且具有较高的股票收益率。张国清和赵景文（2008）同样是对应计项目进行了分类并评价其可靠性，之后运用 Richardson 模型分析资产负债项目的可靠性与盈余持续性之间的关系。

与上述学者的研究方法不同的是，张先治和季侃（2012）用应计质量作为衡量会计信息可靠性的变量，又采用 McNichols 提出的修正的 DD 模型计量应计质量，研究新会计准则下会计信息可靠性的变化。通过分析 2005～2008 年我国 A 股市场制造业上市公司的样本数据，笔者发现，2005～2008 年我国制造业上市公司的应计质量出现逐年降低的现象，意味着相同年份会计信息可靠性的下降。之后笔者又进一步分析了会计信息可靠性与价值相关性之间的关系，通过样本之间的对比研究，笔者提出可靠性较高的样本具备更高的价值相关性。

目前，关于会计信息可靠性的实证研究较少，如何选择合适的模型，对资产减值会计信息的可靠性进行实证研究，是进一步研究资产减值会计信息质量的一个方向。

（2）新准则下会计信息可靠性影响的研究。

新的资产减值准则实施后，国内学者对于新准则的实施对减值信息可靠性可能产生的影响进行了理论分析。

于彦杰（2009）认为新准则的实施可能导致会计信息可靠性的下降。新准则中产生的资产减值会计的多种计量属性，较大的职业判断性和多种会计政策的可选择性均是对会计信息可靠性的威胁。与于彦杰的观点不同，翁笑倩（2010）认为新准则下所计提的资产减值准备能够更加真实准确地反映企业的资产价值和利润。新准则中有关长期资产减值损失禁止转回的规定缩小了企业的会计估计范围，使会计人员进行职业判断的需要减少，从而有利于防止上市公司利用减值转回进行利润操纵，使会计信息的可靠性得到提高。

段桂雪（2009）就"长期资产减值准备一经计提不得转回"这一规定对会计信息质量的影响阐述了自己的看法。她提出，一方面，该规定抑制了上市公司通过资产减值的转回来操纵盈余的行为，提高了企业会计信息的真实可靠性。另一方面，这一规定在理论上并不具备合理性。当计提了减值准备的长期资产价值得以恢复时，禁止减值准备的转回无疑会使得资产的价值不能得到真实反映，在一定程度上降低了会计信息的可靠性。徐晓静（2010）同样认为资产减值禁止转回很可能造成一部分资产的价值被长期低估，导致企业资产不实，从而造成会计信息失真。

综上所述，国内学者对于新资产减值准则下会计信息可靠性的变化多采用定性的方法从理论上进行分析，有关观点也莫衷一是。新准则的实施对于会计信息的可靠性究竟有何影响，长期资产减值的禁止转回究竟是利大于弊还是弊大于利，针对这些问题，进一步的实证研究或许能提供有意义的观点。

6.1.2　研究假设

可靠性是指会计信息在经会计人员的主观判断、分析综合和加工汇总后，能够反映交易或事项的实质。单个会计数据的可靠性取决于原始凭证和记账凭证的真实、完整、合法性和合理性。财务报表上项目的可靠性决定于有关会计凭证的真实可靠和会计人员的会计行为。

国际会计准则委员会（IASC）对可靠性的定义是：当信息没有重要错误或偏差并且能够真实反映其所拟反映或理当反映的情况以供使用者作依据时，信息就具备了可靠性。我国新企业会计准则中规定，"根据可靠性的要求，企业进行会计确认、计量和报告时需以现实发生的交易或事项为依据，如实反映符合确认和计量要求的各项会计要素及其他相关信息，保证会计信息真实可靠、内容完整"。可靠性的构成要素包括：如实反映、中立性、可验证性。如上所述，我们可以看到,"如实反映"是"可靠性"之核心所在。而"如实反映"强调的是会计信息的真实性,即会计信息没有歪曲经济事实,在记录企业的交易和事项时既不虚构也不遗漏,据实反映企业的财务情况和经营业绩。当会计信息中没有重要的错误或偏向存在,并能如实反映,使用者可以据此做出决策,此时会计信息就是可靠的。但是,可靠性并不是一个绝对的概念,而是部分定性部分定量的。一方面,由于会计信息质量中对及时性的要求以及会计中存在的大量估计和假设,决定了会计信息的完全可靠是很难达到的,所以会计信息的可靠性是相对的,这即是可靠性概念中的定性部分。另一方面,在财务报表中,会计信息可靠与否是指报表的数据,其可靠性要由编制报表中得出的数字来保证,从这个角度来讲,可靠性是定量的。

资产减值会计可能会降低会计信息的可靠性,资产减值的计提具有较大的职业判断空间,需要预测资产未来的现金流量以及选择合适的折现率,同样的资产价值损毁,不同的会计人员可能会得出不同的计量结果。可靠性是对会计信息最基本的要求,只有真实的信息才能使委托人了解到企业经营状况及受托人的责任履行情况。在"决策有用观"中,可靠性依然被认为是最主要的会计信息质量要求之一。资产减值会计的理论起点是"决策有用观",在这一会计目标下,会计信息的相关性是最为重要的会计信息质量要求,而相关性的提高有时会带来可靠性的降低。资产减值会计的核心在于比较资产的可收回金额和账面价值,将可收回金额低于账面价值的部分计提减值准备,而可收回金额的确定在实务中存在一定的难度。在计算可收回金额时需要用到资产的市场价格或其产生的未来现金流量的现值。一方面,我国市场经济尚不发达,有规律的市场价格体系并未完全形成,资产市场价格的合理确定还存在一定困难。另一方面,在市场价格不能合理取得时,需要估计资产未来现金流量的现值作为其可收回金额,而目前我国会计人员整体的综合素质偏低,加之很多企业没有建立现金流预测制度,使得未来现金流量现值的确定在操作上缺乏可行性。在这种情况下,资产减值的计提和转回就可能成为上市公司盈余管理的对象。大量实证研究显示,上市公司资产减值计提动机中存在盈余管理动机,部分盈利上市公司可能通过大量计提减值准备并在后期逐步转回平滑利润,一些亏损上市公司可能通过减值的转回扭亏为盈,以免被"停牌"退市。当资产减值准备的计提不再是为了反映资产的真实价值,而沦为上市公司操纵利润的工具时,会计信息的可靠性就会被降低。据此本章提出假设 H1：

假设 H1：在同等条件下，上市公司计提资产减值准备降低了会计盈余信息的可靠性。

原企业会计制度关于资产减值准备的规定较为笼统，一些规定更多的只是原则上的指导，缺乏细节上的完善，会计人员职业判断的空间较大，使得资产减值准备的计提主观性和随意性较强，上市公司通过减值准备操纵盈余的问题突出。新企业会计准则中对减值确认的原则，减值计提时间、可收回金额的确定等均作了详细的规定，为会计人员提供了全面的操作指导，减少了减值会计对于职业判断的依赖。同时，针对上市公司通过减值的计提和转回操纵利润的问题，新准则规定长期资产减值准备不得转回，缩小了上市公司利用长期资产减值准备的转回操纵盈余的空间，有效地控制了上市公司通过减值准备进行盈余管理、提供虚假财务信息的行为，提高了减值信息的可靠性。我国学者王虹（2011）、潘登（2011）、史盼旭（2012）、纪金莲（2013）的实证研究也均表明新资产减值准则的实施在一定程度上抑制了上市公司的盈余管理行为。但是，由于不得转回只是针对长期资产减值而言的，对短期资产的减值并无此规定，这可能使得上市公司更多地转向利用短期资产减值进行盈余操纵，影响短期资产减值的应计可靠性。

我国新资产减值准则体现了与国际准则的趋同，但也保留了一个较大的差异，即规定长期资产减值一经计提不得转回，这一规定旨在控制企业利用资产减值操纵盈余的行为，增强会计信息的价值含量。同时，当长期资产的价值恢复时，禁止转回资产减值准备又会导致资产的价值被低估，从而对信息的可靠性和相关性产生负面影响。会计信息的可靠性与相关性是一对矛盾统一体，尽管某些时候相互对立、相互冲突，但两者之间的协调性也是客观存在的。资产减值会计源于"决策有用观"，前文的研究也表明，资产减值的确认确实提高了会计信息的价值相关性。但是，资产减值会计引入了公允价值等多种计量属性，减值的计提更多地依赖于会计人员的专业判断，在提高会计信息相关性的同时可能带来可靠性的降低。新准则中关于长期资产减值准备不得转回的规定减少了上市公司利用长期资产减值操控盈余的机会，但可能增加短期资产减值盈余操纵的风险，进而导致短期资产减值信息的可靠性降低，有盈余管理动机的公司仍可能利用短期资产减值操纵会计盈余。从这个角度来看，长期资产减值应计的可靠性应高于短期资产减值应计的可靠性。基于以上分析，本章提出研究假设 H2：

假设 H2：相比于旧会计准则阶段，新会计准则下上市公司计提资产减值的应计可靠性会提高，但是短期资产减值的应计可靠性会下降。

6.1.3 模型建立和变量选择

国内外学者对会计信息可靠性的实证研究多是围绕 Richardson 模型展开的。彭韶兵和黄益建（2007）、张国清和赵景文（2008）均利用 Richardson 模型研究会计信息可靠性与盈余持续性之间的关系，并且研究结果均表明会计信息可靠性与盈余持续性呈正相关。本书同样利用 Richardson 模型对资产减值信息的可靠性进行定量研究。

Richardson 提出了计量模型（6-1）：

$$ROA_{t+1} = r_0 + r_1(ROA_t - TACC_t) + r_2 TACC_t + \upsilon_{t+1} \qquad (6-1)$$

ROA 为资产利润率，用作衡量整体盈余情况，TACC 代表应计总额，用于衡量基于权责发生制的盈余部分，（ROA-TACC）代表盈余中基于收付实现制的部分。Richardson 等对模型（6-1）进行了进一步变换，得出模型（6-2）：

$$ROA_{t+1} = r_0 + r_1 ROA_t + (r_2 - r_1) TACC_t + \upsilon_{t+1} \qquad (6-2)$$

由模型（6-1）可知，r_1 衡量现金收益的盈余相关性，r_2 衡量应计额的盈余相关性，因此，模型（6-2）中的系数 $r_2 - r_1$ 代表基于权责发生制的应计总额和基于收付实现制的现金收益之间的持续性差异。Richardson（2005）证明了这种持续性的差异与应计估计误差的方差成正比，因而，可以作为应计可靠性的度量。

模型（6-2）可以用于应计总额的可靠性检验，也可用于对某种应计的可靠性进行单独检验，Richardson（2005）对模型做了重新整理，进行经营性应计的可靠性检验，得到模型（6-3）：

$$ROA_{t+1} = \beta_0 + \beta_1 ROA_t + \beta_2 \Delta WC_t + \upsilon_{t+1} \qquad (6-3)$$

在模型（6-3）中，系数 β_1 衡量的是不包括经营性应计（ΔWC）在内的盈余持续性，β_2 衡量的则是经营性应计（ΔWC）持续性与其他盈余持续性的差异，这样就可以单独对某一应计的持续性进行检验。根据模型（6-3）可以得知，可靠性越差的应计项目，对应的 β_2 越小。这为研究资产减值应计的可靠性提供了很好的借鉴，本章将采用 Richardson 模型分别对资产减值总额应计和各类资产减值应计的可靠性进行研究。

因此，关于资产减值信息的可靠性研究，借鉴 Richardson 等（2005）的方法，资产减值信息既有流动资产等经营性应计部分，也有长期资产等非经营性应计部分，首先采用总体应计模型检验资产减值信息的可靠性，随后再对短期资产减值应计的可靠性和长期资产减值应计的可靠性进行检验。模型（6-4）设计如下：

$$ROA_{t+1} = \beta_0 + \beta_1 ROA_t + \beta_2 WD_t + \beta_3 Non\_WD_t + \upsilon_{t+1} \qquad (6-4)$$

模型（6-4）检验总体资产减值信息的可靠性，如果资产减值应计的可靠性高于非资产减值部分的话，那么应该有 $\beta_2 > \beta_3$。反之亦然。

为了进一步比较不同类型资产减值应计的可靠性，本章设计了模型（6-5）、模型（6-6）：

$$ROA_{t+1} = \beta_0 + \beta_1 ROA_t + \beta_2 WD\_short_t + \beta_3 WD\_long_t + \beta_4 Non\_WD_t + \upsilon_{t+1}$$
$$(6-5)$$

$$ROA_{t+1} = \beta_0 + \beta_1 ROA_t + \beta_2 WD\_Inventory_t + \beta_3 WD\_Receivable_t + \beta_4 WD\_Fixed_t +$$
$$\beta_5 WD\_Intangible._t + \beta_6 Non\_WD_t + \upsilon_{t+1} \qquad (6-6)$$

模型（6-5）针对短期资产减值应计的可靠性和长期资产减值应计的可靠性进行检验。如果短期资产减值应计的可靠性低于长期资产减值应计的话，那么应该有 $\beta_2 < \beta_3$。反之亦然。模型（6-6）针对不同类型资产减值应计的可靠性进行检验。

为了分别检验新旧会计准则阶段资产减值应计的可靠性问题，需对模型进行修正，增加制度背景虚拟变量。因此，为了考察不同准则阶段资产减值信息可靠性的变化，本章在模型中加入了控制变量 NAS 以控制准则变化的影响，设计模型（6-7）：

$$ROA_{t+1} = \beta_0 + \beta_1 ROA_t + \beta_2 WD_i + \beta_3 Non\_WD_t + \beta_4 NAS + \beta_5 NAS \times ROA_t +$$
$$\beta_6 NAS \times WD_i + \beta_3 NAS \times Non\_WD_t + \upsilon_{t+1} \qquad (6-7)$$

将模型（6-7）中的 WD_i 分别用 WD_t、WD_short_t、WD_long_t、$WD\_Inventory_t$、$WD\_Receivables_t$、$WD\_Fixed._t$、$WD\_Intangible._t$ 代替，便可以对比研究新旧准则的不同阶段上市公司不同类别资产减值应计的可靠性变化。

模型（6-4）、模型（6-5）、模型（6-6）和模型（6-7）中各变量定义如表 6-1 所示。

表 6 - 1　变量设计

变量类型	变量名	变量定义	赋值及含义
被解释变量	ROA	资产报酬率	ROA = 营业利润/平均总资产
解释变量	WD	资产减值应计	WD = 资产减值应计/期初总资产，其中资产减值应计 = 期末资产减值 - 期初资产减值
	Non_WD	非资产减值应计	Non_WD = ΔWC - WD，其中 ΔWC = 经营性应计/期初总资产，其中经营性应计 = （流动资产 - 现金及短期投资） - （流动负债 - 一年内到期的非流动负债）
	WD_Short	短期资产减值应计	WD_Short = 短期资产减值应计/期初短期资产总额
	WD_Long	长期资产减值应计	WD_Long = 长期资产减值应计/期初长期资产总额
	WD_Inventory	存货减值应计	WD_Inventory = 存货减值应计/期初存货总额
	WD_Receivable	应收款项减值应计	WD_Receivables = 应收款项减值应计/期初应收款项总额
	WD_Fixed.	固定资产减值应计	WD_Fixed. = 固定资产减值应计/期初固定资产总额
	WD_Intangible.	无形资产减值应计	WD_Intangible. = 无形资产减值应计/期初无形资产总额
控制变量	NAS	制度虚拟变量	当样本所处年度是 2007 ~ 2011 年时取 1，否则取 0

注：表中营业利润为扣除非经常性损益后的净利润。

6.1.4　描述性统计

本部分研究样本选取 2001 ~ 2012 年上市公司的样本，数据收集及筛选方式同前文一样。经筛选共得到 10963 个样本，其中，旧准则阶段有 5853 个样本，新准则阶段有 5110 个样本。为了对样本数据有一个直观的了解，首先对模型中所涉及的样本公司有关变量从均值、中位数、标准差、最大值、最小值几个方面进行了描述性统计，结果如表 6 - 2 所示。

表 6 - 2 显示，2001 ~ 2012 年度，全样本下上市公司资产报酬率的平均值在 0.5% 左右，表明研究区间内上市公司整体盈利水平不高。旧准则下资产报酬率的平均值为 0.67%，而新准则下资产报酬率的平均值为 0.47%，说明新准则阶段企业的盈利能力有所下降，这可能是由于宏观经济变化以及国际球金融危机导

致的。有关资产减值应计指标的变化趋势基本与第 3 章中的描述性统计一致，这里就不再做具体分析。

表 6 - 2　2001～2012 年样本公司资产减值应计描述性统计

项目	变量	均值	中位数	标准差	最小值	最大值	样本数
全样本	ROAt	0.0058	0.0168	0.1245	− 7.3435	1.2960	10963
	ROAt + 1	− 0.0005	0.0081	0.2909	− 29.4751	0.2865	10963
	Non_WD	− 0.122	− 0.053	2.484	− 201.867	27.271	10963
	WD	0.004	0.001	1.980	− 26.866	201.226	10963
旧准则阶段	ROAt	0.0067	0.0172	0.0940	− 1.6813	0.4039	5853
	ROAt + 1	0.0019	0.0085	0.0741	− 3.6718	0.2272	5853
	Non_WD	− 0.071	− 0.047	0.474	− 26.204	5.837	5853
	WD	0.000	0.001	0.137	− 7.045	0.782	5853
新准则阶段	ROAt	0.0047	0.0163	0.1521	− 7.3435	1.2960	5110
	ROAt + 1	− 0.0033	0.0076	0.4186	− 29.4751	0.2865	5110
	Non_WD	− 0.180	− 0.062	3.603	− 201.867	27.271	5110
	WD	0.008	0.001	2.897	− 26.866	201.226	5110

资料来源：根据锐思数据库和上交所、深交所财务报告的数据，经笔者整理得到。

6.1.5　实证研究结果

接下来，本章以全样本为对象，对各类资产减值应计的可靠性进行实证检验。

表 6 - 3 列示了全样本下资产减值应计和非资产减值应计的可靠性回归分析结果。第（1）列为模型（6 - 4）全样本下资产减值应计和非资产减值应计的回归结果，第（2）列为模型（6 - 5）全样本下长期资产减值应计、短期资产减值应计和非资产减值应计的回归结果，第（3）列为模型（6 - 6）全样本下存货减值应计、应收款项减值应计、固定资产减值应计、无形资产减值应计的回归结果。

模型（6 - 4）回归结果显示，上市公司的盈余呈现均值回归的现象，回归系数是 0.413，在 1% 的水平上显著。非资产减值应计的回归系数是 − 0.016，在

1%的水平上显著。资产减值应计的回归系数是 − 0.031，在1%的水平上显著。因此，资产减值应计的可靠性弱于非资产减值应计（ − 0.031 < − 0.016），假设H1得到验证。

表6 − 3　2001~2012年全样本下资产减值信息可靠性检验

变量	(1)		(2)		(3)	
	Coefficients	t	Coefficients	t	Coefficients	t
（Constant）	− 0.005	− 1.732**	− 0.003	− 1.198	0.004	0.366
ROAt	0.413	14.468***	0.333	13.58***	0.222	2.566**
Non_WD	− 0.016	− 6.945***	− 0.006	− 4.284***	0.002	0.452***
WD	− 0.031	− 5.704***	—	—	—	—
WD_Short	—	—	− 0.022	− 1.965**	—	—
WD_Long	—	—	− 0.051	− 2.049**	—	—
WD_Inventory	—	—	—	—	0.001	2.007**
WD_Receivables	—	—	—	—	− 0.032	− 2.054**
WD_Fixed.	—	—	—	—	0.852	41.001***
WD_Intangible.	—	—	—	—	0	0.214
Adjusted R Square	0.293		0.239		0.233	
F	2272.268***		1148.472***		32.597***	

注：***、**和*分别表示在1%、5%和10%水平上显著。

模型（6 − 5）回归结果显示，非资产减值应计的回归系数为 − 0.006，在1%的水平上显著。短期资产减值应计的回归系数为 − 0.022，在5%的水平上显著，说明短期资产减值应计的可靠性弱于非资产减值应计。长期资产减值应计的回归系数为 − 0.051，且同样在5%的水平上显著，说明长期资产减值应计的可靠性弱于短期资产减值应计的可靠性，这与短期资产的市场交易较为活跃、市场价值信息容易取得、盈余管理的空间相对较小有关。

模型（6 − 6）回归结果显示，四类资产减值信息中，固定资产减值应计的回归系数最大，为0.852，且在1%的水平上显著。减值应计可靠性排在第二位的是存货，其回归系数为0.001，且在5%的水平上显著。应收款项减值应计的回归系数为 − 0.032，在5%的水平上显著。在前文四类资产减值信息的价值相关性研究中，应收款项减值准备的价值相关性最强，但其减值应计的可靠性却相对较弱，次于固定资产和存货减值应计。究其原因是，尽管应收款项减值细则可操作性较强且披露较为详细规范，使其具备较强的信号传递功能，价值相关性较高，但由于实务操作中上市公司多采用账龄分析法计提坏账准备，这并不能真实反映应收账款不能收回的金额，导致应收款项减值应计的可靠性较差。无形资产减值应计的回归系数未通过显著性检验。与前述原因类似，无形资产由于可收回金额较难估计，减值信息的可靠性较差。

2007 年开始执行的新《资产减值》准则规定长期资产减值一经计提不得转回。在新准则阶段，上市公司各类资产减值信息的应计可靠性会产生怎样的变化？

本章进一步实证检验了新旧准则阶段资产减值总额信息的可靠性、新旧准则阶段长期资产减值信息的可靠性、新旧准则短期资产减值信息的可靠性和新旧准则阶段四类资产减值（存货、应收款项、固定资产、无形资产）信息的可靠性。结果如表 6 - 4、表 6 - 5 和表 6 - 6 所示。

表 6 - 4　2001 ~ 2012 年新旧准则阶段资产减值总额信息可靠性对比

变量	置信度	T 值	调整后 R^2	F 值
（Constant）	0	0.067		
ROAt	0.299	7.055 ***		
Non_WD	0.006	3.713 ***		
WD	− 0.029	− 2.741 ***	0.235	562.184 ***
NAS	− 0.01	− 2.164 **		
NAS × ROAt	0.223	3.852 ***		
NAS × Non_WD	− 0.014	− 3.201 ***		
NAS × WD	0.012	2.043 **		

注：*** 、** 和 * 分别表示在 1%、5% 和 10% 水平上显著。

表 6 - 4 显示，NAS × ROAt 的回归系数是 0.223，且在 1% 的水平上显著，说明新准则阶段会计盈余的持续性增强。在新准则阶段，非资产减值应计的回归系数为 − 0.008（0.006 − 0.014），资产减值应计的回归系数为 − 0.017（ − 0.029 + 0.012），低于该阶段非资产减值应计的回归系数，但高于旧准则下资产减值的回归系数（ − 0.029），表明尽管新准则阶段资产减值应计的可靠性依然低于非资产

减值应计可靠性，但相较于旧准则阶段资产减值应计的可靠性有所提高，假设 H2 部分得到验证。

表 6-5　2001～2012 年新旧准则阶段长短期资产减值信息可靠性对比

项目	变量	置信度	T 值	调整后 R^2	F 值
短期资产减值准备	（Constant）	0	0.067	0.221	519.267***
	ROAt	0.294	6.965***		
	Non_WD	0.005	3.314***		
	NAS	-0.007	-2.879***		
	NAS × ROAt	0.056	3.671***		
	NAS × Non_WD	-0.012	-3.001***		
	WD_Short	0.002	2.695***		
	NAS × WD_Short	-0.004	-1.997**		
长期资产减值准备	（Constant）	0	0.059	0.202	463.431***
	ROAt	0.294	6.964***		
	Non_WD	0.005	3.798***		
	NAS	-0.006	-2.274**		
	NAS × ROAt	0.031	3.037***		
	NAS × Non_WD	-0.01	-2.938***		
	WD_Long	-0.03	-2.012**		
	NAS × WD_Long	0.02	2.996***		

注：***、**和*分别表示在 1%、5% 和 10% 水平上显著。

表 6-5 显示，新准则下长期资产减值应计的回归系数为 -0.01（-0.03 + 0.02），高于旧准则阶段长期资产减值应计的回归系数（-0.03），表明新准则下长期资产减值应计的可靠性增强。新准则下短期资产减值应计的回归系数为 -0.002（0.002 - 0.004），低于旧准则下短期资产减值应计的回归系数（0.002），说明新准则下短期资产减值应计的可靠性有所降低，假设 H2 得到验证。

本章进一步对新旧准则阶段企业存货、应收款项、固定资产、无形资产四类资产减值应计的可靠性进行了对比研究，回归分析结果如表 6-6 所示。

表 6-6　2001～2012 年新旧准则阶段四类资产减值信息可靠性对比

项目	变量	置信度	T 值	调整后 R^2	F 值
存货减值准备	（Constant）	0	0.086	0.298	589.359 ***
	ROAt	0.283	5.803 ***		
	Non_WD	0.007	3.849 ***		
	NAS	− 0.006	− 2.457 **		
	NAS × ROAt	0.05	3.051 ***		
	NAS × Non_WD	− 0.013	− 1.984 **		
	WD_Inventory	− 0.007	− 2.166 **		
	NAS × WD_Inventory	0.009	2.673 ***		
应收款项减值准备	（Constant）	0	0.056	0.301	721.132 ***
	ROAt	0.294	6.662 ***		
	Non_WD	0.005	4.667 ***		
	NAS	− 0.006	− 2.155 **		
	NAS × ROAt	0.031	3.793 ***		
	NAS × Non_WD	− 0.01	− 1.982 **		
	WD_Receivables	− 0.035	− 2.375 **		
	NAS × WD_Receivables	5.96E − 05	2.006 **		
固定资产减值准备	（Constant）	0	0.094	0.256	336.025 ***
	ROAt	0.305	5.884 ***		
	Non_WD	0.007	4.009 ***		
	NAS	0.003	2.236 **		
	NAS × ROAt	− 0.096	− 3.998 ***		
	NAS × Non_WD	− 0.009	− 2.778 ***		
	WD_Fixed Assets	0.055	32.695 ***		
	NAS × WD_Fixed	0.865	10.101 ***		
无形资产减值准备	（Constant）	8.30E − 05	0.006	0.214	34.715 ***
	ROAt	0.295	5.579 ***		
	Non_WD	0.006	2.474 **		
	NAS	− 0.006	− 2.658 ***		
	NAS × ROAt	0.03	3.304 ***		
	NAS × Non_WD	− 0.01	− 2.428 **		
	WD_Intangible.	0.001	0.205		
	NAS × WD_Intangible.	0.007	1.982 **		

注：***、**和*分别表示在 1%、5% 和 10% 水平上显著。

表6-6显示，旧准则下存货减值应计的回归系数是 -0.007，新准则下存货减值应计的回归系数是 0.002 （ -0.007 + 0.009），说明新准则阶段存货减值信息的可靠性增强；旧准则阶段应收款项减值应计的回归系数是 -0.035，新准则下其减值应计的回归系数增加了 0.0000596，表明该减值信息可靠性有了小幅度的提高；旧准则下固定资产减值应计的回归系数是 0.055，新准则下固定资产减值应计的回归系数增加了 0.865，说明新准则阶段固定资产减值应计的可靠性大幅度提高，新准则中将固定资产减值单独纳入"资产减值"一章进行规范，对其可收回金额的确定做了详细规定，同时规定固定资产减值一经计提不得转回，较大程度上提高了固定资产减值信息的可靠性；旧准则下无形资产减值应计的回归系数不显著，但新准则下 NAS × WD_Intangible. 的回归系数是 0.007，且在 5% 的水平下显著，说明新准则阶段无形资产减值应计的可靠性有所提高。

6.2　商誉减值信息短期市场反应

商誉的本质其实是并购方支付的对价超过被并购方资产公允价值份额溢价的部分。收购企业愿意支付此部分溢价的主要原因是其预期在并购后的持续经营期间内可以通过企业之间的协同效应得到弥补，而一旦商誉出现减值迹象，则暗示着原本预期的协同效应可能将难以显现。那么在短期内，上市公司的投资者对商誉减值信息的披露有何反应呢？他们关心商誉减值信息吗？商誉减值信息是否降低了投资者对上市公司的信心进而导致短期市场的负面回应？商誉会计的复杂性导致商誉仍可能被上市公司管理人员用于投机行为，上市公司可能存在少计提或者延期计提商誉减值的动机，使得会计信息的可靠性受损，同时也违背了提升会计信息决策有用性的初衷，对资本市场良性有序发展和投资者信心产生负面影响。为全面考察资产减值信息的可靠性，本节拟对上市公司商誉减值信息的市场反应展开研究。

6.2.1　国内外研究概况

在 SFAS 142 准则实施当年，美国上市公司对于商誉后续计量的方式有两种选择：允许继续采用以前年度的直线法摊销，或者适用新会计准则并对以前年度的商誉摊销进行追溯调整。Beatty 和 Weber（2006）实证检验了新会计准则给予企业职业判断空间对 SFAS 142 政策实施效果的影响，研究发现，计提商誉减值准备的数额与上市公司债务违约风险的大小、公司股价与其经营业绩的关联程度、上市公司是否有股权激励计划以及 CEO 的任期有关。

SFAS 142 实施后，Zining Li 等（2011），Zang（2008）同样也对商誉减值的信息含量进行了实证研究，结果表明，在上市公司披露商誉减值信息后，其利润指标会出现异常下滑，此外，公司财务高管也会下调对企业未来盈利能力的预期。

Karl A. Muller 等（2009）发现商誉减值信息的披露滞后于上市公司持有私有信息的股东之间进行的内幕交易。上市公司商誉减值信息披露前一个季度内，获取上市公司私有信息的股东减持股票的动机非常强烈；在商誉减值信息披露前一个季度内有内幕交易行为的上市公司在商誉减值信息披露后负异常收益率表现得更为显著，以［-14，0］事件窗为例，在披露商誉减值信息日，进行过内幕交易的上市公司的累计异常收益率市场反应强度为 -22.3%，而没有进行过内幕交易的上市公司市场反应强度仅有 -11.5%。这些内幕交易人员（多数为掌握企业内部信息的大股东或者管理层人员）可能预测到商誉减值信息的披露会降低上市公司的股价，由此会造成自己收益的损失，Karl A. Muller 等将商誉减值披露后上市公司股价与减持时股价之间差额的绝对值描述为内幕交易人员掌握的与单项资产商誉有关的私有信息价值。

Hirschey 和 Richardson（2003）研究发现，在上市公司对商誉减值的相关信息进行披露后，资本市场出现了明显的负面回应。Bens 和 Heltzer（2004）对比检验了 SFAS 142 实施前后资本市场对商誉减值信息披露后的反应，发现商誉减值测试方法实施后，资本市场予以商誉减值信息显著的负面回应。但他们同时也发现，资本市场负面回应的强度存在时差，商誉减值数额确认的时点越往后，资本市场负面回应的强度也越高。

Chen 等（2004）发现 SFAS 142 会计准则实施的第一年，商誉减值与企业当年股票收益率显著正相关；SFAS 142 会计准则实施的第二年，商誉减值与企业上年度的股票收益率显著正相关，而与当年的股票收益率显著不相关。由此认为商誉减值的信息已经包含在股票波动价格中，而且股价下跌会导致商誉减值。

Ahmed 和 Guler（2007）将商誉减值额与同期 12 个月的股票收益率进行了回归分析，研究发现商誉减值政策变更后，两者之间的负相关性变得更为显著，因此，财务报表的可靠性得到了提升。然而，当统计样本为计提商誉减值数额较大的上市公司时，这一结论就不成立了。因此，商誉减值披露能否提升财务报表的可靠性还依赖于商誉减值的数额大小。

Francis（1996）则研究了资产减值信息披露的前一日与资产减值信息披露日的股价波动，认为资产减值信息的披露会导致收入和资产价值的变动并进一步引起股价和市盈率（P/E Ratio）的联动，以［-1，0］为事件窗，将超额回报率与减值金额进行多元线性回归，发现所有样本公司的市场反应均为负。按照各项资产细分，市场对存货减值的反应表现为负，而对商誉减值的反应为中性，即商誉减值信息披露日资本市场的异常回报率并非显著异于零。冯旭南（2014）首创"Baidu 指数"，并将其作为投资者信息获取行为的代理变量，以管理层业绩预告为主要事件，研究发现在［-4，0］的事件日内，投资者信息获取能力不断增强，并在 t＝0 日达到极大值。［-4，0］的事件窗内，"Baidu 指数"表明投资者获取信息能力日益增强，但股价的即使波动能力却并不与此同步，说明投资者在一定程度上可以对获取到的信息作出即时反应，具有价格发现的功能。

从国内外已有的研究成果可以看出，商誉减值信息的披露会给资本市场带来利空的消息，大多数学者的研究结论均支持这一观点。这是因为，从财务会计的角度来看，商誉的价值代表着未来能够流入企业的无形经济利益，代表着众多利益相关者对企业未来经营状况、竞争优势、盈利能力和发展潜力的一种预期。商誉资产价值越高，利益相关者对企业未来的运营状况越乐观。如果商誉出现了减值，上市公司对此进行了披露，必然会影响公众对公司的预期，股东可能会因此减持相应的股票，上市公司股价就会下跌，市值缩水。因此，不难理解资本市场会对商誉减值信息的披露予以负面回应。此外，我国现行的财务会计准则将过去"强制性"摊销商誉变更为现阶段的"自愿性"披露商誉减值准备，后续的研究结论也表明，为了达到盈余管理等目标，上市公司存在延期计提和少计提商誉减值准备的动机，如果上市公司确实"自愿地"披露了商誉减值信息，则公司经营状况存在一些问题或许已经成为不争的事实。统计结果表明，亏损公司计提商誉减值准备的比例显著高于盈利公司，有过违规操作行为的上市公司计提商誉减值准备的比例显著高于未有过违规操作行为的上市公司，这些无疑会加剧市场对商誉减值信息的负面回应。

综上所述，目前针对商誉减值信息短期市场反应的研究成果主要集中在国外，我国还基本处于空白状态。我国资本市场上，商誉减值信息的短期市场反应是负面回应还是中性回应？反应强度有多高？上市公司的违规操作行为与商誉减值短期市场反应有无关联？不同的样本之间反应强度一样吗？本章将结合我国资本市场的数据进行进一步分析。

6.2.2　商誉减值信息披露

6.2.2.1　商誉减值信息披露概况

我国《资产减值》准则规定，企业应当在附注中披露与资产减值有关的下列信息：第一，当期确认的资产减值损失金额。第二，企业提取的各项资产减值准备累计金额。第三，提供分部报告信息的，应当披露每个报告分部当期确认的减值损失金额。发生重大资产减值损失的，应当在附注中说明导致每项重大资产减值损失的原因以及当期确认的重大资产减值损失的金额：①发生重大减值损失的资产是单项资产的，应当披露该单项资产的性质。提供分部报告信息的，还应披露该项资产所属的主要报告分部。②发生重大减值损失的资产是资产组（或者资产组组合，下同）的，应当披露资产组的基本情况，资产组中所包括的各项资产于当期确认的减值损失金额，资产组的组成与前期相比发生变化的，应当披露变化的原因以及前期和当期资产组组成情况。

对于重大资产减值，应当在附注中披露资产（或者资产组，下同）可收回金额的确定方法：第一，可收回金额按资产的公允价值减去处置费用后的净额确定的，还应当披露公允价值减去处置费用后的净额的估计基础。第二，可收回金额按资产预计未来现金流量的现值确定的，还应当披露估计其现值时所采用的折现率以及该资产前期可收回金额也按照其预计未来现金流量的现值确定的情况下，前期所采用的折现率。

分摊到某资产组的商誉（或者使用寿命不确定的无形资产，下同）的账面价值占商誉账面价值总额的比例重大的，应当在附注中披露下列信息：第一，分摊到该资产组的商誉的账面价值。第二，该资产组可收回金额的确定方法；其中，可收回金额按照资产组公允价值减去处置费用后的净额确定的，还应当披露确定公允价值减去处置费用后的净额的方法。资产组的公允价值减去处置费用后的净额不是按照市场价格确定的，应当披露企业管理层在确定公允价值减去处置费用后的净额时所采用的各关键假设及其依据和企业管理层在确定各关键假设相关的价值时，是否与企业历史经验或者外部信息来源相一致；如不一致，应说明理由。如果可收回金额是按照资产组预计未来现金流量的现值确定的，应当披露企业管理层预计未来现金流量的各关键假设及其依据；企业管理层在确定各关键假设的相关价值时，是否与企业历史经验或者外部信息来源相一致；如不一致，应说明理由；估计现值时所采用的折现率。

商誉的全部或者部分账面价值分摊到多个资产组，且分摊到每个资产组的商誉的账面价值占商誉账面价值总额的比例不重大的，企业应当在附注中说明这一情况以及分摊到上述资产组的商誉合计金额。商誉账面价值按照相同的关键假设分摊到上述多个资产组，且分摊的商誉合计金额占商誉账面价值总额的比例重大的，企业应当在附注中说明这一情况，并披露下列信息：第一，分摊到上述资产组的商誉的账面价值合计。第二，采用的关键假设及其依据。第三，企业管理层在确定各关键假设相关的价值时，是否与企业历史经验或者外部信息来源相一致，如不一致，应说明理由。由此可见，我国会计准则对资产减值信息的披露内容作了非常详细的规定。从会计准则的具体规定来看，商誉减值原因、资产组（资产组组合）的分配、可收回金额的确定和关键假设及依据是披露信息中至关重要的四个方面，本章依据四个维度，查阅样本公司各年度财务会计报表附注中相关信息后，对商誉减值信息披露的内容作了统计分析。

从图6-1中可以看出，有158家上市公司主动披露了商誉减值原因的相关信息。如通化东宝（600867）就在其2009年度财务会计报告中披露："本期增加"商誉减值准备4842918.09元系根据子公司通化东宝永健制药有限公司经审计的净资产为-1213万元，其持续经营能力存在困难，未来经营情况难以预计而对新会计准则确认的商誉全额计提了减值准备。而有184家上市公司则未披露与商誉减值原因相关的信息，这部分上市公司大多照搬新《资产减值》中的相关规定，而后加以"董事会经过多方考虑，现对商誉计提减值准备"之类的表述，此类表述含糊其词，减值原因表达并不明确，也未披露资产组（组合）的分配、可收回金额的确定和关键假设及依据的相关信息，无法给投资者传达全面有效的财务会计信息。

披露资产组（组合）的分配和披露可收回金额的确定的上市公司数量相当，

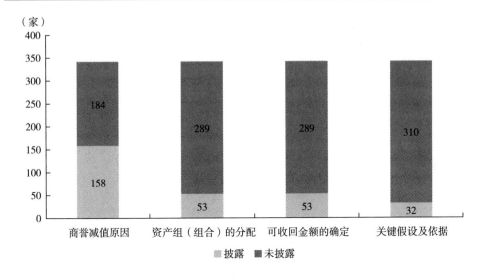

图6-1　上市公司商誉减值信息披露情况

均为53家，但比重仅有12.27%，信息内容也不够翔实。如东信和平（002017）披露：资产负债表日，预计商誉的可收回金额低于其账面价值的，按商誉的账面价值与可收回金额的差额计提相应的资产减值准备。因子公司东信和平智能卡（新加坡）有限公司已资不抵债，相应计提了商誉减值准备3306665.21元，本期末予以保留。此类表述并没有明确说明公司如何测算出商誉的可收回金额，对于为何计提商誉减值准备3306665.21元，投资者仍然不得而知。

　　样本公司中披露关键假设及依据的企业数量仅有32家，如长源电力（000966）曾发布关于控股子公司计提商誉减值准备的公告。公告内容如下：①商誉减值的主要原因。本公司控股子公司河南煤业成立时的注册资本为4亿元，母公司出资3亿元，母公司出资占比为75%。截至最近一个会计期末，控股子公司资产总额约为5.74亿元，净资产额为2.47亿元。2013年度的主要经营成果包括营业利润亏损0.92亿元，净利润亏损0.94亿元。该控股公司所属的全资子公司主要经营与煤矿相关的业务，受市场环境和当地政策的影响，全资子公司一度停工且至今尚未恢复生产，并且没有足够的证据表明在未来一段时间内能够恢复正常生产经营。根据我国财务会计准则的要求，为了准确评估本公司的资产价值，按照聘请的会计师事务所要求，经过中联资产评估公司对本公司的价值评估，对发生的商誉减值计提了商誉减值准备。②商誉减值的依据、方法和关键假设。本公司计提商誉减值的过程严格遵守财务会计准则和证监会的相关规定，商誉的账面价值测算采用现金流折现的方法，其中安兴矿经测算后商誉账面价值约为0.43亿元，计提商誉减值准备0.29亿元；兴华矿商誉经测算后商誉账面价值约为0.14亿元，计提商誉减值准备0.13亿元，两项商誉减值准备共计0.42亿元。③商誉减值对公司业绩的影响。计提的商誉减值准备计入本年损益项目，共减少归属于母公司的净利润0.42亿元。④董事会认为，本次河南煤业计提商誉减值准备系遵照《企业会计准则》和证券监管机构的有关会计政策规定执行，充分体现了会计谨慎性原则，计提后更能公允反映公司资产状况。公司独立董事乐瑞、徐长生、沈烈事前审阅了上述《关于河南煤业公司计提减值准备的议案》，并发表了书面意见，公司独立董事认为：河南煤业商誉计提相应减值准备共计0.42亿元，上述减值准备经过中介机构的评估，符合《企业会计准则》的有关规定。经过审核，我们没有发现公司及河南煤业在上述商誉计提减值准备过程中存在处置不当的行为，河南煤业商誉计提减值准备未损害中小股东的权益。相较于其他一些上市公司，该公司披露的商誉减值相关信息要翔实得多。

由此可见，尽管我国新《资产减值》准则要求上市公司详细披露与资产减值相关的信息，但是，现阶段我国资本市场有关资产减值信息的披露完整性亟待提高，且上市公司之间商誉减值信息披露质量差异十分悬殊。

6.2.2.2 商誉减值与违规信息披露

在统计商誉减值信息披露过程中，笔者发现本章所选样本公司公布的公告中很多都相应披露了违规操作的相关信息。经统计，有193家披露过商誉减值的样本公司有过违规操作的行为，占样本公司数量的56.43%，很多上市公司披露商誉减值与其违规操作不无联系。那么，上市公司违规操作的次数、违规行为处理单位、公司违规类型和处罚方式等是否与企业商誉减值披露存在内在关系？

从表6-7可知，绝大多数样本公司违规操作的次数比较少，违规次数小于等于3次的样本公司数累计占比为80.83%。但是，中核钛白（002145）在2008～2014年累计违规操作12次，ST生化（000403）在2005～2014年累计违规操作11次。其中，中核钛白（002145）违规操作的原因有推迟披露、违规买卖股票、操纵股价、虚假记载（误导性陈述）、占用公司资产和其他，并因此受到中国证监会、深圳证券交易所和甘肃证监局的公开谴责和警告；ST生化（000403）违规操作的原因有重大遗漏、虚假记载（误导性陈述）、推迟披露、一般会计处理不当、违规担保、违规买卖股票和其他等。该公司在 2006～2013 年均由于"推迟披露、重大遗漏、违规担保和其他"受到深圳证券交易所的公开谴责。

表 6-7　样本公司违规操作次数及其累计占比统计　　单位：个,%

违规操作次数	1	2	3	4	5	6	7	8	9	11	12
样本公司数	89	39	28	16	8	3	5	1	2	1	1
违规样本累计占比	46.11	66.32	80.83	89.12	93.26	94.82	97.41	97.93	98.96	99.48	100.00

资料来源：中国上市公司违规处理研究数据库以及上市公司年报，下同。

数据显示，在本书所统计的企业 12 类违规行为中，样本公司由于推迟披露和其他原因受到公开谴责、警告或者罚款的次数最多，其次是重大遗漏、虚假记载（误导性陈述），提及次数最少的是欺诈上市，如表 6-8 所示。说明这些公司披露的会计信息尚不能满足真实性和可靠性的要求，降低了投资者对上市公司的信心，商誉出现减值迹象与这些上市公司的违规操作行为存在着紧密的联系。

表 6-8　样本公司违规原因、次数以及占比统计　　单位：次,%

序号	违规原因	违规提及次数	样本占比
1	虚假记载（误导性陈述）	101	11.98
2	重大遗漏	135	16.01
3	推迟披露	205	24.32
4	违规担保	29	3.44
5	违规买卖股票	51	6.05
6	虚构利润、虚列资产	17	2.02
7	占用公司资产	34	4.03
8	一般会计处理不当	43	5.10
9	内幕交易	20	2.37
10	擅自改变资金用途	6	0.71
11	欺诈上市	2	0.24
12	其他*	200	23.72
	合计	843	100.00

注：＊表示主要包括公司信息披露不实等原因。

表6-9显示，样本公司违规行为处理单位主要包括中国证监会、上海证券交易所、深圳证券交易所和其他一些地方性政府机构。其中，上交所和地方性政府机构对上市公司违规行为作出处理的频率最高，分别占总处理次数的36.20%和32.12%，其次是证监会和深交所，分别占比19.46%和11.54%，而财政部的处理次数仅有3次。由此可见，处理单位不仅包括证监会和证券交易所，地方性政府机构在违规行为的处理过程中也发挥着重要作用。

表6-9　样本公司违规行为处理对象及其占比统计

处理部门	中国证监会	上海证券交易所	深圳证券交易所	财政部	其他*
被处理次数（次）	86	160	51	3	142
样本占比（%）	19.46	36.20	11.54	0.68	32.12

注：*主要指地方性证监局、中级人民法院、环保局（厅）、农牧厅、外汇管理局、国家新闻出版广电局和工商管理局等。

统计显示，样本公司针对违规行为的处理方式以"其他"和"无具体处理方式"为主，说明尽管样本公司出现了违规行为，但大部分样本公司的违规情节轻微，暂不需要出具相应的惩罚措施。在具体的惩罚措施中，"批评"和"谴责"被提及的次数较多，占比分别为15.98%和10.25%，而"罚款"和"没收非法所得"被提及的次数相对较低，为8.81%和0.61%，如表6-10所示。可见现阶段针对违规行为的处理，"劝诫型"的处理方式要多于"惩罚型"。惩罚措施中的罚款数额一般为30万~60万元，对于上市公司而言，违规成本并不高。但是实达集团（600734）在向境外投资者英属维尔京群岛康威有限公司转让股权时，未经外汇管理部门核准直接收取外方4429.11万元（折合535万美元）的并购款，违反了《外国投资者并购境内企业暂行规定》①，受到国家外汇管理局福建省分局的处罚，罚款1328万元人民币。

从所属行业、年份等维度描述统计分析样本上市公司商誉减值政策的执行情况，我们不难发现：①新《资产减值》准则实施后，我国资本市场披露商誉减值的上市公司数量显著增加，披露商誉减值信息的公司所属行业也从旧准则阶段

---

① 第九条规定：作为对价的支付手段，应符合国家有关法律、行政法规的规定。外国投资者以其拥有处置权的股票或其合法拥有的人民币资产作为支付手段的，须经外汇管理部门核准。

表 6 - 10　样本公司违规行为处理方式及其占比统计　　　　单位：次，%

违规处理方式	违规提及次数	占比
无具体处理方式	123	25.20
批评	78	15.98
警告	28	5.74
罚款	43	8.81
谴责	50	10.25
没收非法所得	3	0.61
其他*	163	33.40
合计	488	100.00

注：* 表示主要包括在规定期限内进行整改等措施。

的部分行业扩展至所有行业，商誉减值会计政策变更的效应初步显现。统计发现，披露过商誉减值的上市公司盈利能力、股东获利能力和现金流量能力相比于未披露过商誉减值的上市公司确实要弱，表明上市公司披露的商誉减值信息能够在一定程度上传达利空消息。新《资产减值》准则的实施能够为利益相关者提供企业未来现金流量的相关信息，减少信息不对称，降低代理成本。然而，新准则时期上市公司商誉减值计提规模的高波动率以及商誉转销规模的较大增幅也暗示着新《资产减值》准则给予管理层的职业判断空间可能被用于投机行为。由于资产组减值迹象的判断、资产组的认定、未来现金流量预测、折现率选择、可变现净值和可收回金额的估算涉及大量管理人员主观判断，上市公司仍可能利用计提大额商誉减值准备或转销商誉减值调节会计利润，进行盈余管理。②尽管我国新《资产减值》准则要求上市公司详细披露与资产减值相关的信息，但现阶段，我国能够完整披露相关商誉减值原因、资产组（资产组组合）的分配、可收回金额的确定和关键假设及依据信息的上市公司并不多，资产减值信息披露的完整性和可靠性亟待提高，且上市公司之间商誉减值信息披露质量差异十分悬殊。③商誉减值与上市公司违规操作存在紧密联系。统计发现，有 193 家披露过商誉减值的样本公司存在违规操作行为，占总样本数的比例非常高，推迟披露、重大遗漏、虚假记载（误导性陈述）、违规买卖股票、操纵股价等违规行为降低了投资者对这些上市公司的信心，会影响未来流入企业的利益，可能导致商誉减值。

公司之间的并购行为通常关乎企业战略的重大调整，可能涉及企业重大事项的变更，主营业务和主要竞争战略也会随之发生变化，而商誉的本质是并购方支付的对价超过被并购方资产公允价值的部分，收购企业愿意支付此部分溢价的主要原因是其预期在并购后期的持续经营期间可以通过企业之间的协同效应得到弥补，而一旦商誉出现减值迹象或者上市公司披露了商誉减值的信息，则暗示着原本预期的协同效应可能将难以显现。那么短期内，上市公司的投资者对商誉减值信息的披露有何反应？他们关心商誉减值的信息吗？下文将通过事件研究法（Event Study），基于短期市场反应角度深入剖析这一问题。

6.2.3　事件研究法

事件研究法是金融学和会计学研究中常见的一种计量方法，一般而言，某一特定经济事件发生后，或多或少会对资本市场产生一定程度的影响。如果资本市场强势有效，那么经济事件会通过各种传导机制迅速反映在事件主体资产的价值波动上。因此，通过观测事件主体的股价波动情况可以反过来观测某个经济事件所产生的经济后果。对于资本市场中的上市公司而言，常见的做法就是对比事件发生前后，股价有无异常波动，如果股价在事件发生前后有显著波动，则在事件日的异常报酬率（Abnormal Returns）会显著异于零。本章的主要研究内容是探究商誉减值信息是否会影响以及如何影响上市公司的股价。

6.2.3.1　事件定义及窗口选择

本书把商誉减值信息的公告日定义为事件日，表示为 $t = 0$ 日。事件研究所涉及的主要基本术语包括估计窗、事件窗与事后窗等。

如图 $6-2$ 所示，$t = 0$ 为事件日。$t = T_0$ 至 $t = T_1$ 为估计窗，其长度 $L_1 = T_1 - T_0$；$t = T_2$ 至 $t = T_3$ 代表事件窗，其长度为 $L_2 = T_3 - T_2$；$t = T_3$ 至 $t = T_4$ 代表事后窗，其长度为 $L_3 = T_4 - T_3$。由于我国资本市场上市公司在非交易日暂停交易，非交易日的股价、个股日回报率等数据缺失，因此，本书事件研究中的日期均指交易日。如果商誉减值的公告日为非交易日，且 $t = -1$ 或 $t = 1$ 日也为非交易日，则将日期往前或往后顺延一日。事件窗是涵盖事件日的一段时间，主要用来检测事件日附近的时点股价有无发生显著波动，根据研究目的的不同，事件窗的长短不一，常见的事件窗长度有 1 天、2 天、3 天、5 天、10 天和 20 天等，其中长度为 1 天的一般将事件日定义为事件窗。结合已有研究和本书样本数据的计算结果，笔者将事件窗口期定为 $[-3，3]$[①]，共计 7 天。估计窗则用于估计正常收益（或估计正常收益模型的参数），本书将估计窗口期定为 $[-5，-75]$，共计 71 天。事后窗的定义期一般在事件窗后，由于事后窗所涵盖的时间点离事件日较远，因此，事后窗常用来探究经济事件对公司绩效的长期影响。由于本章主要讨论商誉减值短期市场反应，商誉减值的价值相关性与及时性研究将在下一章详细展开，因此，本章暂不定义事后窗口。

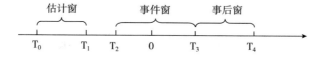

图6-2　事件研究基本术语图示

6.2.3.2　事件研究法模型

如果经济事件没有发生，那么在事件窗内的收益为正常收益，也即事件窗内的预期收益。据此，我们将经济事件发生后的实际收益与预期收益之间的差额定义为异常收益，用 ER_{it} 表示第 i 家上市公司股票在 t 期的预期收益，用 R_{it} 表示第 i 家上市公司股票在 t 期的实际收益。如图 6-2 所示，令 $L_1 = T_1 - T_0$，代表估计窗的长度。一般而言，用来计算正常收益的常见模型有三种：

第一种是均值调整模型。该模型将事件窗内的预期收益简化为一个恒定不变的常数，且数值等于整个估计窗内的日收益均值，用公式表示为：

$$ER_{it} = \frac{1}{L_1} \sum_{t=T_0+1}^{t=T_1} R_{it} \tag{6-8}$$

第二种是市场调整模型。该模型认为个股在事件窗内的预期收益应当等于整个市场环境下的平均收益水平，假定要研究某个上证 A 股公司，我们就可以相应地选取整个上证 A 股的平均收益水平作为市场预期收益。我们将该市场收益指标表示为 R_{mt}，则有：

$$ER_{it} = R_{mt} \tag{6-9}$$

第三种是市场模型。该模型并不简单地认为事件窗内的预期收益与市场收益

---

① 笔者也尝试过延长窗口期至 $[-5，5]$，但是由于 $t = \pm4$ 和 $t = \pm5$ 的异常回报率均不显著异于零，故最终选定窗口期为 $[-3，3]$。

率相等，而是存在一定的线性相关关系，用公式表达为：

$$ER_{it} = \alpha_i + \beta_i R_{mt} \qquad (6-10)$$

关于上述三种模型的适用性和优劣一直存在争议，已有的国外学者的研究表明，对于采用月和日数据的实证研究，第三种模型具有相对比较广泛的适用性，有时第一种模型的实证结果也是比较可靠的。但总体而言，第三种模型的适用范围最为广泛，已经为越来越多的学者所接纳。由于市场模型运用范围较为广泛，且考虑到本书采用日数据，故本书的计算结果基于第三种模型。

在估计窗内：

$$ER_{it} = \alpha_i + \beta_i R_{mt} + \varepsilon_{it}, \quad t = T_0 + 1, \ \cdots, \ T_1 \qquad (6-11)$$

令

$$R_i = (R_{iT_0+1}, \ \cdots, \ R_{iT_1})', \quad X_i = \begin{bmatrix} 1 & R_{mT_0+1} \\ 1 & R_{mT_0+2} \\ \vdots & \vdots \\ 1 & R_{mT_1} \end{bmatrix} \qquad (6-12)$$

由计量经济学的相关知识易知：

$$\begin{pmatrix} \hat{\alpha}_i \\ \hat{\beta}_i \end{pmatrix} = (X'_i X_i)^{-1} X'_i R_i, \quad \sigma_i^2 = \frac{\hat{\varepsilon}' \hat{\varepsilon}}{L_1 - 1} \begin{pmatrix} \hat{\alpha}_i \\ \hat{\beta}_i \end{pmatrix} \qquad (6-13)$$

$$\mathrm{Var}\left(\begin{pmatrix} \hat{\alpha}_i \\ \hat{\beta}_i \end{pmatrix} \right) = (X'_i X_i)^{-1} \sigma_i^2 \qquad (6-14)$$

假定不同窗口期内 $\hat{\alpha}_i$ 和 $\hat{\beta}_i$ 保持不变，则事件窗口期内的正常收益为：

$$\hat{R}_{it^*} = \hat{\alpha}_i + \hat{\beta}_i \hat{R}_{mt^*}, \quad t^* = T_2 + 1, \ T_2 + 2, \ \cdots, \ T_3 \qquad (6-15)$$

假定 AR_{it} 表示第 i 家上市公司在第 t 期的异常收益，我们将经济事件发生后的实际收益与预期收益之间的差额定义为异常收益，则：

$$AR_{it} = R_{it} - ER_{it} = R_{it} - (\alpha_i + \beta_i R_{mt}) \qquad (6-16)$$

接下来需要检验异常收益均值是否显著异于零。

零假设通常是异常收益（或累积异常收益）均值等于零；备择假设通常是异常收益（或累积异常收益）均值不等于零。用以检验显著性的方法主要包括参数和非参数检验两种。

下面介绍一种常见的参数检验方法：

$$\overline{AR}_{it*} = \frac{1}{N} \sum_{i=1}^{N} AR_{it*} \qquad (6-17)$$

其中，N 为样本中包含的公司数。由于不同窗口期内 $\hat{\alpha}_i$ 和 $\hat{\beta}_i$ 只与估计窗内的值有关，并且假设估计值保持不变，如果因变量之间不相关，则 R_{it*} 与 $\hat{R}_{it*}$ 不相关。令

$$\overline{R}_m = \frac{1}{L_1} \sum_{t=T_0+1}^{t=T_1} R_{mt} \qquad (6-18)$$

$$Var(AR_{it}) = Var(R_{it*} - \hat{R}_{it*}) = Var(R_{it*} - \alpha_i + \beta_i R_{mt*})$$

$$= Var(R_{it*}) + Var\left((1 R_{mt*})\begin{pmatrix} \hat{\alpha}_i \\ \hat{\beta}_i \end{pmatrix}\right)$$

$$= \sigma_i^2 + (1 R_{mt*}) Var\left(\begin{pmatrix} \hat{\alpha}_i \\ \hat{\beta}_i \end{pmatrix}\right)\begin{pmatrix} 1 \\ R_{mt*} \end{pmatrix} = \sigma_i^2 \left[1 + (1 R_{mt*})(X'_i X_i)^{-1}\begin{pmatrix} 1 \\ R_{mt*} \end{pmatrix} \right]$$

$$= \sigma_i^2 + \left(1 + \frac{1}{L_1} + \frac{(R_{mt*} - \overline{R}_m)^2}{\sum_{t=T_0+1}^{c=T_1} (R_{mt} - R_m)^2} \right) \qquad (6-19)$$

将异常收益标准化：

$$\widehat{AR}_{it*} = \frac{AR_{it*}}{\sqrt{Var(AR_{it*})}} \qquad (6-20)$$

建立原假设 H_0：异常收益 AR_{it*} 在事件窗内为零，假定 $\varepsilon_{it} \sim N(0, 1)$，则 $AR_{it*} \sim t(L_1 - 2)$，根据 t 分布的性质可以得到 $\widehat{AR}_{it*}$ 的均值为零，方差为 $\frac{L_1 - 2}{L_1 - 4}$。

T 分布随着自由度的增加渐近正态分布，当估计窗的时间长度较长时，$\widehat{AR}_{it*}$ 服从正态分布。即：

$$S_{it*} = \frac{AR_{it*}}{\sqrt{\dfrac{L_1 - 2}{L_1 - 4}}} \sim N(0, 1) \qquad (6-21)$$

对 N 家公司的异常收益率进行加权平均，当这 N 家公司的异常收益不相关时，由中心极限定理，可知统计量 J_1 在原假设条件下服从标准正态分布。

$$J_1 = \left(\frac{N(L_1 - 2)}{L_1 - 4} \right)^{\frac{1}{2}} \frac{1}{N} \sum_{i=1}^{N} \widehat{AR}_{it*} \qquad (6-22)$$

令 $T_1 + 1 < t_1 < t_2 < T_2$，可以计算第 i 家上市公司 $[t_1, t_2]$ 期间的累计异常

收益 $CAR_i(t_1,t_2) = \sum_{t^*=t_1}^{t_2} AR_{it^*}$。为了剔除某个上市公司个体特征对股价波动产生的影响，我们可以将上市公司股价进行截面平均：

$$\overline{CAR_t(t_1,t_2)} = \frac{1}{N}\sum_{i=1}^{N} CAR_i(t_1,t_2) \tag{6-23}$$

建立原假设：H_0：$[t_1, t_2]$ 期间的累计异常收益率为零。

将统计量变形为中心极限定理中的表达式可以得到统计量：

$$J_2 = \frac{\overline{CAR_t(t_1,t_2)}}{\sqrt{t_2-t_1+1}}\left(\frac{N(L_1-2)}{L_1-4}\right)^{\frac{1}{2}} = \frac{1}{\sqrt{t_2-t_1+1}}\sum_{t=t_1}^{t_2}\frac{1}{\sqrt{N}}\sum_{i=1}^{N}S_{it^*} \tag{6-24}$$

在原假设条件下，$J_2 \sim N(0,1)$。可以看出，使用 J_1、J_2 统计量进行检验都需要比较强的假设，例如相关的统计量应当服从正态分布，不同时间跨度下的变量之间不存在序列相关，不同的上市公司之间不存在同期联动效应。假定上述假设都不成立，那么事件研究法就无法得出令人信服的结论。但是一般而言，在时间跨度相对较短的情况下，上述假设可以得到满足。但是时间序列相关等问题在较长的事件窗内会频繁显现，因此事件研究法其实并不适合用来做长期研究。

此外，还有一种常见的非参秩检验方法可供参考。承接前文，假定 $L_2 = T_3 - T_2$ 为事件窗的长度，K_{it} 为第 i 家上市公司在第 t 时期异常收益的秩。可以得到相关的统计量为：

$$J_3 = \frac{1}{N}\sum_{i=1}^{N}\frac{\left(K_{it}-\frac{L_2+1}{2}\right)}{s(L_2)} \tag{6-25}$$

$$s^2(L_2) = \frac{1}{L_2}\sum_{i=T_1+1}^{T_2}\left(\frac{1}{N}\sum_{i=1}^{N}\left(K_{it}-\frac{L_2+1}{2}\right)\right)^2 \tag{6-26}$$

由于非参数的秩检验法在现阶段为非主流应用的检验方法，且本书的事件研究法中选取的事件窗仅有 7 日，因此，本书的检验方法仍旧采用传统的参数检验法。

6.2.4　实证研究结果

本章的初始样本选取标准与第 3 章中的标准一致，在剔除估计窗时间长度不足，事件窗内数据有缺失的样本后，共获取商誉减值全样本公司数 233 家，违规样本公司数 129 家，发生高商誉减值样本公司数 60 家。

6.2.4.1　全样本公司商誉减值信息短期市场反应

我们首先统计全样本在事件窗内的异常收益率变动数据，观察上市公司商誉减值信息的短期市场反应。如表 6 - 11 所示。

表 6 - 11　事件窗异常收益率统计分析（全样本）

事件日	样本数	极小值	极大值	均值	标准差	偏度	峰度
- 3	233	- 0.0889	0.0981	- 0.0013	0.0234	0.3847	7.0310
- 2	233	- 0.0706	0.0862	- 0.0009	0.0235	- 0.0776	4.0767
- 1	233	- 0.0682	0.1447	0.0014	0.0006	1.2003	9.5006
0	233	- 0.1117	0.0955	- 0.0064	0.0311	0.0352	4.2566
1	233	- 0.1059	0.1041	- 0.0025	0.0267	0.4642	5.6417
2	233	- 0.0911	0.1004	0.0008	0.0248	0.5234	4.5229
3	233	- 0.0624	0.0743	- 0.0000	0.0216	0.6430	4.1152

资料来源：国泰安数据库—公司研究系列，经笔者计算、整理后得出。

从表 6 - 11 和图 6 - 3 可以看出，商誉减值信息的披露会导致资本市场的显著负面回应。全样本异常收益率的均值和极小值在事件窗内会呈现出 "V" 字型变化趋势。以异常收益率的均值为例，［- 3，- 1］的窗口期内，AR 均值从 - 0.0013 逐渐变为 0.0014，结合表 6 - 12 的显著性检验结果，这三天的异常收益率均不显著异于零；而在事件日，即商誉减值信息的披露日，全样本异常收益率的均值则由 t = - 1 日的 0.0014 跌至 t = 0 日的 - 0.0064，虽然市场反应的平均强度仅有 - 0.64%[①]，但是市场的负面回应强度在 1% 的显著性水平上异于零。事件日后，全样本异常收益率的均值开始反弹，逐渐恢复正常水平。可见整体而言，上市公司商誉减值信息对市场的影响时间较短，仅能够在事件日引起市场显著的负面回应，可谓"昙花一现"。

---

① 其他一些经济事件也会引起市场负面回应，且强度要比商誉减值信息披露的公告高得多，由于商誉减值信息的公告为公司正常披露信息，履行正当职责，并不带有监管机构的惩罚性质，故与具有惩罚性质的公告相比，如证监会处罚公告（含交易所谴责公告）、上市公司立案公告，商誉减值信息的市场负面回应强度要弱一些，但仍旧显著异于零。

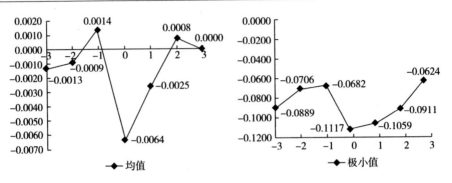

图6-3 全样本事件窗异常收益率均值和极小值变化

表6-12的统计结果则显示，[-3，3]的事件窗内，仅有事件日的异常回报率在1%的显著性水平上异于零，而其他日期均不显著异于零，异常回报率低于零的占比在事件日最高，为60.52%。表6-13的检验结果则表明，全样本下商誉减值信息会显著引起市场的负面回应。

表6-12　商誉减值信息披露日附近的市场反应（全样本）

事件日	观测数	均值	t统计量	% （AR<0）	p 值
-3	233	-0.0013	-0.8716	55.36	0.3843
-2	233	-0.0009	-0.5627	51.07	0.5742
-1	233	0.0014	0.8712	46.35	0.3845
0	233	-0.0064	-3.1336	60.52	0.0019 ***
1	233	-0.0025	-1.4514	55.79	0.1481
2	233	0.0008	0.4712	57.09	0.6379
3	233	-0.0000	-0.0163	56.22	0.9871

注：＊＊＊、＊＊和＊分别表示在1%、5%和10%的显著性水平上显著。

资料来源：国泰安数据库—公司研究系列，经笔者计算、整理后得出。

表6-13　整体事件检验结果（全样本）

CAR	Coef	Robust Std.	t	P＞|t|
_cons	-0.009	0.0048	-1.87	0.062 **

注：＊＊＊、＊＊和＊分别表示在1%、5%和10%的水平上显著。

此外，异常收益率的极小值变化趋势与均值一致，在事件日，异常收益率的极小值为 -11.17%，该数值非常高，如证监会处罚公告（含交易所谴责公告）的平均市场反应强度仅有 -1.18%（伍利娜、高强，2002），上市公司立案公告平均市场反应强度仅为 -6%（吴溪、张俊生，2014），可见上市公司商誉减值信息披露引起的市场负面回应强度要高于处罚公告的平均市场反应强度。而商誉减值信息披露后市场反应强度最高的个股为康芝药业（300086），该公司被曝出遭前审计总监实名举报，利用各种违法违规手段，私刻印章、虚构交易、制作虚假原始凭证以及虚开增值税专用发票等粉饰经营利润指标，在 2011~2012 年存在众多重大违法违规行为。公开资料显示，该上市公司在 2010 年 5 月首次登陆我国资本市场的创业板块，起初表现优异，业绩高达 1.5 元/股。但是好景不长，2011 年，业绩开始大跳水，下降幅度超过 97%，每股收益降低至 0.014 元，2011 年度财务报表显示的净利润也仅有 400 万元。2011~2012 年，康芝药业（300086）通过各种违法违规手段，虚增利润近 1600 万元，占同期公告利润的 33.5%，如果新闻媒体披露的举报材料属实，则意味着康芝药业（300086）披露的营业利润中有约 1/3 是"水分"，如果没有这些粉饰的业绩，康芝药业（300086）可能早就出现了亏损，经营状况急转直下，商誉减值信息的披露或加速降低了市场对该公司的预期。此外，2009~2012 年，康芝药业（300086）频繁更换会计师事务所，或许也暗示着该公司早已陷入亏损泥潭。康芝药业（300086）事件窗内的异常收益率与全样本异常收益率的均值存在显著差异。主要体现在事件窗 [0，2] 日内，异常收益率的绝对值均远高于市场的平均水平，分别为 -11.17%、-4.84% 和 -3.14%，商誉减值信息市场反应的持续时间稍有延长。康芝药业（300086）事件窗内的异常收益率如表 6-14 所示。

表 6-14 个股康芝药业事件窗内异常收益率

事件日	-3	-2	-1	0	1	2	3
AR	-0.0233	0.0018	0.0430	-0.1117	-0.0484	-0.0314	0.0026

资料来源：国泰安数据库—公司研究系列，经笔者计算、整理后得出。

6.2.4.2 违规行为样本商誉减值信息短期市场反应

前文商誉减值与违规操作信息披露的统计结果表明，很多上市公司披露商誉减值信息与其违规操作存在紧密联系，为了探究存在违规操作行为的上市公司披露商誉减值信息后的短期市场反应与全样本的差异，本章将发生过违规行为的公司归为一个子样本，通过数理软件的计算得出这些公司披露商誉减值信息后的市场反应，来比较两个样本之间的差异。

表6－11和表6－15显示两个样本统计结果不同日期的极小值和极大值均一致，表明在全样本中，所有的极小值均来自有过违规操作的公司，上市公司违规操作行为可能使得商誉减值信息的负面市场反应更为强烈。这一点可以通过图6－4得以佐证，与全样本均值相比，违规样本均值呈现一个下移的"V"字型，在事件窗口期内，违规样本日异常收益率的均值都低于全样本均值，表明上市公司的违规行为加剧了市场对商誉减值信息的负面回应，在事件日的回应强度甚至翻了一番，全样本公司在事件日的平均市场回应强度为－0.64%，而违规样本公司在事件日的平均市场回应强度为－1.18%。此外，全样本均值在t＝1日和t＝2日的平均异常回报率均不显著异于零。而图6－4则显示，违规样本的均值在t＝1日和t＝2日的回升速度明显趋于平缓，t＝1日市场回应强度仍有－1.00%，t＝2日市场回应强度则为－0.40%，表6－15的检验结果也表明，t＝1日违规样本的均值在1%的显著性水平下异于零，而t＝2日违规样本的均值在10%的显著性水平下异于零，说明违规样本公司负面回应的时间也可能被拉长为［0，2］事件窗，共计3日。

表6－15　事件窗异常收益率统计分析（违规样本）

事件日	样本数	极小值	极大值	均值	标准差	偏度	峰度
－3	129	－0.0889	0.0981	－0.0025	0.0290	0.3907	5.3192
－2	129	－0.0706	0.0862	－0.0034	0.0288	0.0661	3.0496
－1	129	－0.0682	0.1447	0.0001	0.0293	1.2340	7.9249
0	129	－0.1117	0.0955	－0.0118	0.0380	0.2925	3.2818
1	129	－0.1059	0.1041	－0.0100	0.0281	0.4020	5.2883
2	129	－0.0911	0.1004	－0.0040	0.0264	0.5785	4.7298
3	129	－0.0624	0.0743	－0.0021	0.0250	0.6389	3.5798

资料来源：国泰安数据库—公司研究系列，经笔者计算、整理后得出。

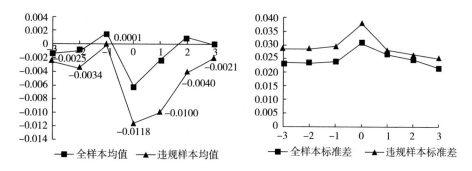

图 6 - 4　违规样本与全样本均值和标准差对比分析

与均值相反，违规样本公司的标准差在事件窗内都高于全样本，且在 t = 0 日最高，呈现出倒 "V" 字型，且两者之间的差异在事件日后明显变小，说明违规样本公司经市场修正后的异常回报率逐渐与全样本趋同，不同市场反应强度之间的差异逐步缩小。此外，违规样本公司中异常收益率小于零的比例数也略有提高，在 [0，3] 日的窗口期内，比例分别为 64.34%、62.79%、65.12% 和 58.14%。可见违规操作的样本公司更容易招致市场的负面回应，如表 6 - 16 所示。

表 6 - 16　商誉减值信息披露日附近的市场反应（违规样本）

事件日	观测数	均值	t 统计量	% （AR < 0）	p 值
- 3	129	- 0.0025	- 0.9824	53.49	0.3278
- 2	129	- 0.0034	- 1.3622	53.49	0.1755
- 1	129	0.0001	0.0437	48.06	0.9652
0	129	- 0.0118	- 3.5364	64.34	0.0006 ***
1	129	- 0.0100	- 4.0483	62.79	0.0001 ***
2	129	- 0.0040	- 1.7024	65.12	0.0911 *
3	129	- 0.0021	- 0.9619	58.14	0.3379

注：***、** 和 * 分别表示在 1%、5% 和 10% 的水平上显著。

资料来源：国泰安数据库—公司研究系列，经笔者计算、整理后得出。

对比表 6 - 13 和表 6 - 17 不难发现，商誉减值信息的披露引发市场负面回应

对于违规样本而言更为显著。全样本公司整体事件在5%的水平上显著，而对于
违规样本公司而言，显著性水平提升到了1%。

表6-17 整体事件检验结果（违规样本）

CAR	Coef	Robust Std.	t	P > |t|
_cons	-0.038	0.0067	-5.02	0.000***

注：***、**和*分别表示在1%、5%和10%的水平上显著。

6.2.4.3 高商誉减值样本商誉减值信息短期市场反应

Ahmed和Guler（2007）将商誉减值额与同期12个月的股票收益率进行了回
归分析，发现商誉减值政策变更后两者之间的负相关性变得更为显著，因此，作
者认为财务报表的可靠性得到了提升。然而，当统计样本为计提商誉减值数额较
大的上市公司时，这一结论就不成立了。而我国资本市场上，中国石化
（600028）分两次计提了大额商誉减值准备，一次计提了62.57亿元，另外一次
则计提了13.91亿元，该公司计提的商誉减值准备规模远超其他企业。同属制造
业上市公司 * ST 黑豹（600760）也计提了商誉减值，但其规模仅为1.02亿元，
那么计提商誉减值规模的大小是否会影响资本市场负面回应的强度呢？本书将全
样本公司按照事件日计提商誉减值规模大小由高到低排列，取前25%的公司数，
将60家上市公司作为本章第二个子样本，通过数理软件的计算得出这些公司披
露商誉减值信息后的市场反应，来比较其与全样本之间的差异。

笔者首先统计了商誉减值额度最高的中国石化（600028）在事件窗内的异常
收益率，统计结果如表6-18所示。在事件日，该公司的市场反应强度仅为
-0.31%，仅有全样本平均市场反应强度的50%，而在 t = 1 日，异常回报率已
经反弹至0.74%的水平，可见，该个股的市场反应强度并不高，而且负面回应持
续时间也仅有事件日一天。

表6-18 个股中国石化事件窗内异常收益率

事件日	-3	-2	-1	0	1	2	3
AR	-0.0175	0.0250	0.0068	-0.0031	0.0074	0.0107	0.0054

注：经检索，中国石化（600028）在本书研究窗内并未有过本书所涉及的违规操作行为。

表 6 – 19 和图 6 – 5 显示，高减值样本均值在事件窗内的变化趋势和全样本均值的变化趋势一致，都呈现出明显的"V"字型变化趋势，且高减值样本事件日平均异常回报率为 – 0.64%，与全样本事件日平均异常回报率 – 0.64% 一致，两者之间略微的区别在于高减值样本的异常回报率在 t = 1 日就迅速反弹至超过零的水平，而全样本的异常回报率在 t = 1 日仍停留在负面回应的状态。高减值样本的极小值在事件窗内均小于全样本的极小值，可见，全样本中的极小值公司与高减值样本中的极小值公司并无交集。高减值样本与全样本、违规样本均值和极小值之间的差异可从图 6 – 5 中清晰地观测到。

表 6 – 19　事件窗异常收益率统计分析（高减值样本）

事件日	样本数	极小值	极大值	均值	标准差	偏度	峰度
– 3	60	– 0.0814	0.0423	– 0.0027	0.0196	– 1.1670	6.6099
– 2	60	– 0.0490	0.0862	0.0007	0.0225	0.6058	5.5946
– 1	60	– 0.0572	0.0949	0.0005	0.0232	0.6327	6.6803
0	60	– 0.0878	0.0692	– 0.0064	0.0271	0.1745	4.0322
1	60	– 0.0617	0.0665	0.0013	0.0256	0.2490	3.6727
2	60	– 0.0443	0.0568	0.0018	0.0240	0.2193	2.4901
3	60	– 0.0442	0.0618	0.0013	0.0201	0.4318	3.4111

资料来源：国泰安数据库—公司研究系列，经笔者计算、整理后得出。

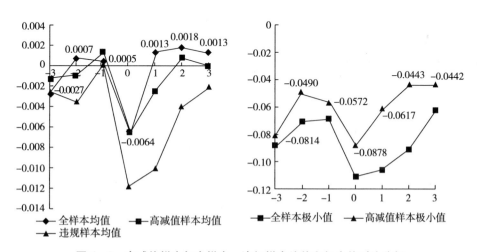

图 6 – 5　高减值样本与全样本、违规样本均值和极小值对比分析

由表6-20可知，高减值样本中，［-3，3］的事件窗内，日异常收益率为负值的上市公司占比与全样本相仿，都会在 t = 0 日出现明显的增幅，在事件日后有所回落。由此可见，高额商誉减值信息的披露并不能引起市场更为强烈的负面回应。一方面，因为本章的选样仅选取了全样本公司的25%，如果进一步压缩这一比例，可能得出不一样的结论①。另一方面，由于商誉难以脱离其他资产组产生独立的现金流，其减值测试要基于与其相关的资产组或者资产组组合，实际操作比较困难，带有较大的主观性。也就是说，利益相关者可能对计提商誉减值数额的可靠性存在质疑，因此，市场可能对商誉减值额度的高低不是特别关心，尽管市场反应强度类似，但与全样本相比，高减值样本在事件日检验中显著性水平降低为10%。

表6-20 商誉减值信息披露日附近的市场反应（高减值样本）

事件日	观测数	均值	t 统计量	%（AR＜0）	p 值
-3	60	-0.0027	-1.0823	53.33	0.2835
-2	60	0.0007	0.2417	48.33	0.8098
-1	60	0.0005	0.1805	46.67	0.8574
0	60	-0.0064	-1.8295	65.00	0.0724
1	60	0.0013	0.3944	51.67	0.6947
2	60	0.0018	0.5839	51.67	0.5615
3	60	0.0013	0.4927	55.00	0.6241

资料来源：国泰安数据库—公司研究系列，经笔者计算、整理后得出。

此外，表6-21显示，高减值样本整体事件检验的显著性水平也明显下降，这可能与观测样本公司数减少导致 t 统计量自由度降低有关，但检验系数仍然显示为负。

表6-21 整体事件检验结果（高减值样本）

CAR	Coef	Robust Std.	t	P＞|t|
_cons	-0.0035	0.0084	-0.42	0.678

资料来源：国泰安数据库—公司研究系列，经笔者计算、整理后得出。

---

① 表6-18 中个股中国石化（600028）事件窗内异常收益率的实证结果似乎并不能佐证这一猜测。如果进一步压缩选样比例，会失去在统计学上的意义，因此，有待随着可选样本数量的增多做进一步论证。

6.3　本章小结

本部分利用变形的 Richardson 模型对资产减值准备的信息可靠性进行了研究。首先，以全样本为基础，分析了资产减值信息对会计盈余可靠性的影响，同时比较了不同类别资产减值信息的可靠性。其次，对比研究了新旧准则阶段减值信息可靠性的变化，分别从减值准备总额、长短期资产减值和四类资产减值的可靠性进行比较分析。最后，为全面考察资产减值信息的可靠性，本章还对上市公司商誉减值信息的市场反应进行了研究。研究发现：

第一，实证结果显示，资产减值应计可靠性弱于非资产减值应计可靠性，表明资产减值的计提确实降低了会计盈余的可靠性。资产减值会计引入了公允价值等多种计量属性，减值的计提更多地依赖于会计人员的专业判断，在增加盈余信息价值相关性的同时也降低了减值信息的可靠性。研究发现，短期资产减值信息的可靠性整体上强于长期资产减值信息的可靠性。在本书所检验的四类资产减值信息中，固定资产减值准备的应计可靠性最强，新资产减值规范使固定资产减值信息的可靠性大幅度提高。在前文的研究中具备最强价值相关性的应收款项减值准备，在本章实证检验中并未体现较强的应计可靠性，这可能是由于采用账龄分析法计提的减值准备并不能真实反映应收款项的真实损失。无形资产减值准备的应计可靠性依然是四类资产中最低的，表明有关无形资产减值的相关规范亟须进一步完善。

第二，通过对资产减值信息可靠性在不同准则阶段的对比研究，我们发现，2007 年执行新会计准则后，上市公司资产减值总额的应计可靠性确实得到了提高，但是短期资产减值信息的可靠性有所下降。新资产减值准则缩小了企业利用长期资产减值转回进行盈余管理的空间，上市公司可能更多地采用短期资产减值进行盈余管理，降低了短期资产减值信息的可靠性。但与旧准则阶段相比，四类资产减值准备的应计可靠性均有所提高，尤其是固定资产减值准备，其减值信息的可靠性在新准则阶段有了大幅度的提高。在新资产减值准则的刚性约束下，企业所提供的资产减值信息具有更强的规范性，新准则阶段上市公司资产减值总额的应计可靠性得到了提高，但短期资产减值信息的可靠性整体上却有所下降。新准则关于长期资产减值不得转回的"一刀切"规定，使得有盈余管理动机的企业不得不更多地转而利用短期资产减值进行盈余管理，影响了短期资产减值信息的可靠性，这应引起监管机构的密切关注。总体上看，新准则实施后四类资产减值准备的应计可靠性均有所提高，尤其是固定资产减值准备，其信息可靠性在新准则阶段大幅提高，在一定程度上彰显了资产减值准则的制度效应。

第三，通过商誉减值信息的市场反应探究商誉减值会计的制度效应，发现商誉减值信息的披露会在短期内导致市场显著的负面回应，公司异常收益率的均值和极小值在事件窗内会呈现出"V"字型变化趋势。但全样本公司商誉减值信息对市场的影响时间较短，仅能够在事件日引起市场显著的负面回应，市场反应时长仅有 1 日。研究发现，在事件窗口期内，上市公司的违规行为可能加剧市场对商誉减值信息的负面回应，但高额商誉减值信息的披露并不能引起市场更为强烈的负面回应。市场可能对商誉减值的可靠性存在质疑，因此，对上市公司商誉减值规模关注度不高。

新《资产减值》准则实施后，我国资本市场披露商誉减值的上市公司数量显著增加，由原来的只有零星数家公司增长至 2012 年的 127 家公司。披露商誉减值信息的公司所属行业也从旧准则阶段的部分行业扩展至所有行业，商誉减值会计政策变更的制度效应初步显现。统计发现，与未披露过商誉减值的上市公司相比，披露过商誉减值的上市公司在盈利能力、股东获利能力和现金流量能力获取等方面普遍较弱，表明上市公司披露的商誉减值信息能够在一定程度上传达利空的消息。尽管我国新《资产减值》准则要求上市公司详细披露与资产减值相关的信息，但现阶段能够完整披露商誉减值原因、资产组（资产组组合）的分配、可收回金额的确定和关键假设及依据等信息的上市公司并不多，资产减值信息披露的完整性亟待提高，且不同上市公司之间商誉信息披露质量差异十分悬殊。由于现阶段我国用以指导商誉减值实务的《资产减值》准则仅在原则上对商誉减值进行了规范，尚未出台针对商誉减值实务的具体操作指引，导致现阶段上市公司在商誉减值政策执行过程中存在许多亟待完善之处。

第7章 资产减值披露与信息不对称的关系

理论分析表明，高信息披露水平可以保护外部投资者，这是资本市场健康运行的基石。通常情况下，上市公司会通过宣告不同种类的事件（如发放股利、股票购回、公司并购等），向市场传递与企业营运有关的信息，这些事件的宣告透露了企业未来获取经济利益的预期，可以降低资本市场的信息不对称。而资产减值准备的计提承载着公司资产毁损的信号，已成为投资者判断上市公司资产质量的重要信息。根据已有研究可知，资产减值事件披露后，资本市场会对该事件做出一定的反应。从短期来看，资产减值披露时会引起公司股价显著的负面回应，预示市场认为减值的计提传递出了公司资产贬值的坏消息；从长期来看，资产减值事件披露之后的半年内市场仍对披露减值的公司抱有负面回应。这说明资产减值传递的信号具有一定的持续性，资产减值信息的披露向市场传递了企业营运的不利信息，透露了公司对未来收益的预期。那么，上市公司资产减值计提与减值公告前期的信息不对称是否存在关联？资产减值损失披露能否有效降低资本市场的信息不对称？与旧准则阶段相比，新准则下上市公司资产减值披露是否更有效地降低了信息不对称水平？本章引入信息不对称变量，选取我国 2001 ~ 2014 年[①]沪、深两市 A 股上市公司作为研究样本，对上市公司资产减值披露与信息不对称的关系进行研究。具体研究内容包括：

第一，上市公司资产减值计提与减值公告前期信息不对称的关系。一方面，通过观察 2007 ~ 2014 年沪、深两市 A 股上市公司资产减值计提行为以及同期反

---

① 根据已有研究，资本市场上减值会计信息披露存在滞后效应，可能的滞后时长为 1 ~ 2 期，因此，设定研究区间为 2001 ~ 2014 年。

映减值迹象的指标，考察新减值准则出台后上市公司是否依照资产减值迹象判断标准计提相应的减值准备。另一方面，检验上市公司资产减值计提与减值公告前期信息不对称关系，探究企业是否出于降低减值公告前期信息不对称目的而进行资产减值信息的披露。

第二，检验新准则的实施是否有效降低了上市公司信息不对称水平。借鉴Samir Vanza 等（2011）、胡艳和赵根（2010）的研究方法，用减值公告发布前后期的日均换手率来衡量信息不对称水平。通过考察 2001 ~ 2014 年沪、深两市 A 股上市公司资产减值披露与减值公告前后信息不对称之差的关系，检验上市公司资产减值信息披露对于降低资本市场信息不对称的作用。通过对新旧准则期间样本上市公司相关数据分别回归与对比分析，检验不同制度背景下上市公司资产减值披露对降低信息不对称的影响是否不同，新准则下上市公司变化的信息不对称与资产减值披露的相关关系是否强于旧准则期间，从而检验我国新资产减值准则实施的经济效果。

7.1　国内外研究动态

目前，学者关于信息不对称的相关研究主要从信息不对称的产生原因、表现、衡量方法以及如何降低信息不对称等方面展开，本章关于资产减值与信息不对称的研究综述主要从资产减值计提影响因素、资产减值的市场反应两个方面展开，之后回顾资产减值准备与信息不对称关系的研究成果，为后续实证研究奠定理论基础。

7.1.1　信息不对称研究

对证券市场信息不对称产生原因，陆瑾和顾毓斌（1999）认为信息的获取是需要成本的，因此，由于实力不同，投资者获取的信息量就会不同；信息加工能力的不同也会产生投资者之间的信息不对称；上市公司因为是信息的供给者，天然地与投资者信息不对称；内幕交易构成了除市场运行之外（主要指人为因素）的信息不对称。王义华等（1998）认为，二级市场中交易者之间的信息分布是不对称的。例如，相对于散户来说，机构投资者所获取的信息要多很多。这种差异可以从信息成本和信息披露两个方面解释。李建国（2001）从主观方面和客观方面总结了信息不对称产生的原因。主观方面的原因有上市公司的利益驱动、筹资需求，关联及内幕交易，而客观方面的原因主要有市场监管薄弱、地方利益保护、会计准则的不完善以及中介机构执业人员的职业素养较差等。李丹和鹿礼男（2013）将证券市场信息不对称产生的原因归纳为会计法规的不完善、信息获取成本高及证券市场缺乏有效监管。吴东生（2013）认为证券市场信息不对称产生的主要原因是上市公司不健全的法人治理结构，证券中介机构（证券公司、律师事务所、会计师事务所、资产评估机构等）缺乏规范性的运作，国内证券市场上关联交易、内幕交易的盛行以及金融体制改革滞后，证券市场监管环节薄弱。

关于证券市场信息不对称的表现，赵振全和宋玉臣（2003）认为，我国资本市场信息不对称分为两种：一方面是股票发行人和投资人之间的不对称，另一方面是投资人之间又存在机构投资者与个人投资者之间的不对称。前者具体表现为上市公司所披露的信息不充分、不及时，信息黑幕大量存在；后者是指机构投资者与发行人勾结起来对信息进行垄断甚至造假，以便双方合作对股价进行操纵。蒋顺才等（2004）将我国证券市场信息不对称的表现概括为信息来源、信息时间、信息数量及信息质量的不对称。银国宏（2001）分析了我国证券市场信息不对称的现象，认为证券市场信息不对称主要包括机构投资者与中小投资者之间（对重组、业绩大幅波动等掌控能力不同）、内幕知情人和外部人之间以及在企业 IPO 过程中各类市场参与者之间的信息不对称。

对于衡量证券市场信息不对称的方法，田存志（2015）将国外文献度量方法归纳为基于财务指标与基于微观结构理论两大类。运用财务指标度量方面，以往学者运用分析师预测误差、股票非正常收益波动率、股票平均换手率等来进行衡量；基于微观结构理论度量方面，以往学者运用知情交易概率、交易指标法等来进行衡量。刘少波和吴玮琳（2010）将衡量证券市场信息不对称的主要方法归纳为三种：交易成本法、买卖价差法和知情交易测度法。根据以往研究，信息越对称，则交易成本、买卖价差以及知情交易概率越小。在三种衡量方法中，知情交易概率是对信息不对称的直接测量，交易成本法、买卖价差法基于做市商主导的报价驱动市场。Eleswarapu 等（2004）使用交易成本来衡量信息不对称的程度。交易成本法无法测量知情交易，用其度量信息不对称较容易受到市场因素的影响，从而无法准确衡量。Demsetz 等（1968）把买卖价差定义为做市商提供即时交易服务的收入，与其相对应的做市商的成本包括存货成本、订单处理成本等；Sunder（2003）也采用买卖价差作为信息不对称大小的代理变量。在段西军（2006）的研究中发现，买卖价差是股票投资过程中不可忽视的一种交易成本。使用买卖价差作为信息不对称衡量的依据在于，买卖价差是做市商的买入报价与卖出报价之间的差额，反映了报价驱动市场下的流动性，是投资者为市场的流动性所支付的成本。然而，朱爱萍（2010）的研究认为，买卖价差反映的是做市商（造市者）的盈利来源，而我国证券市场采用集中竞价的拍卖模式，并不存在国外市场上的做市商（造市者），因此，买卖价差不能对我国证券市场信息不对称进行准确度量。杨之曙和姚松瑶（2004）、王春峰等（2005）运用 Easley 等（1996）的知情交易概率（PIN）模型估计了沪市的知情交易水平。当前能够直接计算信息不对称水平的指标为知情交易概率（PIN），它是衡量知情交易水平的直接指标，同样地，由于国内为指令驱动市场，知情交易概率并不适用于中国证券市场。施先旺等（2015）用分析师预测准确程度与离散程度来作为信息不对称代理变量，研究发现，分析师预测能够较好地反映公司的信息不对称程度，研究还发现信息不对称程度越高的公司审计收费越高。

在降低信息不对称的因素研究方面，黄寿昌和杨雄胜（2010）采用股票交易量及股票报酬波动率作为信息不对称的代理变量，认为交易量越小、收益波动率越大，信息不对称程度越高。他们以 2006~2008 年沪市 A 股上市公司为样本进行研究，研究发现自愿披露内部控制报告可以增强公司盈余信息的可靠性，提高整个公司的信息披露水平，降低信息不对称，从而提高上市公司股票交易市场效率。薛有志等（2014）以 2009~2012 年公开 IPO 的 869 家公司为研究对象，研究信息不对称与媒体报道的关系，研究结果显示，公司 IPO 前媒体进行信息传播能够降低信息不对称，信息不对称程度越高，媒体治理效应越明显。李莉等（2014）的研究结果显示，在资本市场融资时，知识产权保护水平越高，企业内外部信息不对称程度越低，企业越倾向于股权融资。知识产权保护水平的提高可降低信息不对称。

7.1.2 资产减值计提影响因素

Strong 和 Meyer（1987）研究结论显示：决定上市公司是否计提资产减值以

及计提多少资产减值的最主要因素为管理层变更；资产减值计提金额占股东权益账面价值比例越大的公司，宣告日的异常报酬率越大。Zucca 和 Campell（1992）的研究发现，上市公司计提资产减值的主要动机是"大清洗"动机，即上市公司以计提减值准备作为秘密准备，在需要时转回以操纵利润。研究还发现，利润平滑动机也是上市公司计提资产减值的动因。Francis 等（1996）对 1989~1992 年 674 家美国样本公司的公司特征进行研究，发现与资产减值计提金额相关的指标为：股票回报率 Yreturn、账面市值比 B/M 以及总资产回报率 Rota。因此，他们认为企业减值代表了企业的资产发生了价值毁损，减值并没有沦为盈余管理的工具。Riedle（2004）选取 1992~1998 年 2754 家样本公司以研究资产减值与经济因素、报导动机的关系。研究发现，资产减值与经济要素、报导动机均呈现相关关系，但资产减值与经济要素之间存在的相关关系较弱，与报导动机之间存在的相关关系较强，说明上市公司管理层运用资产减值操纵盈余的动机更加强烈。

　　国内也有很多学者对资产减值计提的影响因素开展了研究。王跃堂（2000）研究发现有扭亏动机的公司会利用三大减值政策（短期投资减值、存货减值和长期投资减值）少计提减值，做大当年利润；被 ST 处理的上市公司则选择利用减值政策当年多计提减值损失，做大当年亏损，以期来年转回实现扭亏为盈。戴德明等（2005）以 2001~2003 年为研究区间，把期间发生亏损的上市公司作为研究样本，研究亏损公司资产减值准备计提的影响因素，探究亏损公司究竟是出于经济动因还是盈余管理动因进行资产减值的计提。研究结果显示，亏损公司计提的资产减值金额既与经济因素相关，又与盈余管理因素相关，说明亏损上市公司资产减值的计提金额既是公司自身经营及公司环境发生不利变化的反映，也是管理层进行盈余管理的工具。祝焰和顾伟敏（2007）研究发现，上市公司长期资产计提的主要影响因素为：公司规模大小、资产负债率、营业收入增长率、亏损情况及会计师事务所出具的审计意见。其中，与盈余管理最为相关的影响因素为首次亏损情况，研究发现样本公司首亏年份长期资产减值规模高于其他年份，倾向于做大亏损，以方便来年冲销从而扭亏为盈。代冰彬等（2007）研究发现资产减值计提的影响因素除了经济因素和盈余管理因素外，还有稳健性因素。且由于公司的盈余管理动机不尽相同，操纵的减值种类也会有所变化：具有扭亏与"大清洗"动机的上市公司采取所有种类减值准备操纵盈余，具有利润平滑动机的上市公司和管理层发生变更的公司则倾向于运用长期资产减值准备等不会影响到营业利润的减值准备来进行利润操纵。纪金莲等（2012）以 2007～2010 年中国制造行业的上市公司为研究对象，研究结果显示，公司的资产报酬率和市净率越高，经营活动每股现金流量越低，当年计提的资产减值准备越少。因此，他们认为新会计准则实施后，经济因素显著影响资产减值的计提。翟华明等（2013）对于房地产业上市公司的资产减值计提的影响因素进行了研究，发现房地产企业计提资产减值最强烈的动因是净资产收益率，据此笔者认为房地产业上市公司可能存在运用减值"熨平"利润的盈余管理行为；另外，翟华明等也发现了首亏公司倾向于做大亏损的现象。除此之外，资产减值与公司规模也显著相关。徐小玲（2013）研究发现，在新准则期间，亏损的上市公司计提资产减值的行为与"大清洗"的关联程度相对较低，说明新准则的出台减少了上市公司利用资产减值操纵利润的现象。王福胜和程富（2014）的研究结果显示，尽管新准则的实施减少了企业运用资产减值操纵盈余的自由度，许多企业的资产减值计提依旧出于扭亏、利润平滑、"大清洗"、管理防御等多种盈余管理动机。

7.1.3 资产减值市场反应研究

Strong 和 Meyer（1987）研究发现样本公司的累计异常收益率在减值公告披露前 2～11 天为正，减值公告披露期间为负，且样本公司资产减值规模和减值公告披露期间累计异常收益率显著正相关，说明减值的披露传递了公司信息，市场会对资产减值做出反应，资产减值具备价值相关性。Elliott 和 Shaw（1988）对上市公司资产减值的市场反应进行了研究，从短期来看，上市公司在报表中披露重大资产减值损失后，该公司的股价显著下滑，研究发现，披露重大减值损失的公司市场收益率变为负值，平均持续时间为两天，这说明了外部投资者将重大减值信息辨认为坏消息，反映了公司资产的减损，公司经营的不力等；就长期市场反应而言，披露重大减值亏损的公司在减值公告公布后的半年内依旧会出现市场收益率为负的现象，表明减值损失传递出的坏消息存在持续性，对市场对股价都有着长期的影响。Francis 等（1996）研究了不同种类资产减值的市场反应，研究发现，股价与总资产减值规模呈现明显的负相关关系，再次支持了外部投资者将重大减值信息辨认为坏消息这一观点；且股价与不同类别资产减值的相关关系也不同，如股价与存货减值呈现负相关关系，与冲减费用呈现正相关关系，与商誉减值相关关系不显著。

国内也有许多学者对资产减值的市场反应做出了研究。与以往研究结果相反，王福胜和孙妮娜（2009）的实证研究结果显示，资产减值规模及其增减对上市公司股价具有显著正面影响，当上市公司计提大额减值准备，股价反而会提升，他们认为，一方面说明了减值信息对股价的提升具备解释能力，减值信息可以影响股价，具备价值相关性；另一方面说明了证券投资者能够正面积极地看待减值信息。周冬华（2012）研究发现，具有扭亏与"大清洗"动机的上市公司的资产减值的价值相关性弱于正常计提资产减值的公司，说明出于盈余管理动机计提的资产减值会损害其价值相关性。代冰彬（2015）比较了新准则实施前后盈余管理动机对减值信息市场反应的影响，研究结果显示，新准则实施后，具备扭亏动机的公司不再使用资产减值进行盈余管理，在一定程度上提高了资产减值信息的质量，使得资产减值信息更具价值相关性。

7.1.4　资产减值与信息不对称

信息不对称，指交易双方了解的信息处于不对称的状态，通常发生在市场交易中。信息优势方掌握完全的信息，而信息劣势方无法获知，会引发信息优势方运用信息优势，侵害信息劣势方的权益。国际会计准则第 36 号将企业计提并披露资产减值行为的作用描述为：帮助管理者实现向财务报表使用者传达未来现金流量的信息。这在一定程度上表明管理者掌握着有关公司未来收益的私人信息，处于信息优势方，按规定应当在财务报表中披露一定的相关信息。另外，计提减值的行为是基于管理者对未来业绩的预期，说明资产减值信息的披露能够传递一定程度的企业内部信息，从而降低信息不对称。

Campbell 和 Hentschel（1992）的研究显示，坏消息的披露可能会导致市场波动的增加。Rogers 等（2009）的研究结论显示，盈利预期的披露可能增加短期波动。以上学者的研究说明市场会对信息披露做出反应。Field 等（2001）研究发现，通过公布预计未来企业绩效的私人信息可以有效降低信息不对称。还有一些文献指出在无形资产方面，上市公司可能为实现信号传递、减少信息不对称来选择会计政策，如 Wyatt（2005）研究发现，企业会通过他们确认无形资产的行为来传达公司在技术方面的优势。Wright 等（2010）研究发现，公司资本化软件开发费用的披露可以向外部投资者传递信号，减少了信息不对称。一些文献的研究显示，资产减值的披露则有效传达了企业未来绩效的私有信息。Rees 等

（1996）提供了资产减值和公司发生异常状况呈正相关的证据。Collins 等（1999）发现企业进行减值很可能是出于当前业绩不好，甚至亏损的情形，因此，账面价值可以被用来代表亏损企业的未来预期盈利。Bens 和 Johnston（2009）的研究表明基于上市公司对未来经营状况的预计而计提的资产减值损失，可以向投资者传达私有信息，平滑了上市公司股价的波动率，降低了公司价值的不确定性，并有效降低了上市公司和投资者之间的信息不对称。

7.1.5　文献述评

理论分析表明，高信息披露水平可以保护外部投资者，这是资本市场健康运行的基石。自执行资产减值政策以来，减值信息披露方式从主表到附表再到报表附注，减值准备披露内容从分项披露到汇总披露，这些政策变化的依据是什么？资产减值信息披露方式的变更是否会提升财务报告的信息含量进而提高其信息质量？如果结论相反，则意味着现有减值政策存在进一步完善的空间。国外没有直接研究资产减值披露方式变更对会计信息含量影响的相关文献，而我国会计准则的变迁历程为我们探讨减值信息披露方式变更的影响提供了机会。

通过总结国内外相关研究，我们发现，现有学者关于信息不对称的研究主要聚焦于信息不对称的原因、表现、衡量以及如何降低信息不对称等方面。有关资产减值的市场反应的文献探讨了资产减值公告颁布前后的长期与短期市场反应，大部分的实证研究结果都发现了市场对重大的资产减值信息具有负向的反应。关于资产减值准备与信息不对称关系的研究方面，国外文献主要关注资产减值是否预示着企业未来绩效变化，是否能够传递企业私有信息以及企业私有信息的披露是否能够降低信息不对称，而国内很少有学者对减值准备与信息不对称的关系进行研究。

目前，国内除有关资产减值披露与信息不对称关系的实证研究文献很少外，更鲜见文献结合不同制度背景下资本市场的运行状况进行实证检验与对比分析。本书借鉴 Mohd（2005）的研究方法，引入信息不对称变量，通过观察企业信息不对称的变化来考察资产减值的披露是否向投资者传达了有效信息，检验我国《资产减值》准则的实施效果。本章将以我国 2001～2014 年沪、深两市 A 股上市公司作为研究样本，探讨上市公司资产减值披露和信息不对称的关系。并进一步通过对新旧准则不同期间沪、深两市 A 股上市公司减值披露与变化的信息不对称水平分别回归与对比分析，检验新旧准则下上市公司资产减值披露对于降低信息不对称的影响是否不同。

7.2 资产减值与公告前期信息不对称关系

本部分主要检验上市公司资产减值计提行为与资产减值迹象指标是否存在关联。具体包括以下内容：①以 2007～2014 年沪、深两市 A 股上市公司为对象，分析资产减值信息披露与减值迹象指标之间的关系，考察上市公司是否以新准则规定的资产减值迹象判断标准为依据进行资产减值的计提。②以 2007～2014 年沪、深两市 A 股上市公司为对象，研究资产减值披露与减值公告前期信息不对称的关系，检验上市公司管理层是否出于降低信息不对称水平的目的而进行资产减值信息的披露。

7.2.1 研究假设

企业会计准则第 8 号关于资产减值的认定分为两个步骤：第一步，在每年年末进行减值测试，判断公司资产有没有减值迹象。第二步，如资产有减值迹象，企业需要计算可收回金额。若可收回金额低于账面价值，企业需将资产账面价值减记至资产可收回金额，账面价值与可收回金额的差额确认为资产减值损失，并计提资产减值准备。由新准则的规定可以看出，当资产的可收回金额低于其账面价值时计提资产减值准备是必要的，而一些经济因素的存在则表明企业是否将发生资产减值损失。资产减值准则确定了一系列可被视为"减值迹象因素"的判断标准，主要包括：

第一种，企业资产或资产组实体损坏或陈旧过时，市场价值大幅下降。

第二种，用来计算资产可回收金额的折现率（市场利率、市场投资回报率等）上升，资产经济绩效如资产所创造的净现金流量等低于或者将低于预期，从而使得资产可收回的金额下降。

第三种，企业经营所处的经济、技术或者法律等环境以及资产所处的市场发生了变化，一方面，使得企业的资产难以适应新的市场被淘汰，市场价值下降；

另一方面，资产生产能力和生产效率下降，从而对该项资产未来现金流量的预期减少，导致未来可收回的金额减少。

可以看出由于经济、技术、法律等环境变化和市场变化的第三种减值迹象最终可以归结至第一种的资产市场价值下降和第二种的资产可收回金额下降。

资本市场历来存在信息不对称问题，会计信息披露的制度安排并不一定能解决会计信息的供需矛盾，但通过分析比较会计信息披露的边际成本与边际收益，确定会计信息披露的最优解式，可以在一定程度上满足资本市场的需要，满足投资权益最大化的需求，化解会计信息披露的供需矛盾。对上市公司而言，如果公司的市场价值是低于账面价值的，那么根据准则规范，特定资产或资产组的账面资产很可能应当计提减值准备。一般地，我们用 B/M 指标衡量企业 t 年 i 公司账面价值与市场价值之比，该指标越高预示企业减值迹象越明显。而公司买入并持有的股票回报率 Yreturn、公司所处行业的总资产收益率 InRota、公司自身总资产收益率 Rota 以及营业利润增长率 Opr 越低，则预示企业资产减值迹象越明显。即，公司资产出现减值迹象是其计提资产减值的重要影响因素。据此，本章提出假设 H1。

假设 H1：在新准则期间，公司减值迹象指标与资产减值计提行为相关，其中 B/M 指标与资产减值计提呈正相关，其他减值迹象指标与资产减值计提呈负相关。

信息不对称会带来逆向选择及道德风险问题，导致资本市场交投活跃度下降，市场萎缩，不利于上市公司自身的发展。针对信息不对称的解决办法之一为信号传递，即信息优势方的优质企业借助信号传递行为，披露自身有利信息向外部投资者传递信号，从而达成交易。Field 等（2001）认为通过公布预计未来企业绩效的私有信息能够显著降低信息不对称。Collins 等（1999）用账面价值代表亏损企业的预期回报，发现资产价值可以预示企业未来回报，降低信息不对称。Wyatt（2005）认为，企业会通过他们确认无形资产的行为来传达公司在技术方面的优势，企业有出于向外传达公司在技术方面的优势的目的，从而进行无形资产的确认与披露的行为。资产减值信息承载着企业未来预期盈余的信息，是企业可以选择的有效传递信号。如果企业计提了资产减值准备，很可能表明企业当前业绩不好，出现盈利下降甚至亏损。Collins 等（1999）发现企业进行资产减值计提很可能是出于当前经营状况下滑、未来现金流入可能减少的情形，因此，资产账面价值可以被用来代表企业的未来预期盈利。而从国际会计准则第 36 号（ISA36）规定的内容来看，上市公司管理层通过资产减值的披露可以向现实的和潜在的投资者传达未来有关资产盈利能力以及公司现金流的信息。

因此，上市公司存在运用信号传递行为消除信息不对称不利影响的动机，而资产减值的计提与披露承载着企业未来预期盈余的信息，可以作为特定信号进行传递。由此推测，管理层会出于降低信息不对称的目的而进行资产减值的计提与披露，减值公告前期信息不对称程度越大的公司，本期计提与披露的资产减值金额占总资产比例越高。据此，本章提出假设 H2。

假设 H2：在新准则期间，上市公司当期计提的资产减值损失与减值公告前期信息不对称呈正相关。

7.2.2　变量选择

为检验新准则期间上市公司资产减值计提与减值公告前期信息不对称、资产减值迹象是否相关，本书选取以下变量进行研究。

（1）被解释变量。资产减值规模（Impairment）。

资产减值规模反映受上市公司预期现金流量影响资产价值发生毁损的程度。由于有些资产的减值测试需要通过对资产组或者资产组组合产生的现金流进行分配，带有较大的主观性，因此，本章在该部分研究拟采用当年计提的资产减值总规模作为研究变量，并用当年计提资产减值总规模除以滞后一期的平均总资产来消除模型中的异方差。

（2）解释变量。解释变量包括减值公告前期信息不对称（InfoAsym_pre）和反映上市公司资产减值迹象的指标。

1）信息不对称（InfoAsym_pre）。本章拟借鉴 Samir Vanza 等（2011）、胡艳和赵根（2010）的研究方法，用公告发布前后期的日均换手率来对信息不对称的衡量。众多学者的研究显示，换手率与信息不对称之间存在相关关系且关系为负。Christian Petersen 和 Thomas Plenborg（2006）认为，换手率反映了某些投资者出售股票和购买股票的愿望，股票交易的意愿与信息不对称负相关。Holod 和 Peek（2007）指出，信息不对称程度越低，信息透明度越高的公司股票流动性越好，越容易获得外部融资。杨之曙等（2004）研究发现，换手率越高、流动性越好的股票，信息不对称水平越低。王春峰等（2005）的研究结果显示，具体到我国资本市场，信息交易概率和市场流动性之间呈现显著正向关系。张程睿（2007）的研究结果显示，交易量指标衡量了股票的流动性，可以在一定程度上代表证券投资者交易特定股票的意愿，交易量越高的股票，其所属上市公司信息不对称越低。然而交易量受很多因素影响，包括投资者的投资组合的调整、流动性冲击、风险偏好的改变等。而利用换手率能够消除交易量的规模影响，如果市场有效，换手率应与信息不对称有关。

本节中借鉴 Samir Vanza 等（2011）、胡艳和赵根（2010）的研究方法，减值公告前期信息不对称（InfoAsym_pre）用当年财务报告发布前 15 天的换手率均值来衡量。减值公告前期换手率均值越高，其信息不对称水平越低。

2）减值迹象指标（Indicators）。根据准则规定，资产减值迹象包括：企业外部市场、经济或者政治环境发生重大不利变化、企业资产市场价值大幅下跌、资产已经过时或者毁损、资产使用方式即将发生重大变化等，这些迹象的发生往往随着资产的市场价值下降，可变现净值减少，资产带来现金流入的能力下降。

本章参照 Ramanna 和 Watts（2008）、周冬华（2010）的研究，选取企业资产账面价值和市场价值比（B/M）以及行业 Rota 作为资产市场价值下降的代理变量。市场价值的显著下降预示着上市公司资产价值的下降，如果公司资产账面价值与市场价值比值大于 1，即账面价值高于市场价值，该上市公司很可能需要计提资产减值损失。行业 Rota 代表了行业的盈利水平，盈利水平越高，出现减值迹象的可能性越小；反之，行业 Rota 下降，则表明处于该行业的公司很可能出现了减值迹象。选取企业股票收益率 Yreturn、总资产收益率 Rota 以及营业利润增长率 Opr 作为企业绩效的代理变量。股票收益率 Yreturn 代表了连续变化的买入并持有的本年度股票回报率。资产价值通常是上市公司股价的函数，如果上市公司经营现金流量锐减，则其股票收益率也会降低，上市公司很可能计提资产减值损失。上市公司总资产收益率和营业利润增长率反映了上市公司自身盈利能力对资产价值的影响。企业总资产收益率越高，营业利润增长率越高，其盈利能力与成长能力越好，预计出现资产减值的可能性越低。

3）控制变量。参照王福胜（2014）的研究，选取控制变量 Size_it、Lev_（it−1）、KS_it、WL_it、PG_it、BG_it、PH_it 加入模型，Size_it、Lev_（it−1）分别用来控制公司规模的大小、资产负债率对资产减值计提的影响，而 KS_it、WL_it、PG_it、BG_it、PH_it 则分别代表亏损公司、微利公司、配股公司、管理层变更公司及利润平滑公司。已有研究表明，具有"大清洗"、利润平滑动机的公司及发生管理层变更的公司愿意计提更多减值准备，以此来做大亏损、控制盈余。而具有避免亏损、增发配股动机的公司则愿意计提更少的减值准备，以此做大利润，避免亏损。本章预测 KS_it、PH_it 和 BG_it 的系数皆为正，WL_it、PG_it 的系数皆为负。

本章实证模型中各变量具体定义如表 7 – 1 所示。

表 7 – 1　变量设计

变量类型	变量名称	变量符号	变量含义
被解释变量	资产减值规模	Impariment_it	t 年 i 公司总资产减值规模/上一年度的平均总资产
解释变量	公告前期信息不对称	InfoAsym_pre	t 年 i 公司宣布年度业绩前的 15 日内日均换手率
	资产减值迹象指标	B/M$_{it}$	t 年 i 公司账面价值与市场价值之比，越高减值迹象越明显
		Yreturn$_{it}$	t 年 i 公司买入并持有的股票回报率，越低减值迹象越明显
		Rota$_{it}$	t 年 i 公司总资产收益率，越低减值迹象越明显
		InRota$_{it}$	t 年 i 公司所处行业总资产收益率，越低减值迹象越明显
		Opr$_{il}$	t 年 i 公司营业利润增长率，越低减值迹象越明显
控制变量	公司规模	Size$_{it}$	第 i 家上市公司 t 年的总资产数目的对数
	资产负债率	Lev$_{it-1}$	第 i 家上市公司 t – 1 年的资产负债率
	亏损公司	Ks$_{it}$	第 i 家上市公司 t 年 Roe$_{it}$ < 0 时等于 1，其余为 0
	微利公司	WL$_{it}$	当 Roe$_{it}$ ∈ [0, 0.02] 且 NK = 0 时等于 1，其余为 0
	配股公司	PG$_{it}$	当 Roe$_{it}$ ∈ [0.06, 0.08] 且 NK = 0 时等于 1，其余为 0
	高管变更公司	BG$_{it}$	当本期管理层变更，且 KS = NK = WL = PG = 0 时等于 1，其余为 0
	利润平滑公司	PH$_{it}$	当 Roe$_{it}$ > $\frac{3}{4}$ 行业均值 Roe$_{it}$，且 KS = NK = WL = PG = BG = 0 时等于 1，其余为 0

7.2.3　模型构建

以往信息不对称研究基本选取半年内高频交易数据建立信息不对称的度量模型，为避免数据量过大，大多选用的是半年或一年的截面数据或者采用事件研究法。若采用传统方法，使用高频数据进行 8 年面板数据的构建，数据量太大，凭个人能力较难实现。借鉴胡艳和赵根（2010）的研究方法，本章选取股票日均换手率数据作为衡量上市公司信息不对称的替代指标，筛选了 124 家公司 2007 ~ 2014 年的 992 个观察值作为平行面板数据进行实证研究。面板数据可以观测到多个样本多年内的发展情况，可以观察多个样本单位在一段时间内的表现，既包括样本单位在某个时点的表现，也包括样本单位在某个时间段的连续表现。与截面数据相比，利用面板数据做实证研究有许多优点：

第一，有利于控制样本公司间的个体差异。

第二，有利于观察各年份信息不对称的变动。

第三，有利于收集更准确的上市公司计提资产减值的信息。

第四，有利于控制公司特征等无法观测因素的影响。

关于假设 H1 和假设 H2 目前实证中使用较多的为多因素模型。本章借鉴 Samir Vanza 等（2011）的研究，通过参数和非参数方法，检验资产减值计提与公告前期信息不对称及资产减值迹象的关系。本章构建模型（7 – 1）：

$$\text{Impairment}_{it} = \beta_0 + \beta_1 \text{InfoAsym}_{it}^{pre} + \sum_{j=2}^{6} \beta_j \text{Indicators}_{it} + \sum_{k=7}^{13} \beta_k \text{Controls} + r_i + \varepsilon_{it}$$

$$(7 - 1)$$

其中，Impairment_{it} 是 t 年 i 公司的资产减值规模；β_0 是常数项；r_i 为不随时间变动的个体效应，以控制不同特征公司对信息不对称的不同影响；ε_{it} 是扰动项；$\text{InfoAsym}_{it}^{pre}$ 表示 t 年 i 公司的公告前期信息不对称变量；Indicators_{it} 表示减值迹象因素，是除了 $\text{InfoAsym}_{it}^{pre}$ 之外的解释变量；Controls 则是代表系列控制变量，具体内容参见表 7 – 1 的变量设计。

本章选取我国沪、深两市 2007 ~ 2014 年①计提资产减值的沪、深两市 A 股上市公司作为研究样本，研究区间为新准则期间，研究数据主要来源于深圳国泰安（CSMAR）数据库中的股票市场系列和公司研究系列、万得（WIND）数据库的公司研究和公司财务板块，部分数据手工收集于《中国统计年鉴》、上海证券交易所、深圳证券交易所以及巨潮资讯网站等，统计分析和处理软件为 Excel 2010

---

① 2007 年 1 月 1 日正式实施的《CAS8——资产减值》准则增加了有关资产减值迹象认定内容。本章选取 2007 ~ 2014 年即新准则实施后的数据，来考察新准则期间上市公司资产减值计提与资产减值迹象的关系。

和 Stata11.0。据笔者初步统计，我国沪、深两市 2007～2014 年计提资产减值的全部 A 股上市公司数据为 16864 条，在此基础上依据以下标准对初始样本进行进一步的筛选。

第一，剔除当年减值公告期前后股票换手率观察窗口不足 15 日的上市公司年度数据，剩余观察值 10341 条。

第二，剔除上市公司当年资产减值信息未披露或减值信息披露不完全的样本，剩余观察值 10316 条。

第三，运用 Stata11.0，Xtbalance 命令将以上数据处理成平行面板数据，剩余观察值 992 条。

依据以上选样标准，为考察新准则期间上市公司资产减值披露与公告前期信息不对称、减值计提与资产减值迹象指标之间的关系，本章共选取 124 家上市公司 2007～2014 年的相关数据，研究样本观察值共计 992 个。

7.2.4　描述性统计分析

7.2.4.1　新准则期间资产减值规模描述性统计

本章选取 2007～2014 年样本上市公司资产减值指标进行描述性统计分析，以观察上市公司资产减值规模随时间变化的大概情况。

根据表 7 - 2 统计结果，我们可以看出，上市公司计提资产减值规模的中位数总体分布于 0.002～0.004，资产减值规模的平均值分布于 0.003～0.009，表明样本数据中各年度资产减值规模波动不大。2008 年，资产减值规模中位数为 0.004，平均值为 0.009，均为最高值，原因可能是 2008 年国际金融危机在全球范围蔓延，上市公司实体经济受到影响，资产的可收回金额大幅度下降，总体经济形势不好引发了上市公司大规模计提资产减值准备。

表 7 - 2　2007～2014 年样本公司资产减值规模年度分布

年度	观察数	最小值	中位数	最大值	平均值	标准差
2007	124	-0.030	0.003	0.159	0.009	0.022
2008	124	-0.016	0.004	0.105	0.009	0.016
2009	124	-0.025	0.002	0.031	0.003	0.007
2010	124	-0.011	0.002	0.028	0.004	0.006

续表

年度	观察数	最小值	中位数	最大值	平均值	标准差
2011	124	−0.033	0.003	0.031	0.004	0.007
2012	124	−0.034	0.002	0.076	0.005	0.010
2013	124	−0.004	0.002	0.100	0.005	0.013
2014	124	−0.010	0.003	0.039	0.005	0.007
合计	992	−0.034	0.003	0.159	0.006	0.012

资料来源：国泰安数据库—公司研究系列，经笔者整理后得出。

7.2.4.2 公告前期信息不对称描述性统计

表7-3提供了2007~2014年度上市公司减值公告披露前期信息不对称指标的描述性统计分析，以观察样本公司减值公告披露前期信息不对称水平随时间变化的大概情况。

表7-3 2007~2014年样本公司减值公告前期信息不对称年度分布

年度	观察数	最小值	中位数	最大值	平均值	标准差
2007	124	0.001	0.015	0.093	0.017	0.015
2008	124	0.002	0.032	0.084	0.034	0.020
2009	124	0.000	0.014	0.141	0.020	0.018
2010	124	0.000	0.017	0.086	0.020	0.015
2011	124	0.000	0.009	0.072	0.013	0.011
2012	124	0.000	0.009	0.088	0.012	0.012
2013	124	0.000	0.009	0.105	0.013	0.013
2014	124	0.001	0.031	0.110	0.036	0.021
合计	992	0.000	0.015	0.141	0.021	0.018

资料来源：国泰安数据库—股票研究系列，经笔者整理后得出。

根据表7-3统计数据的均值来看，样本公司减值公告前期信息不对称水平分布于0.012~0.036，从中位数来看，减值公告前期信息不对称水平分布于0.009~0.032。其中，2008年与2014年公告前期信息不对称数值较高。由于本章选取换手率进行信息不对称的衡量，而信息不对称水平与换手率高低变化正好相反，即换手率越高，表明信息不对称水平越低。2008 年股票换手率大幅上升，预示上市公司信息不对称水平大幅下降。联系我国 2006 年年初颁布新会计准则，2007 年 1 月 1 日开始在上市公司实施，可以推测 2008 年度信息不对称水平大幅下降的主要原因是新会计准则的实施强化了会计信息质量，上市公司年报信息披露内容与形式进一步得到规范，从而较大幅度地降低了资本市场的信息不对称。而 2014 年股票换手率大幅上升的主要原因则是国务院与央行出台一系列利好政策推动了当年 A 股股市的行情上涨。2014 年 7 月，国务院常务会议提出了降低企业融资成本的要求，A 股市场行情低迷出现转机。随后在 11 月下旬，央行进行降息，推动股指一路上攻，引发 2014 年股市交易活跃，股票换手率大幅上升。

7.2.4.3　资产减值迹象指标描述性统计

下文将提供 2007 ~ 2014 年样本上市公司与资产减值迹象判断指标有关的所有观察值的描述性统计分析，以观察上市公司资产减值迹象指标年度分布的大概情况。

由表 7 - 4 的统计数据可以看出，样本上市公司资产账面价值与市场价值比 B/M 值在 0.090 ~ 14.071，中位数为 0.666，平均值为 0.750，表明多数样本上市公司的资产账面价值低于市场价值。股票收益率 Yreturn 观察值的中位数为 0.104，由中位数为正可以推测，新准则期间半数以上观察值股票收益率为正，以股票收益率作为减值迹象判断指标来看，新准则期间半数以上观察值不具有减值迹象。总资产报酬率 Rota 计算方式为利润总额除以总资产平均余额，这个比率反应企业总资产的获利能力。而行业总资产报酬率 InRota 是笔者计算出的全部上市公司总资产报酬率的年度行业加权平均值。总资产报酬率 Rota 的取值范围为 - 0.197 ~ 0.340，经过行业年度加权平均后的行业总资产报酬率 InRota 取值范围为 0.011 ~ 0.173，可以发现，样本公司个体总资产报酬率与行业指标的最大值和最小值之间存在较大差异，而该指标中位数与均值的差异不大。由此可以预计公司间总资产报酬率的个体差异相对于行业间的差异要大。营业利润增长率 Opr 计算方式为公司本年营业利润增长额除以公司上年营业利润总额，反映了企业的持续发展能力。根据表 7 - 4 中的数据可知，营业利润增长率是样本公司波动最大的一个指标，表明是不同会计期间上市公司的盈利能力存在明显差异。

表 7 - 4　2007 ~ 2014 年样本公司资产减值迹象指标年度分布

变量名	观察值	最小值	中位数	最大值	平均值	标准差
B/M	992	0.090	0.666	14.071	0.750	0.752
Yreturn	992	-0.848	0.104	10.852	0.407	1.026
Rota	992	-0.197	0.053	0.340	0.062	0.056
In Rota	992	0.011	0.051	0.173	0.055	0.019
Opr	992	-1005.876	0.084	94.272	-2.746	49.279

资料来源：国泰安数据库—股票研究系列及公司研究系列，经笔者整理后得出。

7.2.4.4　全样本公司的控制变量描述性统计

表 7 - 5 提供了 2007 ~ 2014 年上市公司控制变量所有观察值的描述性统计数据，包括公司规模 Size、资产负债率 Lev、亏损公司 KS、微利公司 WL、配股公司 PG、管理层变更公司 BG、利润平滑公司 PH 指标，以观察全样本公司控制变量在研究区间的大概变动情况。

表 7 - 5　2007 ~ 2014 年全样本控制变量指标年度分布

变量名	观察值	最小值	中位数	最大值	平均值	标准差
Size	992	18.783	22.070	30.657	22.525	1.808
Lev	992	0.007	0.490	0.974	0.483	0.209
KS	992	0.000	0.000	1.000	0.056	0.231
WL	992	0.000	0.000	1.000	0.077	0.266
PG	992	0.000	0.000	1.000	0.094	0.292
BG	992	0.000	0.000	1.000	0.171	0.377
PH	992	0.000	0.000	1.000	0.476	0.500

资料来源：国泰安数据库—公司研究系列，经笔者整理后得出。

表 7 - 5 描述了 2007 ~ 2014 年度上市公司控制变量观测值的大致变动情况，其中，公司规模 Size 为总资产规模的对数，取值范围为 18.783 ~ 30.657，可见取对数之后的数据表现相对平稳，可以缓解异方差问题。资产负债率 Lev 的取值范围为 0.007 ~ 0.974，均值为 0.483，中位数为 0.490，表明样本公司资产负债率多数在 50% 以下。亏损公司 KS_it、微利公司 WL_it、配股公司 PG_it、管理层变

更公司 BG_it 均值均小于 0.1，利润平滑公司 PH_it 均值小于 0.5，预示着存在亏损、微利、配股、管理层变更及利润平滑等特定行为的公司在样本总数中所占比例较低。

前文对 2007～2014 年度全样本上市公司的主要变量指标进行了统计分析，重点对被解释变量资产减值规模（Impairment）及解释变量信息不对称变量（InfoAsym_pre）分别按年度进行了详细的描述。统计分析表明，样本上市公司计提资产减值的中位数总体分布于 0.002～0.004，资产减值的平均值分布于 0.004～0.009。从均值来看，减值公告前期信息不对称分布于 0.012～0.036，从中位数来看，公告前期信息不对称分布于 0.009～0.032。总体来看变量的均值、中位数等数据均在正常范围内。

7.2.5 多重共线性检验

在做回归实证分析之前，先对各变量进行膨胀因子法检验是否存在多重共线性，一方面为前文理论分析和研究思路提供初步的证据，另一方面为下文的多元回归实证分析做铺垫。多重共线性检验结果如表 7-6 所示。

表 7-6 变量方差膨胀因子

变量	VIF 值	1/VIF	变量	VIF 值	1/VIF
PH	2.31	0.433029	WL	1.45	0.689885
Rota	1.93	0.516979	BM	1.37	0.731116
Size	1.83	0.546555	Infoasym_pre	1.22	0.820149
BG	1.66	0.602141	In_Rota	1.19	0.837768
KS	1.51	0.66351	Yreturn	1.05	0.952958
Lev	1.5	0.667301	Opr	1.04	0.959585
PG	1.48	0.674979	—	—	—
Mean VIF	1.5	—			

资料来源：股票研究系列及国泰安数据库—公司研究系列，Stata11.0 计算后得出。

从表 7-6 可以看出，Mean VIF 值小于 2，在 10 以下，表明样本数据不存在多重共线性，可进行进一步的多元线性回归。

面板数据模型兼具时间序列数据与截面数据的特征，因此，面板数据模型可能存在组间异方差，序列相关等问题。由于本章面板数据为大 N 小 T 类型，因此，本章数据主要具备截面数据的特征。截面数据特征主要体现在组间异方差。因此，在回归之前，本章首先运用 Wald 检验来进行固定效应模型组间异方差的检验，Wald 检验的原假设为不存在组间异方差，Wald 检验的结果为：Chi2 (124) = 1.4e + 05，Prob > Chi2 = 0.0000，表明拒绝原假设，模型中具备明显的组间异方差。

本章运用 Wooldridge 检验来鉴定模型中是否具备序列相关，Wooldridge 检验的原假设为不存在序列相关，Wooldridge 检验的结果为：F (1, 123) = 7.926，Prob > F = 0.0057，表明拒绝原假设，模型中具备序列相关。

检验结果表明本章样本数据存在组间异方差、序列相关的情况，根据 Driscoll 和 Kraay (1998) 研究成果，Xtscc 相当于 White/Newey 估计扩展到 Panel 的情形[①]，本章将采用 Driscoll – Kraay 标准误即 Xtscc 命令对固定效应模型进行修正，以保证实证结果的科学可靠。

7.2.6 多元线性回归

为了验证假设 H1 和假设 H2，本部分运用上文构建的多元线性回归模型，对样本公司 2007 ~ 2014 年的相关数据进行实证检验。

为了检验新准则期间上市公司资产减值信息计提与减值迹象指标的关联关系以及检验新准则期间上市公司资产减值披露是否与减值公告前期信息不对称存在显著的相关关系，下文以样本公司资产减值规模为因变量，选取减值公告前期信息不对称及资产减值迹象指标为自变量，运用 2007 ~ 2014 年样本上市公司的相关描述性统计数据进行回归，结果如表 7 – 7 所示。

表 7 – 7　样本公司资产减值披露与公告前期信息不对称回归结果

资产减值规模	回归系数	标准误	T 值	P 值
InfoAsym_pre	0.040 **	0.017	2.290	0.024
B/M	0.000	0.000	− 0.900	0.372
Yreturn	0.000	0.001	0.610	0.542

---

① Xtscc 命令适用于面板数据，可用于修正模型中存在的异方差与自相关，使实证结果真实可靠。

续表

资产减值规模	回归系数	标准误	T 值	P 值
Rota	−0.047***	0.014	−3.500	0.001
In_Rota	0.106***	0.027	3.890	0.000
Opr	0.000	0.000	−0.070	0.946
Size	0.000**	0.000	2.200	0.030
Lev	−0.003*	0.002	−1.840	0.069
KS	0.012***	0.003	3.540	0.001
WL	−0.003***	0.000	−5.360	0.000
PG	−0.002***	0.001	−3.330	0.001
BG	0.002	0.001	1.340	0.184
PH	0.001**	0.001	2.460	0.015
_cons	−0.008	0.007	−1.160	0.249
N	992		—	
adjR^2	0.1842		—	

注：***、** 和 * 分别表示在 1%、5% 和 10% 的水平上显著。

资料来源：国泰安数据库—股票研究系列及公司研究系列，Stata11.0 计算后得出。

表 7 - 7 显示，模型 adjR^2 达 18.42%，总体解释效果良好。资产减值迹象指标中总资产收益率 Rota 指标与行业资产收益率 In_Rota 指标通过了显著性检验，Rota 在 1% 的显著性上与 Impairment 呈负相关关系，In_Rota 在 1% 的显著性上与 Impairment 呈正相关关系，表明在新准则期间，减值迹象指标总资产收益率 Rota、行业资产收益率 In_Rota 均与上市公司资产减值的计提存在显著相关性，当年总资产收益率越低的企业，计提资产减值的规模越高。然而行业资产收益率 In_Rota 指标的符号与预期相反，可能的原因在于：一方面，本书基于 2012 版证监会《上市公司行业分类指引》中划分的行业门类计算行业平均总资产收益率，而本章的研究区间为 2007 ～ 2014 年，这一时间段内，资本市场针对行业门类的划分有所变化，可能影响该指标的行业均值；另一方面，本章仅运用了算术平均法进行计算，未考虑行业间企业的差异水平，据此分配各行业的权重，可能导致行业资产收益率的计算结果出现些许误差。此外，资产减值迹象指标中股票回报率 Yreturn 指标、账面价值比 B/M 指标以及营业利润增长率 Opr 指标均未通过显著性检验。这可能与中国资本市场发展不完善有关，投资者股票投机行为多于投

资行为，股价难以真正反映上市公司的价值。综上所述，假设 H1 得到验证。

盈余管理指标 KS、WL、PG、PH（亏损、微利、配股、平滑）均通过了显著性检验，其中，KS、PH 的符号为正，即当年发生亏损或存在平滑利润动机的公司计提的资产减值较多，说明具有"大清洗"、利润平滑动机的公司愿意计提更多减值准备，以此来做大亏损、控制盈余。而 WL、PG 的符号为负，即微利公司及具有配股动机的公司计提的资产减值较少，说明具有调增收益动机的公司倾向于少计提资产减值准备。BG（管理层变更）未通过显著性检验，发生管理层变更的公司不具备运用资产减值进行盈余操纵的动机。总的来说，与盈余管理有关的指标相对于资产减值迹象指标更多通过显著性检验，说明上市公司计提资产减值时的盈余管理动机更加强烈。

减值公告前期信息不对称 InfoAsym_pre 在 5% 的显著性水平上与资产减值 Impairment 呈相关关系，符号为正，即上市公司减值公告前期换手率均值越大，信息不对称越小，当年计提的资产减值越多。这与我们假设预期方向相反，上市公司并无出于降低信息不对称水平的目的来进行资产减值的计提。然而表 7-7 研究发现，信息不对称水平较低的公司资产减值计提信息披露的金额较大，反向证明在信息不对称程度越高的上市公司中，处于信息优势方的上市公司管理层可能出于盈余管理动机，隐瞒资产价值真实信息，虚增盈余与资产价值。说明我国的资本市场中目前仍存在逆向选择问题。

本部分运用多元线性回归的方法考察了上市公司资产减值计提与减值公告前期信息不对称、资产减值迹象指标之间是否存在关联。发现样本上市公司资产减值的计提与资产减值迹象指标存在一定程度的相关性，且与盈余管理指标显著相关。一方面，显示上市公司会依据新准则规定的资产减值迹象判断标准来进行资产减值的计提；另一方面，利用资产减值进行盈余管理的现象依然存在。通过考察资产减值计提与公告前期信息不对称的关系，发现资产减值计提与公告前期信息不对称呈显著负相关，公告前期信息不对称越大的公司，公告披露的资产减值占总资产的比例越小。说明在信息不对称程度高的上市公司中，处于信息优势方的公司管理层可能出于盈余管理动机，隐瞒资产价值真实信息。说明我国资本市场中目前仍存在逆向选择问题。

7.3　资产减值与信息不对称变化水平关系

本章拟通过考察 2001～2014 年沪、深两市 A 股上市公司资产减值披露与公告前后信息不对称之差的关系，检验上市公司资产减值披露对于降低信息不对称的作用。本节拟进一步对新旧准则不同会计期间的相关数据分别进行回归，通过观察新准则期间上市公司资产减值准备与公告前后期信息不对称之差的相关关系是否强于旧准则期间，检验新资产减值准则的实施效果。

本章节选取我国沪、深两市 2001～2014 年计提资产减值的全部 A 股上市公司作为研究样本，研究区间为 2001～2014 年①，研究数据主要来源于深圳国泰安（CSMAR）数据库中的股票市场系列和公司研究系列、万得（WIND）数据库的公司研究和公司财务板块，部分数据手工收集于《中国统计年鉴》、上海证券交易所、深圳证券交易所以及巨潮资讯网站等，统计分析和处理软件为 Excel 2010 和 Stata11.0。我国沪、深两市 2001～2014 年上市公司与本章研究相关的观察数据共 24604 条，在此基础上依据以下标准对样本进行筛选：

第一，剔除当年减值公告期前后股票换手率观察窗口不足 15 日的上市公司年度数据，剩余观察值 14345 个。

第二，剔除上市公司当年资产减值信息未披露或披露数据不完全的样本，剩余观察值 14119 个。依据以上选样标准，本节共选取 2430 家上市公司 14 年的研究数据，观察值总计 14119 个。

7.3.1　研究假设

从国际会计准则 ISA 36 规定的内容来看，上市公司管理层可通过资产减值的披露向现实的和潜在的投资者传达有关未来公司现金流的预期信息。即管理者在财务报告中披露有关公司未来发展前景的私有信息有助于降低管理层和外部利

---

① 本章观察值共 14119 个，并未进行平行面板数据处理，原因在于若对观察值进行平行面板数据处理，2001～2014 年连续存续的数据仅有 182 个，数据观察值较少，代表性差。

益相关者之间的信息不对称。已有研究显示，通过公布预计未来企业绩效的私有信息能够显著降低信息不对称（Field 等，2001）。Collins 等（1999）用账面价值代表亏损企业的预期回报，发现资产价值可以预示企业未来回报，降低信息不对称。如果企业计提了资产减值准备，很可能表明企业当前业绩不好，甚至出现亏损。Campbell 和 Hentschel（1992）的研究也显示，坏消息的披露可能会导致市场波动的增加，显示盈利预期的披露同样可能增加短期波动，也就是说，信息的披露，无论是好消息还是坏消息，都在一定程度上降低了信息不对称从而带来市场的波动（Rogers 等，2009）。

Kim 和 Verrecchia（1997）指出，自愿披露降低了信息不对称程度。披露水平较高的公司，投资者相对更有信心，股票以"合理的价格"进行交易，增加了股票的流动性。陈千里（2007）、张晨和吴卫星（2007）基于中国股票市场对信息披露与信息不对称之间的关系进行实证研究，结果显示，企业的信息披露可以降低股票市场的信息不对称水平，促进资本市场的流动性。

Strong 和 Meyer（1987）研究发现，样本公司的累计异常收益率在减值公告披露前 2~11 天为正，减值公告披露期间为负，且样本公司资产减值规模和减值公告披露期间累计异常收益率显著正相关，说明减值的披露传递了信息，市场会对资产减值做出反应，资产减值具备价值相关性。Field 等（2001）认为，通过公布预计未来企业绩效的私人信息可以降低信息不对称。由此我们可以推测，资产减值计提与减值信息披露可以向外界传达公司的内部信息，从而降低信息不对称。Bens 和 Johnston（2009）的研究表明，基于上市公司对未来经营状况的预计而计提的资产减值损失通过向投资者传达私有信息的方式降低了公司价值的不确定性，平滑了上市公司股价的波动率，从而有效降低了上市公司和投资者之间的信息不对称。根据以上理论分析，我们推测，上市公司资产减值金额披露了企业私有信息，降低了资本市场的信息不对称。披露减值信息越多的上市公司，其市场反应越大。据此，本章提出假设 H3。

假设 H3：上市公司资产减值金额披露了企业私有信息，并降低了资本市场的信息不对称。

通常，上市公司会通过宣告不同种类的事件（如发放股利、股票购回、公司并购等），向市场传递企业近期的营运状况信息，这些事件的宣告透露了公司对未来收益的预期，可以降低上市公司的信息不对称程度。资产减值准备的计提承载着公司资产毁损的信息，已成为投资者判断上市公司资产质量的重要信息。根据众多学者已有的研究来看，资产减值事件披露后，资本市场会对其做出反应。从短期市场反应来看，资产减值披露时点会引起公司股价显著的负面反应，预示市场认为减值的计提传递出了公司资产价值的坏消息；从长期市场反应来看，研究显示，资产减值披露之后的半年内市场仍对披露资产减值的公司抱负面回应。这说明资产减值的披露向市场传递了企业的营运状况信息，透露了公司对未来收益的预期。

理论分析表明，通过观察信息不对称的变化可考察资产减值的披露是否向投资者传达了有效信息。新资产减值准则对企业公允价值运用、资产处置费用和预计未来现金流量测算等分别做出了较为详细的规定，增加了资产可收回金额确定的规范性与可操作性。业界普遍认为，新减值准则颁布后，进一步限制了企业利用减值准备操纵会计利润的动机，从制度上压缩了企业利用减值准备进行利润操纵的空间，使资产减值会计在相关信息的处理上更加科学、稳健，资产减值准备更加具备价值相关性。因此，可以推测，新准则期间上市公司资产减值披露降低信息不对称的程度大于旧准则期间。据此，本章提出假设 H4。

假设 H4：在同等条件下，新准则期间上市公司资产减值披露降低信息不对称的程度大于旧准则期间。

7.3.2　变量选择

（1）被解释变量。

本节中被解释变量为信息不对称变化水平（ΔInfoAsym）。信息不对称变化水平是指公告后期信息不对称与公告前期信息不对称之差。

本章借鉴胡艳和赵根（2010）的研究方法，用减值公告发布前后期日均换手率之差来衡量上市公司信息不对称的变化。公告前期信息不对称（InfoAsym_pre）用本会计年度的财务报告发布前 15 天的换手率均值来衡量，公告后期信息不对称（InfoAsym_post）用本会计年度的财务报告发布后 15 天的换手率均值来衡量。变化的信息不对称（ΔInfoAsym）采用公告前后期 15 日内日均换手率之差来衡量。一般来说，换手率越高信息不对称水平越低，ΔInfoAsym 越高，降低的信息不对称的程度越高。

（2）解释变量。

包括资产减值规模（Impairment）和资产减值迹象（Indicators）。

1）资产减值规模（Impairment）。资产减值规模（Impairment）反映受上市公司预期现金流量影响资产价值发生毁损的程度。由于有些资产的减值测试需要通过对资产组或者资产组组合产生的现金流进行分配，带有较大的主观性，因此，在该部分研究拟采用当年计提的资产减值总规模作为研究变量，并将当年计提资产减值总规模除以滞后一期总资产来消除模型中的异方差。

2）资产减值迹象（Indicators）。本章选取的减值迹象指标同7.2小节，选取企业资产账面价值和市场价值比（B/M）以及行业 Rota 作为资产市场价值下降的代理变量，选取企业股票收益率 Yreturn、总资产收益率 Rota 以及营业利润增长率 Opr 作为企业绩效的代理变量。

（3）控制变量。

本章选取控制变量股票成交金额 Amount_it、流通市值 CMvalue 加入模型，以控制上市公司股票的成交金额与流通市值对变化的信息不对称的影响。

变量具体定义如表7-8所示。

表 7-8　变量设计

变量类型	变量名称	变量符号	变量含义
因变量	变化的信息不对称	$\Delta InfoAsym_{il}$	t 年 i 公司宣布年度业绩前后的 15 日内日均换手率之差
自变量	资产减值	$Impariment_{it}$	t 年 i 公司总资产减值规模/上一年度的平均总资产
	资产减值迹象指标	B/M_{it}	t 年 i 公司账面价值与市场价值之比，越高减值迹象越明显
		$Yreturn_{it}$	t 年 i 公司买入并持有的股票回报率，越低减值迹象越明显
		$Rota_{it}$	t 年 i 公司总资产收益率，越低减值迹象越明显
		$InRota_{it}$	t 年 i 公司所处行业 t 年总资产收益率，越低减值迹象越明显
		Opr_{it}	t 年 i 公司营业利润增长率，越低减值迹象越明显
控制变量	成交金额	$Amount_{it}$	t 年 i 公司宣布年度业绩前后的 15 日内日均成交金额之差
	流通市值	$CMvalue$	t 年 i 公司宣布年度业绩前后 15 日内日均流通市值之差

7.3.3　模型构建

为验证假设 H3 和假设 H4，本部分选用多因素模型。借鉴 Samir Vanza 等

（2011）的研究，通过参数和非参数方法，检验上市公司资产减值披露对于降低信息不对称水平的作用。拟构建模型（7-2）：

$$\Delta InfoAsym_{it} = \beta_0 + \beta_1 Impairment_{it} + \sum_{j=2}^{6} \beta_j Indicators_{it} + \sum_{k=7}^{8} \beta_k Controls + r_i + \varepsilon_{it}$$

$$(7-2)$$

其中，$\Delta InfoAsym_{it}$ 表示 t 年 i 公司的减值公告前后期变化的信息不对称变量。β_0 是常数项；r_i 为不随时间变动的个体效应，以控制不同特征公司对信息不对称的不同影响；ε_{it} 是扰动项；$Impairment_{it}$ 是 t 年 i 公司的资产减值变量；$Indicators_{it}$ 表示减值迹象因素，是除了 $Impairment_{it}$ 之外的解释变量；$Controls$ 则是代表系列控制变量，具体内容参见表 7-8 的变量设计。

7.3.4 描述性统计分析

本部分提供2001～2014 年样本上市公司信息不对称指标的描述性统计分析，包括减值公告前期信息不对称 InfoAsym_pre、减值公告后期信息不对称（InfoAsym_post）及变化的信息不对称（ΔInfoAsym）三项指标，主要观察上市公司减值公告前后期信息不对称水平是否存在差异，新旧会计准则的不同期间，变化的信息不对称水平是否存在差异，以寻找新准则期间变化的上市公司信息不对称大于旧准则期间的初步证据。

7.3.4.1 信息不对称变化水平描述性统计

根据表 7-9 我们可以看出，上市公司减值公告后期换手率的最大值与均值均大于减值公告前期换手率，总体上来看，减值公告后期换手率数额较前期大，可以初步推测上市公司减值公告后期的信息不对称小于减值公告前期信息不对称。

表 7-9 减值公告前后期信息不对称、变化的信息不对称指标对比

指标	观察数	最小值	中位数	最大值	平均值	标准差
InfoAsym_pre	14119	0.00	0.017	0.235	0.025	0.023
InfoAsym_post	14119	0.00	0.018	0.308	0.027	0.026
ΔInfoAsym	14119	-0.135	0.001	0.204	0.002	0.016

资料来源：国泰安数据库—股票研究系列，经笔者整理后得出。

本章运用 T 检验来进一步检验减值公告前期信息不对称 InfoAsym_pre 与减值公告后期信息不对称 InfoAsym_post 的均值是否相等，检验原假设为 Ho：Mean（diff）= Mean（InfoAsym_post - InfoAsym_pre）= 0，即原假设为减值公告前期信息不对称 InfoAsym_pre 与减值公告后期信息不对称 InfoAsym_post 的均值相等，检验结果如表 7 - 10 所示。

表 7 - 10　T 检验结果

Ho：Mean（diff）= 0		
Ha：Mean（diff）< 0	Ha：Mean（diff）！= 0	Ha：Mean（diff）> 0
Pr（T < t）= 1.0000	Pr（|T| > |t|）= 0.0000	Pr（T > t）= 0.0000

资料来源：国泰安数据库—股票研究系列，Stata11.0 计算后得出。

从检验结果可以看出，上市公司减值公告后期信息不对称（InfoAsym_post）均值显著大于减值公告前期信息不对称（InfoAsym_pre）均值。初步验证了上市公司减值公告的公布，即减值信息的披露对于降低信息不对称有一定的作用。

如表 7 - 11 所示，新准则时期上市公司变化的信息不对称 ΔInfoAsym 最小值、中位数及均值小于旧准则时期，最大值及标准差大于旧准则时期，从标准差来看，新准则时期上市公司变化的信息不对称分布波动较大，从均值来看，新准则时期公告前后信息不对称的变动较小，我们的预期是新准则时期上市公司减值公告前后信息不对称的变动相对于旧准则时期较大，表 7 - 11 显示最大值支持了我们的预期，其余数据需要经过下文进一步回归得出结论。

表 7 - 11　新旧准则不同会计期间样本公司变化的信息不对称分布

所属时期	观察数	最小值	中位数	最大值	平均值	标准差
旧准则时期	4667	- 0.071	0.002	0.158	0.004	0.013
新准则时期	9452	- 0.135	0.000	0.204	0.001	0.017
合计	14119	- 0.135	0.001	0.204	0.002	0.016

资料来源：国泰安数据库—股票研究系列，经笔者整理后得出。

7.3.4.2　全样本资产减值规模描述性统计

表 7 - 12 提供了上市公司资产减值指标 2001 ~ 2014 年的描述性统计分析，

以观察资产减值规模在 14 年内随时间变化的大概情况。

表 7 - 12　2001 ~ 2014 年样本公司资产减值规模年度分布

年度	观察数	最小值	中位数	最大值	平均值	标准差
2001	560	− 0.043	0.003	0.945	0.013	0.066
2002	613	− 0.045	0.002	0.635	0.008	0.036
2003	622	− 0.049	0.002	0.371	0.006	0.023
2004	717	− 0.130	0.003	0.542	0.009	0.031
2005	634	− 0.131	0.002	0.287	0.007	0.023
2006	733	− 0.233	0.002	0.158	0.002	0.019
2007	788	− 0.795	0.003	0.299	0.006	0.046
2008	1009	− 0.052	0.004	0.734	0.011	0.033
2009	1020	− 1.132	0.002	0.618	0.006	0.049
2010	1102	− 0.682	0.002	0.194	0.004	0.026
2011	1506	− 0.205	0.002	0.423	0.005	1.266
2012	1597	− 0.121	0.003	0.191	0.005	0.011
2013	1609	− 0.092	0.003	0.829	0.007	0.184
2014	1609	− 0.407	0.004	0.407	0.007	0.021
合计	14119	− 1.132	0.003	0.945	0.007	0.031

资料来源：国泰安数据库—公司研究系列，经笔者整理后得出。

根据表 7 - 12 我们可以看出，上市公司计提资产减值规模的中位数总体分布于 0.002 ~ 0.004，资产减值规模的平均值分布于 0.002 ~ 0.013，表明，样本数据中各年度资产减值规模波动不大。表 7 - 12 中最异常的数值为 2009 年资产减值规模的最小值，为 − 1.132，意味着上市公司当年资产减值转回数大于上一年的资产总额，该数值对应样本公司为仰帆控股（股票代码 600421）。该公司于 2009 年度变更了控股股东与实际控制人，公司当年发生重大资产重组，管理层可能出于盈余管理动机，调整了当年资产减值金额。

本章按照新旧准则不同会计时期将样本上市公司资产减值规模归纳为表 7 - 13，其中，旧准则时期观察值 4667 个，新准则时期观察值 9452 个。从表 7 - 13 中数据可见，新准则时期上市公司资产减值平均值与标准差均小于旧准则时期，一定程度上反映了新准则执行后上市公司运用资产减值进行自由调控的幅度减小了。从平均值来看，自 2007 年新准则颁布的以后年度，上市公司资产减值规模总体低于 2007 年以前年度，原因可能在于新准则进一步规范了资产减值操作规则，细化了资产减值计提与转回的系列规定，如长期资产减值计提后不得转回等，压缩了上市公司运用资产减值政策调节盈余的自由度，资产减值规模更多地与公司资产的实际情况挂钩。

表 7-13　新旧准则不同会计期间资产减值规模描述性统计

所属时期	观察数	最小值	中位数	最大值	平均值	标准差
旧准则时期	4667	-0.233	0.002	0.945	0.007	0.036
新准则时期	9452	-1.132	0.003	0.829	0.006	0.029
合计	14119	-1.132	0.003	0.945	0.007	0.031

资料来源：国泰安数据库—公司研究系列，经笔者整理后得出。

参照 2012 版证监会《上市公司行业分类指引》中划分的行业门类，本书将计提减值准备的样本上市公司所处行业进行统计归纳，相关数据如表 7-14 所示。从表 7-14 中可以看出，计提资产减值的上市公司分布于各个不同行业，其中制造业上市公司样本数量最多，有 8338 个观察值，占比最高，达到 59.06%。且该指标观察值的最大值、最小值、均值以及中位数均出自制造业，标准差也与之相差不大。整体上看，上市公司各行业之间资产减值数据存在较明显的差异，其主要原因是各行业之间的经济景气程度、资产使用效率、资产更新换代速度等存在不一致，因此模型中选取变量控制行业因素非常有必要。

表 7-14　2001~2014 年样本公司资产减值行业分布

样本所属行业	观察数	最小值	中位数	最大值	平均值	标准差
采矿业	442	-0.180	0.002	0.108	0.005	0.019
电力、热力、燃气及水生产和供应业	649	-0.031	0.001	0.168	0.004	0.015
房地产业	939	-0.205	0.001	0.734	0.007	0.045
建筑业	345	-0.018	0.004	0.099	0.008	0.012
交通运输、仓储和邮政业	596	-0.278	0.000	0.182	0.003	0.017
教育	8	-0.001	0.002	0.005	0.002	0.002
金融业	269	-0.045	0.003	0.355	0.007	0.030

续表

样本所属行业	观察数	最小值	中位数	最大值	平均值	标准差
科学研究和技术服务业	35	-0.023	0.005	0.045	0.009	0.014
农、林、牧、渔业	227	-0.019	0.002	0.123	0.007	0.014
批发和零售业	1068	-0.073	0.002	0.427	0.005	0.019
水利、环境和公共设施管理业	162	-0.045	0.002	0.075	0.005	0.011
卫生和社会工作	14	-0.004	0.002	0.687	0.059	0.198
文化、体育和娱乐业	136	-0.095	0.008	0.366	0.021	0.053
信息传输、软件和信息技术服务业	494	-0.682	0.005	0.182	0.005	0.038
制造业	8338	-1.132	0.003	0.945	0.007	0.033
住宿和餐饮业	89	-0.018	0.001	0.209	0.012	0.036
综合	176	-0.117	0.002	0.287	0.005	0.028
租赁和商务服务业	132	-0.011	0.002	0.423	0.009	0.040
合计	14119	-1.132	0.003	0.945	0.007	0.031

资料来源：国泰安数据库—公司研究系列，经笔者整理后得出。

7.3.4.3 全样本资产减值迹象描述性统计

表 7 - 15 提供了 2001~2014 年样本公司资产减值迹象指标所有观察值的描述性统计分析，以观察资产减值迹象指标的大概情况。

表 7 - 15 2001~2014 年样本公司资产减值迹象指标分布

变量名	观察数	最小值	中位数	最大值	平均值	标准差
B/M	14119	0.000	0.718	14.017	0.689	0.227
Yreturn	14119	-0.909	-0.059	11.855	0.225	0.878
Rota	14119	-64.818	0.047	20.786	0.048	0.617
In Rota	14119	-1.194	0.056	0.621	0.055	0.068
Opr	14119	-11584.901	0.016	10802.953	-0.936	152.937

资料来源：国泰安数据库—股票研究系列及公司研究系列，经笔者整理后得出。

由表 7 - 15 我们可以看出，样本上市公司账面价值与市场价值比 B/M 值分布于 0.000 ~ 14.017，样本上市公司账面价值与市场价值比 B/M 最小值为 0.000068，其对应观测值是星美联合公司（股票代码：000892）2009 年的数据，该公司属信息传输、软件和信息技术服务业，推测这一数值的出现与行业市场特征息息相关。上市公司账面价值与市场价值比 B/M 最大值为 14.017，该数据属于兴业银行（股票代码 601166）2014 年的数据，其账面价值显著高于市场价值，可见该公司存在资产减值迹象。股票回报率 Yreturn 观察值分布于 −0.909 ~ 11.855，股票回报率是用股票投资的盈利除以投入资金的平均数而计算出来的，股票回报率为负表示股票投资亏损，公司存在资产减值迹象。股票回报率 Yreturn 观察值的中位数为 −0.059，由该指标中位数为负值可以推测，样本公司半数以上观察值具有资产减值迹象。总资产报酬率 Rota 计算方式为利润总额除以总资产平均余额，这个比率反应企业总资产获利能力，而行业总资产报酬率 In Rota 是笔者计算出的全部上市公司总资产报酬率的年度行业加权平均值。总资产报酬率 Rota 的取值范围为 −64.818 ~ 20.786，经过行业年度加权平均后的行业总资产报酬率 In Rota 取值范围为 −1.194 ~ 0.621，表明个体公司与行业上市公司的总资产报酬率最大值、最小值之间存在较大差异，而其中位数与均值的差异不大，由此可以看出，公司间的个体差异相对于行业间的差异要大。营业利润增长率 Opr 计算方式为公司本年营业利润增长额除以公司上年营业利润总额，反映了企业的持续发展能力。根据表 7 − 15 中的数据可以看出上市公司营业利润增长率是波动最大的一个指标，主要原因是 2001 ~ 2014 年上市公司营业利润水平的波动性较大。

7.3.4.4　全样本控制变量指标描述性统计

表 7 − 16 提供了 2001 ~ 2014 年样本公司控制变量所有观察值的描述性统计分析，以观察公司控制变量在研究区间的大概变动情况。

表 7 − 16　2001 ~ 2014 年样本公司控制变量指标分布

变量名	观察数	最小值	中位数	最大值	平均值	标准差
Amount	14119	1.40E + 04	− 2.90E + 09	1.50E + 06	7.10E + 09	2.00E + 07
CMvalue	14119	1.40E + 04	− 6.40E + 10	1.50E + 07	1.80E + 11	3.30E + 08

资料来源：国泰安数据库—公司研究系列，经笔者整理后得出。

由表 7 − 16 我们可以看出，样本公司控制变量股票成交金额 Amount 与流通市值 CMvalue 的最小值为负数，其主要原因是股票成交金额 Amount 与流通市值

CMvalue 在本书中与变化的信息不对称 ΔInfoAsym 一样，均属差值的概念，其中位数和均值均为正数，表明半数以上的上市公司减值公告后期股票成交金额与流通市值大于减值公告前期。

前文对主要统计数据进行了描述性分析，对样本上市公司减值公告前后期信息不对称、变化的信息不对称指标、资产减值规模进行了详细的描述。初步统计分析显示：上市公司减值公告后期信息不对称（InfoAsym_post）均值显著大于减值公告前期信息不对称（InfoAsym_pre）均值，上市公司减值公告的公布对于降低信息不对称有一定的作用。从平均值角度来看，2007 年新准则颁布以后上市公司年度资产减值规模总体低于 2007 年以前年度，可能的原因在于新准则对长期资产减值计提限定了更严格的条件，资产减值规模得以更加精确地反映公司资产的实际状况。

7.3.5　多重共线性检验

在做回归实证分析之前，本章先对各变量进行方差膨胀因子法检验是否存在多重共线性，一方面为前文理论分析和研究思路提供初步的证据；另一方面为下文的多元回归实证分析做铺垫。多重共线性检验结果如表 7 – 17 所示。

表 7 – 17　变量方差膨胀因子

变量	VIF 值	1/VIF	变量	VIF 值	1/VIF
CMvalue	1.47	0.678055	In_Rota	1.03	0.967997
Amount	1.42	0.704680	Rota	1.02	0.981842
BM	1.15	0.871185	Opr	1	0.997661
Yreturn	1.03	0.967375	Impairment ~ t	1	0.999835
Mean VIF	1.14	—	—	—	—

资料来源：股票研究系列及国泰安数据库—公司研究系列，Stata11.0 计算后得出。

从表 7 – 17 可以看出，VIF 均值小于 2，VIF 单个值均在 10 以下，样本不存在多重共线性，可进行进一步的多元线性回归。

本部分同前文一致，采用大 N 小 T 类型的面板数据，兼具时间序列数据与截面数据的特征，面板数据模型可能存在组间异方差、序列相关等问题。因此，本章在回归前同样进行 Wald 检验和 Wooldridge 检验。

第一，运用 Wald 检验来进行模型组间异方差的检验，Wald 检验的原假设是不存在组间异方差，Wald 检验的结果如下：Chi2（2430）= 8.7e + 37，Prob > Chi2 = 0.0000，表明拒绝原假设，模型中具备明显的组间异方差。

第二，运用 Wooldridge 检验来鉴定本章模型中是否具备序列相关，Wooldridge 检验的原假设为不存在序列相关，Wooldridge 检验的结果为：F（1，1620）= 0.641，Prob > F = 0.4236，表明无法拒绝原假设，本章模型中不具备序列相关。

由于检验的结果表明本章样本数据存在组间异方差，本章仍需采用 Driscoll - Kraay 标准误即 Xtscc 命令对模型进行修正，以保证实证结果的真实可靠。

7.3.6　多元线性回归

为了验证假设 H3 和假设 H4，本部分运用前文构建的多元线性回归模型，对样本公司 2001～2014 年的描述性统计数据进行实证检验。

为了检验假设 H3，即上市公司资产减值信息的披露降低了资本市场的信息不对称水平，本章运用前文所建立的模型进行回归，回归结果如表 7 - 18 所示。

表 7 - 18　样本公司资产减值与变化的信息不对称回归结果

变化的信息不对称	置信度	标准误	T 值	P 值
Impairment	0.001 ***	0.000	8.300	0.000
B/M	0.000	0.001	- 0.220	0.825
Yreturn	0.000	0.000	0.440	0.663
Rota	0.000	0.000	- 0.560	0.576
In_Rota	- 0.004	0.006	- 0.730	0.467
Opr	0.000 **	0.000	2.290	0.022
Amount	0.000 ***	0.000	2.710	0.007
CMvalue	- 0.000 ***	0.000	- 5.920	0.000
_cons	0.002	0.001	2.420	0.016
N	14119		—	
adjR^2	0.1650		—	

资料来源：国泰安数据库—股票研究系列及公司研究系列，Stata11.0 计算后得出。

根据表 7 - 18 的回归结果，模型 adjR^2 达 16.50%，表明模型总体解释效果良好。

资产减值规模（Impairment）在 1% 的水平上与变化的信息不对称（ΔInfoAsym）呈现正相关关系，其系数为 0.001，为正数，说明计提资产减值比例越高的样本公司，减值信息披露前后信息不对称的变动越大，市场反应越强烈。上市公司资产减值计提比例越高，表明企业资产盈利能力越低，预示其经营环境变差。投资者出于谨慎考虑会抛弃该公司股票，引起资本市场股票换手率上升，进而信息不对称的变动幅度越大。由于变化的信息不对称为减值公告后期信息不对称减去减值公告前期信息不对称得到的差，变化的信息不对称表示信息不对称的降低，说明资产减值披露的数值越大，降低信息不对称的幅度越大。假设 H3 得到验证。资产减值迹象指标除营业利润增长率 Opr 外，其他指标均未通过显著性检验。说明资产减值迹象指标与公司减值信息披露前后信息不对称的变动关联性较小。不同会计期间资产减值政策发生变化，上市公司资产减值迹象指标所代表的含义亦存在些许差异，可能使得该类指标与信息不对称变动发生关联的程度降低。

为了分析新资产减值准则对降低上市公司信息不对称的制度效应，进一步检验新准则期间上市公司资产减值披露降低信息不对称的程度是否大于旧准则期间，本章将新旧准则期间的相关数据分别进行回归对比分析，结果列示如表 7-19 所示。

表 7-19　新旧准则阶段信息不对称与资产减值披露回归结果

变化的信息不对称	2007~2014 年		2001~2006 年	
	置信度	标准误	置信度	标准误
Impairment	0.001 ***	0.000	− 0.012	0.013
B/M	− 0.001 **	0.000	0.010 *	0.004
Yreturn	− 0.000	0.000	0.000	0.001
Rota	− 0.000	0.000	− 0.004	0.006
In Rota	0.001	0.002	− 0.031	0.013
Opr	0.000	0.000	− 0.000	0.000
Amount	0.000 ***	0.000	0.000 ***	0.000
CMvalue	− 0.000 ***	0.000	− 0.000 ***	0.000
cons	0.001	0.000	− 0.004	0.002
N	10170	—	3949	—
adjR²	0.1691		0.3040	

资料来源：国泰安数据库—股票研究系列及公司研究系列，Stata11.0 计算后得出。

根据表7-19的回归结果可见，新准则期间资产减值规模（Impairment）在1%的显著性水平上与变化的信息不对称（ΔInfoAsym）呈正相关关系，而旧准则期间的资产减值规模（Impairment）未通过显著性检验。说明新准则期间资产减值信息的披露可以减少上市公司的信息不对称，而旧准则期间资产减值披露则与信息不对称不相关。在资产减值迹象指标方面，新准则期间相关指标的检验结果总体与前文一致。表明同等条件下，新准则期间上市公司资产减值披露降低信息不对称的程度大于旧准则期间。据此假设H4得到验证。

为了保障实证研究结果的可靠性，本章对上市公司资产减值与变化的信息不对称的关系进行稳健性检验，将原模型中的被解释变量信息不对称的衡量方法由减值公告前后期信息不对称之差替换为减值公告后期信息不对称水平，对模型（7-2）进行回归，结果如表7-20所示。

表7-20 稳健性检验结果

公告后期信息不对称	置信度	标准误	T值	P值
Impairment	0.002 ***	0.000	12.790	0.000
B/M	0.001	0.002	0.520	0.607
Yreturn	0.003	0.003	0.880	0.378
Rota	0.000 **	0.000	2.390	0.017
In_Rota	-0.012	0.015	-0.760	0.444
Opr	-0.000 *	0.000	-1.950	0.051
Amount	-0.000 ***	0.000	-4.580	0.000
CMvalue	0.000 ***	0.000	2.950	0.003
_cons	0.026	0.004	6.030	0.000
N	14119		—	
adjR²	0.1739		—	

资料来源：国泰安数据库—股票研究系列及公司研究系列，Stata11.0计算后得出。

从表7-20的稳健性检验结果可以看出，上市公司资产减值规模越高，减值公告后期换手率越高，信息不对称程度越低。模型的解释力度均较好，拟合优度等各项指标均在可接受的范围之内，各解释变量系数的符号与原模型基本一致，说明前文的研究结论成立。

本部分运用多元线性回归的方法进行了资产减值披露与变动的信息不对称之间的关系的实证研究，考察了上市公司变动的信息不对称与披露的资产减值信息之间是否存在关联，并运用新旧准则不同会计时期的数据进行回归对比。对比分析上市公司减值公告前后期的信息不对称变化水平，再将资产减值规模与信息不对称变动数据进行了多元回归，并对比研究了新旧准则不同会计时期的回归结果。研究发现，样本公司减值公告后期的信息不对称要低于公告前期的信息不对称，说明减值公告的发布即减值信息的披露有助于降低上市公司的信息不对称水平。而后进行的全样本回归结果显示，样本公司资产减值披露与信息不对称的变化呈显著正相关关系。上市公司资产减值信息披露后，股票换手率上升，披露资产减值比例越大的公司换手率变动越大。而公司资产减值比例越大表明该公司的资产质量越差，因而资产减值信息披露以后，该类公司股东抛售股票越多，股票换手率上升较大，披露减值信息越多的上市公司，其市场反应也越大。上市公司资产减值金额披露了企业私有信息，降低了资本市场的信息不对称。即减值公告前后期换手率与减值公告前期换手率的差值越大，降低信息不对称幅度越大。在新旧准则时期的数据对比研究中，我们发现新准则期间资产减值的披露可以减少信息不对称，而旧准则期间资产减值与信息不对称不相关，说明新准则实施后资产减值的信息含量进一步得到了增强。

7.4　本章小结

本章选取我国 2001~2014 年 A 股上市公司作为研究样本，研究上市公司资产减值的计提与披露和信息不对称水平的关系，主要研究结论如下：

第一，在新准则期间，上市公司资产减值的计提与资产减值迹象指标相关，也与盈余管理指标相关。《会计准则 8 号——资产减值》进一步完善了资产减值相关细则，规范了企业计提资产减值的严格程序，包括如何辨认资产减值迹象、如何测试是否存在减值、如何确认减值及计量减值金额等。在资产减值计提行为与资产减值迹象指标的相关研究中，我们发现总资产收益率 Rota 指标与行业总资产收益率 InRota 指标通过了显著性检验，说明新准则出台后，企业大多会按照资产减值迹象指标的判定进行资产减值的计提。然而盈余管理指标 KS、WL、PG、PH（亏损、微利、配股、平滑）同样通过了显著性检验，其中 KS、PH 的符号为正，即当年发生亏损或存在平滑利润动机的公司计提的资产减值较多，说明具有"大清洗"、利润平滑动机的公司仍倾向于计提更多减值准备，以此来做大亏损或控制盈余。而 WL、PG 的符号为负，即微利公司及具有配股动机的公司计提的资产减值较少，说明具有调增收益动机的公司倾向于少计提资产减值准备。上述结果显示上市公司计提资产减值仍存在显著盈余管理动机。在公司资产减值披露与公告前期信息不对称之间是否存在关联的研究中，发现公告前期信息不对称（InfoAsym_pre）在 5% 的显著性水平上与资产减值（Impairment）呈正相关关系，公告前期换手率越大，信息不对称越小，当年计提的资产减值越多。这与我们的假设预期相反，上市公司并无出于降低信息不对称水平的目的进行资产减值的计提，而信息不对称水平较高的公司资产减值计提披露的金额较小，预示在信息不对称程度越高的上市公司中，处于信息优势方的上市公司管理层可能出于盈余管理动机，隐瞒资产价值真实信息，虚增盈余与资产价值。说明目前我国的资本市场中仍在逆向选择问题。

第二，从总体统计数据来看，上市公司减值公告后期的信息不对称要低于减值公告前期的信息不对称，说明减值公告的发布即减值信息的披露有助于降低信息不对称水平。资产减值披露与市场上的信息不对称的变化密切相关。计提资产减值比例越高的公司减值公告前后信息不对称的变动越大，表明市场反应越强烈，由于书中"变化的信息不对称"为公告后期信息不对称减去公告前期信息不对称的差值，表示样本公司信息不对称水平的降低。上市公司资产减值信息披露以后，股票换手率上升，披露资产减值数额越大的公司股票换手率变动越大。由于当年资产减值数额越大表明公司的资产质量越差，因而，资产减值信息披露以后，该类公司股东抛售股票越多，股票换手率上升较大。说明减值信息披露在一定程度上改善了资本市场的信息不对称，资产减值金额披露了企业的私有信息，降低了上市公司的信息不对称水平。在对新旧准则不同会计期间的数据分别进行回归后，发现新准则期间资产减值规模（Impairment）在 1% 的显著性水平上与变化的信息不对称（ΔInfoAsym）呈正相关关系，而旧准则期间的资产减值规模（Impairment）未通过显著性检验。说明新准则期间资产减值信息的披露可以减少上市公司的信息不对称，而旧准则期间资产减值披露则与信息不对称不相关。

　　新资产减值准则对于企业资产减值计提与披露行为进行了进一步的规范，尤其在资产减值迹象判断标准方面有了较大突破，显著提升了会计信息质量。然而研究发现，在新准则执行后，上市公司资产减值计提仍然存在明显的盈余管理动机，资产减值信息披露质量仍有待完善，且当前资本市场的信息不对称已导致逆向选择问题，准则应进一步扩大减值信息披露的透明度，要求上市公司披露详细而具体的资产减值判断依据、可收回金额的测算过程等信息，从而约束企业利用资产减值进行盈余管理的行为。

第8章 研究结论及政策建议

8.1 主要研究结论

随着我国证券市场的发展，我国会计准则经历了不断发展和不断完善的过程，与此同时，关于资产减值的确认与计量方式也伴随会计准则和会计制度的发展发生着重大变化。2001年会计准则关于"八项资产减值准备"的规范和2006年新《资产减值》会计准则的出台，都成为理论界和实务界关注的焦点。本书以2001~2012年沪、深两市上市公司为对象，基于企业行为和市场反应视角，检验资产减值会计的经济后果，研究上市公司资产减值政策选择的关键影响要素以及准则变更对资产减值会计的影响。研究的总体框架包括资产减值会计理论基础、上市公司资产减值会计行为、企业选择资产减值政策的经济动机、资产减值信息的价值相关性与可靠性、资产减值披露与信息不对称关系研究等内容。主要研究结论如下：

第一，企业资产减值会计政策选择的实质性影响因素分析。我们在充分吸收已有研究成果的基础上，紧密联系我国资本市场特点，基于企业视角剖析了上市公司计提和转回资产减值准备的本质动机，分析企业选择资产减值会计政策的实质性影响因素。研究发现，盈余管理动机对上市公司资产减值会计的影响具有一定的普遍性，但盈余管理动机在不同时段对特定资产减值的影响存在差异。其中，扭亏、管理层变更动机在准则变更前对短期资产减值会计产生了显著影响，准则变更后上市公司利用资产减值扭亏动机增强，并出现了显著的预防亏损或缩减亏损规模及利润平滑动机，且管理层变更动机在准则变更后依旧存在；而对于长期资产减值，扭亏、"大清洗"动机在准则变更前对其产生了一定影响，但准则变更后，扭亏动机、预防亏损或缩减亏损规模等动机均显著影响了上市公司资产减值的计提与转回，而新准则实施后长期资产减值不允许转回的刚性约束使得上市公司利用长期资产减值进行"大清洗"的动机大大降低。需指出的是，无论亏损还是盈利，上市公司均存在利用非流动资产处置进行管理盈余的行为。会计准则变更后，有盈余管理动机的上市公司可能会在长期资产处置前多计提资产减值准备以操控盈余。关于经济因素，研究表明，我国上市公司资产减值准备的计提整体上反映了自身经营状况的变化，经营状况好会少计提资产减值准备，反之公司资产盈利能力越是受到不利影响，其计提资产减值的可能性就越大。尽管本书所选变量的回归结果并未如预期的理想，但可以肯定企业选择资产减值政策时必然会考虑其所处的经济环境。各经济因素变量对公司资产减值净计提比例影响不显著的原因可能是：一方面，资产减值净计提比例受各经济因素的综合影响，单个经济因素对资产减值影响的程度与方向往往与各经济因素的综合影响存在差异，故单个经济因素对资产减值净计提比例影响的显著性较低。另一方面，本书选取的六个经济因素变量并不能对企业面临的所有经济环境全面拟合，区域经济水平、政策环境等因素也同样影响企业所处的经济环境。就会计稳健性而言，以 NRAJRET 拟合的稳健性因素对资产减值会计的作用在总体上与假设相悖，原因可能是资产减值计提比例和计提金额涉及大量假设和主观判断，经济环境的不确定性以及盈余管理动机的影响使会计人员的职业判断出现误差，导致上市公司执行资产减值政策时，可能会忽略会计稳健性的作用。进一步区分不同时段进行深入分析，发现稳健性因素对准则变更前的长期资产减值会计产生了一定的作用。

第二，关于资产减值会计信息价值的相关性。研究发现，资产减值准备具备减值前会计盈余之外的增量价值相关性，不同类别的资产减值信息价值相关性存在差异。新《资产减值》准则扩大了企业资产减值范围，进一步细化了减值的计量与披露等相关规定。新减值准则执行后，不论是资产减值总额，还是各类资产减值准备，其价值相关性都得到了有效提高，准则的制度效应明显。尤其是固定资产减值价值相关性较旧准则阶段有了大幅度的提高。由于新准则规定长期资产减值一经计提不得转回，减小了上市公司利用固定资产减值操控盈余的空间，使其价值相关性得到一定幅度的提高。从上市公司资产减值总额来看，资产减值准备确实具备减值前会计盈余之外的价值相关性，实现了减值政策的初衷。通过对不同类别资产减值准备的进一步比较分析，发现短期资产减值价值相关性强于长期资产减值，原因可能是短期资产通常市场交易较为活跃，市场价值易于判断识别，盈余管理空间较小，因此具备较高的信息质量。四类资产减值信息中，应收款项减值准备价值相关性最高，这是由于减值准则对应收款项减值的规范更为详细，可操作性较强，且有关信息披露更加详细透明，使得其具备较强信号传递功能。然而，我们同时发现，尽管新准则下无形资产减值准备的价值相关性得到了提高，但与其他资产相比，其价值相关性依然较弱。无形资产由于性质特殊，市场价值较难取得，减值计提存在较大不确定性，关于无形资产的减值规范仍需进一步细化。相比于旧准则阶段的商誉摊销，新准则时期的商誉减值具备增量价值相关性。研究还发现，我国资本市场上上市公司商誉减值的计提时点要显著滞后于股票收益率降低的时点，延期计提的时点至少为两期。表明我国独立董事在商誉减值会计中尚未发挥积极作用，对商誉减值信息披露的相关监管收效甚微。

第三，关于资产减值会计信息可靠性研究。资产减值应计的可靠性弱于非资产减值应计，表明资产减值的计提确实降低了会计盈余的可靠性。同时，短期资产减值应计可靠性强于长期资产减值，在进一步关注的四类资产减值信息中，固定资产减值应计可靠性最强，而具备最强价值相关性的应收款项减值准备并未体现出较强的可靠性，表明上市公司计提的坏账准备并不能真实反映应收款项损失。无形资产减值应计可靠性依然是四类资产中最低的。通过对新旧准则不同阶段资产减值信息可靠性的对比研究，发现新准则阶段上市公司资产减值总额可靠性得到了提高，但短期资产减值可靠性有所下降。新准则缩小了企业利用长期资产减值转回操纵盈余的空间，有盈余管理动机的企业可能更多采用短期资产减值进行盈余操纵，降低了短期资产减值信息的可靠性。实证结果显示，新资产减值准则执行后，四类资产减值信息的可靠性均有所提高，尤其是固定资产减值信息的可靠性在新准则阶段有了大幅度提高。总体上看，上市公司各个资产项目的资产减值规模在准则变更前后变化较大，由于资产减值净计提额存在相互抵消，企业资产减值总体规模略有上升，而资产减值净计提比例在准则变更前后变化明显且存在扩张趋势。在新准则期后，上市公司净利润的绝对规模扩大，使得资产减值净计提额对净利润的影响减小，在一定程度上削弱了减值信息可靠性下降的不利影响。

在新会计准则期间，上市公司资产减值的计提与资产减值迹象指标相关，也与盈余管理指标相关。一方面，说明新减值准则的执行有一定成效，上市公司会依据新准则规定的资产减值迹象判断标准进行资产减值计提；另一方面，上市公司利用资产减值的计提与转回操纵盈余的情况仍有发生。尽管资产减值的计提提高了会计信息的价值相关性，但同时也在一定程度上降低了资产减值的可靠性。且不同类型的资产减值计提与转回，因其资产特性及用途不同，减值信息的相关性和可靠性也存在差异。从新旧准则不同时期对比分析看，新准则的实施全面提高了减值准备的价值相关性，也提高了长期资产减值准备的可靠性，但短期资产减值信息可靠性有所下降。与旧准则阶段相比，新准则阶段应收款项减值准备价值相关性最高，但大多数企业在计提坏账准备时通常采用的账龄分析法并不能使其减值额真实反映应收账款损失，从而使应收款项减值信息的可靠性不足。无论是价值相关性还是可靠性，无形资产减值信息质量都明显弱于其他三类资产。此外，高额商誉减值信息的披露并未引起资本市场更为强烈的负面回应，表明利益相关者对上市公司计提商誉减值的可靠性存在质疑。新《资产减值》准则实施后，我国资本市场披露商誉减值的上市公司数量显著增加，披露商誉减值的公司也从旧准则阶段仅限于部分行业扩展至所有行业。尽管会计准则要求上市公司详细披露与商誉减值相关的所有信息，但现阶段我国能够完整披露商誉减值原因、资产组（或资产组组合）分配、可收回金额确定和商誉减值关键假设及依据等信息的上市公司并不多，且上市公司商誉减值披露质量差异十分悬殊。由于现阶段我国尚未有针对商誉减值实务的具体操作指引，导致目前上市公司商誉减值执行政策仍存在许多亟待完善之处。

第四，资产减值披露与信息不对称的关系研究。本书选取我国 2001～2014 年 A 股上市公司作为研究样本，研究上市公司资产减值的计提与披露和信息不对称水平的关系。研究发现：在新准则期间，上市公司资产减值的计提与资产减值迹象指标相关，也与盈余管理指标存在一定关联。通过对资产减值计提与资产减值迹象、公告前期信息不对称的研究，发现资产减值迹象指标中总资产收益率 Rota 指标与行业总资产收益率 InRota 指标通过了显著性检验，说明新准则出台后，企业在一定程度上遵循了准则规范进行资产减值计提。然而盈余管理指标 KS、WL、PG、PH（亏损、微利、配股、平滑）同样通过了显著性检验，其中

KS、PH 符号为正，即当年发生亏损或存在平滑利润动机的公司计提的资产减值较多，说明具有"大清洗"、利润平滑动机的公司仍倾向于计提更多减值准备，以此"大清洗"控制盈余。而 WL、PG 符号为负，表明微利公司及具有配股动机的公司计提资产减值较少，说明具有调增收益动机的公司倾向于少计提资产减值准备。上述现象均说明上市公司计提资产减值仍存在显著的盈余管理动机。公告前期信息不对称（InfoAsym_pre）在 5% 的水平上与资产减值（Impairment）呈正相关关系，公告前期换手率越大，信息不对称越小，当年计提的资产减值越多。这与我们的预期假设符号相反，显示上市公司并无出于降低信息不对称水平的目的进行资产减值的计提，然而信息不对称水平较高的公司资产减值计提金额披露得也较小，预示在信息不对称程度越高的上市公司中，处于信息优势方的公司管理层可能出于盈余管理动机隐瞒资产价值真实信息，虚增盈余与资产价值，我国资本市场仍在逆向选择问题。

资产减值信息披露与资本市场信息不对称变化密切相关。从总体数据来看，上市公司减值公告后期的信息不对称要低于减值公告前期的信息不对称，说明减值公告的发布即减值信息的披露有助于降低信息不对称水平。计提资产减值比例越高的公司减值公告前后信息不对称的变动越大，市场反应越强烈，表示发布减值公告可使信息不对称水平降低。资产减值信息披露以后，上市公司的股票换手率上升，披露资产减值数额越大的公司股票换手率变动越大。由于当年资产减值规模越大表明公司的资产质量越差，因而，资产减值信息披露以后，股东抛售该类公司股票越多，股票换手率上升较大，即减值公告前后期股票换手率变动越大。说明资产减值的披露降低了资本市场的信息不对称。

8.2　政策建议及启示

在现代市场经济中，由于资产减值会计对资产负债表、利润表及其他会计信息都存在直接或间接的影响，从而影响了各个经济利益主体会计信息质量，也对信息使用者的决策产生影响，规范资产减值会计，对提高会计信息质量、促进资本市场良性发展意义重大。结合本书的研究成果，提出以下政策建议及启示：

第一，2007 年开始实施的新资产减值准则并未有效抑制管理层利用资产减值政策进行盈余管理，且准则变更后上市公司盈余管理动机对管理层选择减值政策的影响加大，表明资产减值制度效应仍有待进一步加强，减值会计信息披露的透明度亟须得到有效提升。理论分析与实践均表明，会计信息在财务报表中披露的格式或位置不同会影响投资者的决策。减值信息披露方式从分项披露到目前的汇总披露显然会影响投资者的心理及行为，与资产减值有关的会计信息在财务报表的主表中反映，比在附注或附表中披露对投资者的影响更大，其原因是资产减值在主表披露会让投资者认为这些信息更重要。当投资者获得信息的程序不同时，越难获取的信息越容易使投资者忽视其价值。资本市场历来存在信息不对称问题，会计信息披露的产权安排并不一定能解决会计信息的供需矛盾，但完善会计信息披露格式与披露内容，可在一定程度上满足利益相关者权益最大化的需要，化解会计信息披露的供需矛盾。

第二，企业之所以采用各种盈余管理手段粉饰财务报表，根本原因在于管理层受经营业绩考评指标的压力，尤其是我国资本市场上市公司受行政干预较多，企业的盈利指标不能达到上市要求时将被强制退市，导致许多在退市边缘的上市公司通过资产减值准备调节会计利润，以避免被退市或暂停上市。另外，现行监管部门的财务、审批等评价体系对企业的关键财务指标仍存在强烈依赖于许多监管考评要求均以个别关键财务指标为基础，导致公司管理层的盈余管理行为往往与该类指标密切关联，而这些与制度背景相关的特有现象短期内尚无法有效解决，故从指标评价体系的设定方面消除盈余管理可能不具可行性。因此，本书认为，规范资产减值的披露质量是目前抑制上市公司盈余管理动机的经济可行方案。资产减值信息的披露可以专题报告的形式进行，可要求企业对与其资产减值有关的关键财务指标以及由此对财务报告产生的影响等重要信息进行详细描述，例如企业在披露资产减值信息的同时需披露减值计提与转回对净利润的影响等关键信息。与此同时，资本市场实施彻底的市场化改革是解决这一问题的根本，国家应建立一套包括财务指标和非财务指标在内的全面企业业绩考核体系，避免上市公司一味追求盈利指标而产生盈余操纵行为。

第三，当前资产减值计提过程中减值迹象的判断、可收回金额的确定等仍然需要会计人员大量的主观判断，这种非客观的操作方式给管理层运用资产减值进行盈余管理留下了空间。建议会计准则进一步扩大减值信息披露的层面，要求上市公司明确披露资产减值迹象的判断依据、可收回金额测算的具体过程等，以进一步提升上市公司的会计信息透明度，减少资本市场的信息不对称。同时，应要求上市公司完善资产减值相关的内控制度。作为一种外部制约机制，会计准则只能从技术层面上对企业的资产减值行为进行规范，而管理层出于自利动机可以采用多种方式对这一机制进行规避。要真正解决上市公司利用资产减值会计操控盈余的问题，就应从企业内部出发，完善企业内部控制，减少减值计提的人为操纵，提供更准确的减值会计信息。一般而言，完善与企业减值会计相关的内控制度可从以下几个方面执行：①规范上市公司资产处置授权机制与审批流程。②保障企业资产减值计提金额测算部门与审批部门职务相分离。③建立健全内部审计监督机制，保证上市公司资产减值内控制度切实可行。

第四，导致资产减值信息可靠性较差的主要原因与减值政策的选择空间有关，解决这一问题的关键是缩小减值会计政策的可选择性和增强会计人员职业判断的客观性。一方面，可通过进一步细化会计准则相关规定并配套与实务有关的操作指导，缩小减值会计政策的选择范围，减少会计人员的主观判断。另一方面，分别从上市公司内部和外部对企业的会计行为加强监管，通过建立完善的公司治理结构和资本市场监督机制，控制上市公司利用资产减值进行盈余管理。注册会计师审计是保证会计信息质量的重要环节，加强对审计师的监管力度，有助于从外部监管的角度规范企业资产减值行为。同时，制定完善的信息披露制度，增强企业减值信息披露的透明度，使投资者更容易获得企业的减值信息，提高会计信息的决策有用性。

第五，上市公司无形资产减值信息的相关性和可靠性明显弱于其他几类资产减值信息，准则需进一步完善与无形资产减值相关的制度规范，制定符合市场环境、更加细化可行的无形资产减值规则，例如可对不同类型的无形资产有针对性地制定不同的减值政策，督促企业更加严谨地对待无形资产减值问题，提高无形资产减值信息质量。

商誉资产抽象性、依附性、长期性和动态性的特征决定了商誉会计的复杂性。由于现阶段我国用以规范商誉减值实务的《资产减值》准则仅在原则上进行了规范，尚未出台针对现实实务的操作指引，导致现阶段商誉减值政策在执行过程中仍然存在很多问题。可逐步出台针对商誉减值迹象的判定、资产组的认定、未来现金流量的预测、折现率的选择、可变现净值和可收回金额的估算等系列操作指引，以进一步细化商誉减值会计规则。可以将会计稳健性等因素纳入商誉减值测试程序，强化上市公司商誉减值信息披露的完整性和可靠性。目前，商誉减值信息的披露状况并不尽如人意，能够完整披露商誉减值原因、资产组（或资产组组合）的分配、可收回金额的确定和关键假设及依据信息的上市公司并不多，新会计准则阶段仍有部分上市公司转回商誉减值准备，一方面反映出相关从业人员对减值政策的把握不到位，另一方面也说明上市公司及时可靠公允地披露私有信息的意识有待加强。准则制定机构应出台针对商誉会计实务的操作指引，进一步完善企业合并业务过程中的相关会计规范，同时审计机构（包括内审和外审）也应当切实履行监督职责。应完善企业资产减值内控制度，从企业内部出发，完善与资产减值相关的内控程序，减少减值信息的人为操纵，鼓励公司主动披露客观公允的商誉减值信息。

参考文献

[1] Ahmed, A. , L. Guler, Evidence on the Effects of SFAS 142 on the Reliability of Goodwill Write – offs [R] . Working Paper. Texas A&M University – Mays Businesses School, USA, 2007.

[2] Ayres, F. L. , Characteristics of Firms Electing Early Adoption of SFAS52 [J] . Journal of Accounting and Economics, 1986 (8): 143 – 158.

[3] Bartov. E. , F. Lindahl and W. Ricks. Stock Price Heavier around Announcements of Write – Offs [J] . Review of Accounting Studies, 1998 (4): 327 – 346.

[4] Beatty, A. , Weber, J. Accounting Discretion in Fair Value Estimates: An Examination of SFAS 142 Goodwill Impairments [J] . Journal of Accounting Research, 2006, 44 (2): 257 – 288.

[5] Beave, W. H. , G. Ryan, The Information Content of Security Prices—A Second Look [J] . Journal of Accounting and Economics, 1987 (9): 139 – 157.

[6] Beneish M, Vargus M. Insider Trading, Earnings Quality and Accrual Mispricing [J] . The Accounting Review, 2002 (77): 755 – 791.

[7] Bens, D. & Heltzer, W. The Information Content and Timeliness of Fair Value Accounting: An Examination of Goodwill Write – Offs before, during and after Implementation of SFAS 142 [R] . Working Paper: University of Chicago, 2004.

[8] Bens, D. , R. Johnston, Accounting Discretion: Use or Abuse? An Analysis of Restructuring Charges Surrounding Regulator Action [J] . Contemporary Accounting Research. 2009 (26): 673 – 699.

[9] Campbell, J. , L. Hentschel, No News Is Good News: An Asymmetric Model of Changing Volatility in Stock Returns [J] . Journal of Financial Economics . 1992

(31): 281 – 318.

[10] Chen C J, S Chen, X Su, et al. Incentives for and Consequences of Initial Voluntary Asset Write – Downs in the Emerging Chinese Market [J]. Journal of International Accounting Research, 2004 (3): 43 – 61.

[11] Chen, C., M. Kohlbeck, T. Warfield, Goodwill Valuation Effects of the Initial Adoption of SFAS 142 [R]. Working Paper, Florida Atlantic University – School of Accounting, Florida, USA, 2004.

[12] Dmytro Holod, Joe Peek. Asymmetric Information and Liquidity Constraints: A New Test [J]. Journal of Banking & Finance, 2007 (31): 2425 – 2451.

[13] Elliott J., Shaw W., &Waymire, G. Write – Offs as Accounting Procedures to Manage Perceptions [J]. Journal of Accounting Research, 1988 (26): 225 – 253.

[14] Field, T., T. Lys, L. Vincent, Empirical Research in Acocunting Choice [J]. Journal of Accounting and Economics, 2001 (31): 255 – 307.

[15] Francis, J. Hanna, L. Vincent. Causes and Effects of Discretionary Asset Write – Offs [J]. Journal of Accounting Research, 1996 (34): 117 – 134.

[16] Hayn, C., and P. Hughes, Leading Indicators of Goodwill Impairment [J]. Journal of Accounting, Auditing and Finance, 2006, 21 (3): 223 – 265.

[17] Jennings Ross and Le ClereMarc J. and Thompson, Robert B. Goodwill Amortization and the Usefulness of Earnings [J]. Financial Analysts Journal, 2001, 57 (5): 20 – 28.

[18] John A. Elliott and Wayne H. Shaw. Write – Offs as Accounting Procedures to Manage Perceptions. [J]. Journal of Accounting Research, 1988, 26 (9): 157 – 183.

[19] Karl A. Muller, Monica Neamtiu, Edward J. Riedl. Insider Trading Preceding Goodwill Impairments [R]. Working Paper, 2009.

[20] Keryn G. Chalmers, Jayne M. Godfrey, John C. Webster. Does a Goodwill Impairment Regime Better Reflect Underlying Economic Attributes of Goodwill? [J]. Accounting and Finance, 2011 (51): 634 – 660.

[21] Kim, O., Verrecchia, R. E., Pre – announcement and Event – Period Pri-

vate Information [J]. Journal of Accounting and Economics, 1997 (24): 395 – 419.

[22] Linda J. Zucca and David R. Campbell. A Closer Look at Discretionary Write – Downs of Impaired Assets. [J]. Accounting Horizons, 1992 (9): 182 – 201.

[23] Mark Hirschey, Vernon J. Richardson and Susan Scholz. Value Relevance of Nonfinancial Information: The Case of Patent Data [J]. Review of Quantitative Finance and Accounting, 2001 (17): 223 – 235.

[24] Massoud, M. F. & Raiborn, C. A. Accounting for Goodwill: Are We Better off? [J]. Review of Business, 2003, 24 (2): 26 – 32.

[25] Mc Nichols M, Wilson G P. Evidence of Earnings Management from the Provision for Bad Debt [J]. Journal of Accounting Research, 1988 (26): 123 – 245.

[26] McNichols M, Wilson G P. Evidence of Earnings Management from the Provision for Bad Debt [J]. Journal of Accounting Research, 1988 (26): 1 – 31.

[27] Moehrle, S. , Moehrle, J. Say Good – Bye to Pooling and Goodwill Amortization [J]. Journal of Accountancy, 2001 (192): 31 – 38.

[28] Pascale Lapointe – Antunes, Denis Cormier, Michel Magnan. Value Relevance and Timeliness of Transitional Goodwill – Impairment Losses: Evidence from Canada [J]. The International Journal of Accounting, 2009, 44 (1): 56 – 78.

[29] Petersen C, Plenborg T. Voluntary Disclosure and Information Asymmetry in Denmark [J]. Journal of International Accounting, Auditing and Taxation, 2006, 15 (2): 127 – 149.

[30] Peter D. Easton, Trevor S. Harris. Earnings as an Explanatory Variable for Returns. [J]. Journal of Accounting Researeh, 1991 (29): 138 – 153.

[31] Ramanna, K. , Watts, R. Evidence from Goodwill Non – Impairments on Effects of Unverifiable Fair – Value Accounting [R]. Working Paper, Harvard Business School, 2008.

[32] Ramanna, K. The Implications of Unverifiable Fair – Value Accounting: Evidence from the Political Economy of Goodwill Accounting [J]. Journal of Accounting and Economics, 2008 (45): 253 – 281.

[33] Rees L. , S. Gill, R. Gore. An Investigation of Asset Write – Downs and Concurrent Abnormal Accruals [J] . Journal of Accounting Research, 1996, 34 (9): 157 – 169.

[34] Richardson, S. A. , Sloan, R. G. Accrual Reliability, Earnings Persistence and Stock Prices [J] . Journal of Accounting and Economics, 2005 (39): 437 – 485.

[35] Rogers, J. , D. Skinner, A Van Buskirk, Earnings Guidance and Market Uncertainty [J] . Journal of Accounting and Economics, 2009 (48): 90 – 109.

[36] ShiMin Chen, YueTang Wang, ZiYe Zhao. Regulatory Incentives for Earnings Management through Asset Impairment Reversals in China [J] . Journal of Accounting, 2009 (24): 589 – 620.

[37] Strong J, Meyer J. Asset Write – Downs: Managerial Incentives and Security Returns [J] . Journal of Finance, 1987 (7): 643 – 661.

[38] Todd D. Kravet. Accounting Conservatism and Managerial Risk – Taking: Corporate Acquisitions [J] . Journal of Accounting and Economics, 2014 (57): 218 – 240.

[39] Wilson. G. P. Discussion: Write – Offs: Manipulation or Impairment [J] . Journal of Accounting Research, 1996, 34 (9): 171 – 177.

[40] Wyatt, A. , Accounting Recognition of Intangible Assets: Theory and Evidence on Economic Determinants [J] . The Accounting Review, 2005 (80): 967 – 1003.

[41] Yng, Z. Y. , Rohrbaeh, K. , Chen, S. M. The Impact of Standard Setting on Relevance and Reliability of Accounting Information: Lower of Cost or Market. Accounting Reforms in China [J] . Journal of international Financial Management and Accounting, 2005, 16 (3): 267 – 283.

[42] Zabiholah Rezaee, James A. Smith, Rudolph S. Lindbeck. An Examination of Long – Lived Asset Impairments under SFAS NO. 121 [J] . International Advances in Economic Research, 1996 (2): 86 – 92.

[43] Zining Li, PervinK. Shroff, Ramgopal Venkataraman, IvyXiying Zhang. Causes and Consequences of Goodwill Impairment Losses [J] . Review of Accounting Studies, 2011 (16): 745 – 748.

[44] Zucca, L. J., Campbell, D. R. A Closer Look at Discretionary Write – Downs of Impaired Assets [J]. Accounting Horizon, 1992 (6): 30 – 41.

[45] 白冬冬. 基于资产减值的盈余管理判别模型研究 [D]. 长春: 吉林大学, 2007.

[46] 蔡祥, 张海燕. 资产减值准备的计提、追溯与市场反应 [J]. 中国会计与财务研究, 2004 (6): 25 – 30.

[47] 陈宏亚. 新旧准则下资产减值盈余管理及其经济后果的对比分析 [J]. 中国科技大学学报, 2012, 42 (12): 966 – 976.

[48] 陈千里. 信息披露质量与市场流动性 [J]. 南方经济, 2007 (10): 70 – 80.

[49] 陈向明, 王运传. 企业契约与会计选择 [J]. 当代财经, 2000 (3): 63 – 66.

[50] 陈小悦, 肖星, 过晓艳. 配股权与上市公司利润操纵 [J]. 经济研究, 2000 (1): 30 – 36.

[51] 代冰彬. 盈余管理动机与减值信息市场反应——基于准则变迁视角 [J]. 财会月刊, 2015 (15): 36 – 40.

[52] 代冰彬, 陆正飞, 张然. 资产减值: 稳健性还是盈余管理 [J]. 会计研究, 2007 (12): 35 – 42.

[53] 代冰彬. 盈余管理动机对减值信息预测能力的影响 [J]. 财会通讯·综合, 2010 (10): 36 – 38.

[54] 戴德明, 毛新述, 邓瑶. 中国亏损上市公司资产减值准备计提行为研究 [J]. 财贸研究, 2005 (7): 71 – 82.

[55] 戴德明, 邓璠. 亏损企业经营业绩改善措施及有效性研究——以上市公司为例 [J]. 管理世界, 2007 (7): 129 – 135.

[56] 杜兴强, 杜颖洁, 周泽将. 商誉的内涵及其确认问题探讨 [J]. 会计研究, 2011 (1): 11 – 16 + 95.

[57] 段桂雪. 新会计准则"公允价值"的运用、"资产减值准备"的计提对会计信息质量的双面影响 [J]. 科技信息, 2009 (1): 729 – 730.

[58] 冯静. 由价值相关性看资产减值准则有效性 [D]. 成都: 西南财经大学, 2008.

[59] 冯卫东，郑海英．复杂股权结构下合并商誉确认与初始计量问题研究 [J]．中央财经大学学报，2014（3）：69 - 74.

[60] 冯卫东，郑海英．企业并购商誉计量与披露问题研究 [J]．财政研究，2013（8）：29 - 32.

[61] 冯旭南．中国投资者具有信息获取能力吗？——来自"业绩预告"效应的证据 [J]．经济学（季刊），2014，13（3）：1065 - 1090.

[62] 郭均英，齐乐．我国新资产减值准则实施效果的实证分析 [J]．财政研究，2009（1）：70 - 73.

[63] 郭喜才．新会计准则的经济后果——基于资产减值准则的研究 [J]．山西财经大学学报，2009（11）：108 - 117.

[64] 胡玮瑛，徐志翰，胡新华．微利上市公司监余管理的统计分析 [J]．复旦学报（自然科学版），2003（5）：807 - 814.

[65] 黄寿昌，杨雄胜．内部控制报告、财务报告质量与信息不对称——来自沪市上市公司的经验证据 [J]．财经研究，2010（7）：81 - 91.

[66] 胡艳，赵根．投资者关系管理与信息不对称——基于中国上市公司的经验证据 [J]．山西财经大学学报，2010（2）：96 - 103.

[67] 洪剑峭，徐志翰，娄贺统．"上市公司资产减值的信息含量"，中国会计学会第六届理事会第二次会议暨2004年学术会议论文集 [C]．2008.

[68] 黄婷晖．对ST、PT公司执行资产减值政策的实证研究 [Z]．第一届实证会计研讨会，2002.

[69] 纪金莲．新会计准则、资产减值与盈余管理 [J]．会计之友，2013（1）：15 - 19.

[70] 纪金莲，赵立韦，王艳荣．资产减值计提行为研究——来自2007—2010年中国制造业上市公司的经验证据 [J]．财会研究，2012（22）：60 - 64.

[71] 李彬，潘爱玲．母子公司协同效应的三维结构解析及其价值相关性检验 [J]．南开管理评论，2014（1）：76 - 84.

[72] 李姝，黄雯．长期资产减值、盈余管理与价值相关性——基于新会计准则变化的实证研究 [J]．管理评论，2011（10）：144 - 151.

[73] 李享．会计操纵与交易规划的配合使用——来自长期资产减值的经验证据 [J]．财经研究，2009（2）：99 - 110 + 122.

［74］李丹，鹿礼男．我国证券市场中信息不对称的产生原因及应对措施［J］．中国市场，2013（29）：106－107.

［75］李扬，田益祥．资产减值准备计提与会计盈余价值相关性——基于亏损上市公司的经验数据［J］．管理学报，2008（5）：150－155.

［76］李玉菊，张秋生，谢纪刚．商誉会计的困惑、思考与展望——商誉会计专题学术研讨会观点综述［J］．会计研究，2010（8）：87－90.

［77］李建国．中国证券市场信息不对称研究［J］．财贸经济，2001（12）：43－45.

［78］李增泉，卢文彬．会计盈余的稳健性：发现与启示［J］．会计研究，2003（2）：19－27.

［79］林淑娟．计提资产减值损失的影响因素与对财务报表价值相关性影响之研究［D］．上海：复旦大学，2010.

［80］刘玉廷，戴德明，夏大慰．资产减值会计［M］．大连：大连出版社，2005.

［81］李志刚，施先旺．信息不对称的市场感知与银行借款契约——以分析师预测为视角［J］．投资研究，2015（9）：11－32.

［82］陆建桥．中国亏损上市公司盈余管理实证研究［J］．会计研究，1999（9）：61－70.

［83］罗婷，薛健，张海燕．解析新会计准则对会计信息价值相关性的影响［J］．中国会计评论，2008（2）：129－140.

［84］李莉，闫斌，顾春霞等．知识产权保护、信息不对称与高科技企业资本结构［J］．管理世界，2014（11）：1－9.

［85］刘少波，吴玮琳．公平信息披露规则研究述评［J］．经济学动态，2010（3）：125－130.

［86］陆瑾，顾毓斌．信息不对称条件下的资本市场博弈与股市有效性建设初探［J］．经济问题，1999（6）49－51.

［87］李远鹏，李若山．是会计盈余稳健性．还是利润操纵？——来自中国上市公司的经验证据［J］．中国会计与财务研究，2005（2）：85－93.

［88］彭韶兵，黄益建．会计信息可靠性与盈余持续性——来自沪、深股市的经验证据［J］．中国会计评论，2007（6）：219－232.

［89］秦勉．资产减值会计制度：历史、机理与效率［M］．北京：中国经济出版社，2008.

［90］秦学斌，段二军．长期资产减值准备计提与转回行为研究——来自 A 股上市公司的证据［J］．财会通讯，2009（24）：21－24＋27.

［91］申香华．巨额商誉确认——未来盈利能力折现抑或并购让步？——基于 2007－2011 年沪深两市上市公司的实证检验［J］．郑州大学学报（哲学社会科学版），2014（3）：77－80.

［92］沈振宇，王金圣，薛爽．坏账准备与上市公司利润操纵——来自中国上市公司的证据［J］．中国会计与财务研究，2004（2）：19－26.

［93］史盼旭．资产减值准备对上市公司盈余管理影响实证研究［J］．财会通讯·综合，2012（7）：26－28.

［94］舒红娟．新准则下资产减值准备对盈余管理的影响研究——来自中国上市公司的经验证据［D］．苏州：苏州大学，2010.

［95］宋衍蘅，何玉润．监管压力与审计市场竞争压力：注册会计师的权衡——以长期资产减值准备为例［J］．管理世界，2008（5）：144－150＋165.

［96］苏宝通，陈炜，陈浪南．公开信息与股票回报率相关性的实证研究［J］．管理科学，2004（6）：67－75.

［97］孙铮，王跃堂．资源配置与盈余操纵之实证研究［J］．财经研究，1999（4）：3－9＋64.

［98］谭燕．资产减值准备与非经常性损益披露管制——来自中国上市公司的经验证据［J］．管理世界，2008（11）：129－142.

［99］沈振宇，王金圣．坏账准备与上市公司利润操纵——来自中国上市公司的证据［J］．中国会计与财务研究，2004（6）：69－76.

［100］田存志，王聪，吴甦．中国证券市场报价制度的运行绩效——基于隐性交易成本和信息非对称程度的分析视角［J］．金融研究，2015（5）：148－161.

［101］王春峰，董向征，房振明．信息交易概率与中国股市价格行为关系的研究［J］．系统工程，2005（2）：62－67.

［102］王虹．盈余管理动机、会计政策选择与约束——基于资产减值准则变迁的实证研究［J］．四川大学学报（哲学社会科学版），2011（4）：103－112.

[103] 王建新. 公司治理结构、盈余管理动机与长期资产减值转回——来自我国上市公司的经验数据 [J]. 会计研究, 2007 (5): 60-66.

[104] 王建新. 长期资产减值转回研究——来自中国证券市场的经验证据 [J]. 管理世界, 2007 (3): 42-50.

[105] 王建新. 中国会计准则国际趋同研究 [M]. 北京: 中国财政经济出版社, 2007.

[106] 王福胜. 管理防御视角下的 CFO 背景特征与会计政策选择——来自资产减值计提的经验证据 [J]. 会计研究, 2014 (12): 32-38.

[107] 王思维, 程小可. 负商誉的价值相关性研究——基于新企业会计准则的实证研究 [J]. 会计与经济研究, 2012 (2): 54-61.

[108] 王福胜, 孙妮娜. 上市公司资产减值计提与市场价值的相关性研究 [J]. 财贸经济, 2009 (2): 73-77.

[109] 王跃堂, 孙铮, 陈世敏. 会计改革与会计信息质量——来自中国证券市场的经验证据 [J]. 会计研究, 2001 (7): 16-26+65.

[110] 王跃堂, 周雪, 张莉. 长期资产减值: 公允价值的体现还是盈余管理行为 [J]. 会计研究, 2005 (8): 30-36+95.

[111] 王跃堂. 会计政策选择的经济动机——基于沪深股市的实证研究 [J]. 会计研究, 2000 (12): 31-40.

[112] 翁笑倩. 从会计信息可靠性和相关性谈禁止转回的利弊 [J]. 经济论坛, 2010 (48): 219-221.

[113] 吴溪, 张俊生. 上市公司立案公告的市场反应及其含义 [J]. 会计研究, 2014 (4): 10-18+95.

[114] 伍利娜, 高强. 处罚公告的市场反应研究 [J]. 经济科学, 2002 (3): 62-73.

[115] 夏冬林. 新会计准则对财务报表的影响 [M]. 北京: 民主与建设出版社, 2007.

[116] 王义华, 贾志永, 陈有真. 股票市场的信息不对称现象分析 [J]. 经济论坛, 1998 (10): 31-33.

[117] 吴东生. 我国证券市场信息不对称问题研究 [J]. 时代金融, 2013 (24): 238-239.

［118］谢纪刚，张秋生．股份支付、交易制度与商誉高估——基于中小板公司并购的数据分析［J］．会计研究，2013（12）：47－52＋97.

［119］辛清泉，黄曼丽，易浩然．上市公司虚假陈述与独立董事监管处罚——基于独立董事个体视角的分析［J］．管理世界，2013（5）：131－143＋175＋188.

［120］徐晓静．禁止资产减值转回对会计信息的影响［J］．现代商业，2010（15）：233.

［121］许家林．商誉会计研究的八十年：扫描与思考［J］．会计研究，2006（8）：18－23.

［122］杨玉凤，曹琼，吴晓明．上市公司信息披露违规市场反应差异研究——2002—2006年的实证分析［J］．审计研究，2008（5）：68－73＋49.

［123］杨忠莲，谢香兵．我国上市公司财务报告舞弊的经济后果——来自证监会与财政部处罚公告的市场反应［J］．审计研究，2008（1）：67－74.

［124］姚立杰，程小可，朱松．盈余管理动机、资产减值转回与盈余价值相关性［J］．宁夏大学学报（人文社会科学版），2011（3）：160－164.

［125］于海燕，李增泉．会计选择了盈余管理——来自上海股市四项准备的实证研究［J］．公司金融，2001（1）：37－42.

［126］杨之曙，姚松瑶．沪市买卖价差和信息性交易实证研究［J］．金融研究，2004（4）：45－56.

［127］于彦杰．关于资产减值会计信息的可靠性分析［J］．现代商业，2009（29）：254－255.

［128］朱凯，赵旭颖，孙红．会计准则改革、信息准确度与价值相关性——基于中国会计准则改革的经验证据［J］．管理世界，2009（4）：47－54.

［129］翟华明，张爱国，李素红．房地产业上市公司资产减值计提动因研究［J］．会计之友，2013（16）：101－103.

［130］张国清，赵景文．资产负债项目可靠性、盈余持续性及其市场反应［J］．会计研究，2008（3）：51－57.

［131］张柳．商誉减值会计信息披露的研究［D］．北京：北京交通大学，2011.

［132］张琴，李晓玉．合并商誉会计处理的探讨［J］．会计之友（中旬

刊），2007（9）：78－79.

[133] 张先治，季侃. 公允价值计量与会计信息的可靠性及价值相关性——基于我国上市公司的实证检验［J］. 财经问题研究，2012（6）：41－48.

[134] 张勇. 利用资产减值进行盈余管理对股价的影响［J］. 经济纵横，2011（12）：110－113.

[135] 赵春光. 资产减值与盈余管理——论《资产减值》准则的政策涵义［J］. 会计研究，2006（3）：11－17＋96.

[136] 郑海英，刘正阳，冯卫东. 并购商誉能提升公司业绩吗？——来自 A 股上市公司的经验证据［J］. 会计研究，2014（3）：11－17＋95.

[137] 中华人民共和国财政部. 企业会计准则［M］. 北京：经济科学出版社，2006.

[138] 周冬华. 会计准则变更与资产减值计提行为分析［J］. 证券市场导报，2011（1）：44－48.

[139] 周冬华. 会计准则变迁、盈余管理与资产减值信息价值相关性［J］. 商业经济与管理，2012（9）：56－64＋96.

[140] 周冬华. 中国上市公司资产减值会计研究——基于新旧会计准则比较分析［D］. 上海：复旦大学，2010.

[141] 朱冠东. 上市公司违规行为的市场反应研究［J］. 山西财经大学学报，2011（7）：74－82.

[142] 朱一妮. 外购商誉的确认及其计量问题研究——基于差额观视角的分析［J］. 东北财经大学学报，2012（2）：25－29.

[143] 朱爱萍. 试论买卖价差对我国证券市场信息不对称度量的适用性［J］. 统计与决策，2010（7）：130－133.

[144] 訾磊. 资产减值会计信息价值相关性：整体分析［J］. 经济管理，2009（3）：97－106.

[145] 周晔，张萍，高赛. 商业银行贷款损失准备具有顺周期性吗？［J］. 经济与管理研究，2015（1）：57－66.